Coleção

TEMAS DE DIREITO ADMINISTRATIVO

LICITAÇÃO NA MODALIDADE DE PREGÃO

(Lei 10.520, de 17 de julho de 2002)

Coleção
TEMAS DE DIREITO ADMINISTRATIVO
Publicada sob os auspícios do IDAP-INSTITUTO DE DIREITO
ADMINISTRATIVO PAULISTA e sob a Direção de
Celso Antônio Bandeira de Mello

1. DA CONVALIDAÇÃO E DA INVALIDAÇÃO DOS ATOS ADMINISTRATIVOS – *Weida Zancaner* (3ª ed.)
2. CONCESSÃO DE SERVIÇO PÚBLICO NO REGIME DA LEI 8.987/1995. CONCEITOS E PRINCÍPIOS – *Benedicto Porto Neto*
3. OBRIGAÇÕES DO ESTADO DERIVADAS DE CONTRATOS INVÁLIDOS – *Jacintho de Arruda Câmara*
4. SANÇÕES ADMINISTRATIVAS – *Daniel Ferreira*
5. REVOGAÇÃO DO ATO ADMINISTRATIVO – *Daniele Coutinho Talamini*
6. O SERVIÇO PÚBLICO E A CONSTITUIÇÃO BRASILEIRA DE 1988 – *Dinorá Adelaide Musetti Grotti*
7. TERCEIRO SETOR – *Sílvio Luís Ferreira da Rocha* (2ª ed.)
8. A SANÇÃO NO DIREITO ADMINISTRATIVO – *Heraldo Garcia Vitta*
9. LICITAÇÃO NA MODALIDADE DE PREGÃO – *Vera Monteiro* (2ª ed.)
10. O PROCESSO ADMINISTRATIVO E A INVALIDAÇÃO DE ATOS VICIADOS – *Mônica Martins Toscano Simões*
11. REMUNERAÇÃO DOS SERVIÇOS PÚBLICOS – *Joana Paula Batista*
12. AS AGÊNCIAS REGULADORAS. – *Marcelo Figueiredo*
13. AGÊNCIAS REGULADORAS – *Alexandre Mazza*
14. FUNÇÃO SOCIAL DA PROPRIEDADE PÚBLICA – *Sílvio Luís Ferreira da Rocha*
15. DESAPROPRIAÇÃO DE BENS PÚBLICOS À LUZ DO PRINCÍPIO FEDERATIVO – *Letícia Queiroz de Andrade*
16. OS PRINCÍPIOS DA RAZOABILIDADE E DA PROPORCIONALIDADE NO DIREITO ADMINISTRATIVO BRASILEIRO – *José Roberto Pimenta Oliveira*
17. PRINCÍPIOS CONSTITUCIONAIS DE DIREITO ADMINISTRATIVO SANCIONADOR – *Rafael Munhoz de Mello*
18. ESTRUTURA E MOTIVAÇÃO DO ATO ADMINISTRATIVO – *Vladimir da Rocha França*
19. EFEITOS DOS VÍCIOS DO ATO ADMINISTRATIVO – *Ricardo Marcondes Martins*
20. MANUTENÇÃO E RETIRADA DOS CONTRATOS ADMINISTRATIVOS INVÁLIDOS – *André Luiz Freire*
21. DA INTERVENÇÃO DO ESTADO NO DOMÍNIO SOCIAL – *Carolina Zancaner Zockun*
22. AS COMPETÊNCIAS DO PODER LEGISLATIVO E AS COMISSÕES PARLAMENTARES – *Gabriela Zancaner*
23. O PRINCÍPIO DA SEGURANÇA JURÍDICA NO DIREITO ADMINISTRATIVO BRASILEIRO – *Rafael Valim*
24. PODER DE POLÍCIA – *Heraldo Garcia Vitta*

VERA MONTEIRO

LICITAÇÃO NA MODALIDADE DE PREGÃO
(LEI 10.520, DE 17 DE JULHO DE 2002)

2ª edição

LICITAÇÃO NA MODALIDADE DE PREGÃO
(LEI 10.520, DE 17 DE JULHO DE 2002)

© Vera Monteiro

1ª edição, 08.2003.

ISBN: 978-85-392-0029-0

Direitos reservados desta edição por
MALHEIROS EDITORES LTDA.
Rua Paes de Araújo, 29, conjunto 171
CEP 04531-940 — São Paulo — SP
Tel.: (11) 3078-7205
Fax: (11) 3168-5495
URL: www.malheiroseditores.com.br
e-mail: malheiroseditores@terra.com.br

Composição
Acqua Estúdio Gráfico Ltda.

Capa
Criação: Vânia Lúcia Amato
Arte: PC Editorial Ltda.

Impresso no Brasil
Printed in Brazil
06.2010

PREFÁCIO

Com este trabalho, que foi sua muito bem sucedida dissertação de mestrado na Faculdade de Direito da Pontifícia Universidade Católica de São Paulo, a professora VERA MONTEIRO enfrentou um tema novo, sobre o qual se produziram pouquíssimos estudos até agora, já que diz respeito a um instituto recentemente introduzido em nosso Direito.

Este caráter de relativa novidade e de escassez bibliográfica poderia levar à suposição de que a autora se contentaria com uma abordagem exploratória do "pregão", buscando tão-só acender algumas das primeiras luzes sobre o assunto e traçar as coordenadas fundamentais para sua compreensão. Seu projeto, entretanto, e a realização dele foi muito além disto. Tratando com inquestionável segurança da matéria, percorreu todos os meandros desta modalidade licitatória e aprofundou as indagações que se poderia fazer sobre ela, de maneira a sempre antecipar as perguntas que poderiam acudir ao espírito do leitor mais sagaz e exigente.

O percurso ao longo do instituto foi efetuado com um didatismo modelar beneficiado ainda pela clareza e precisão de linguagem que conferem ao livro uma aparente simplicidade, sob cuja égide os problemas mais difíceis são solvidos com segurança e naturalidade invejáveis, como se estivessem em pauta questões de extrema singeleza.

Começando por relembrar o histórico deste novel instituto, a professora VERA exibe sua identidade jurídica, analisa sua estrutura, cataloga a principiologia que o informa e examina as fases em que pode ser decomposto, não se correndo, ao depois, de considerar o tema no âmbito de Estados, Distrito Federal e Municípios. Em seguida, para assegurar uma análise bastante completa, debruça-se sobre a regulamentação que, na esfera federal, lhe deu o Decreto 3.555 e investiga o procedimento do pregão na ANATEL.

Ao cabo de tudo, de molde a exalçar seu amor à clareza, procede a uma bem arranjada "síntese das premissas e conclusões".

Esta simples notícia sobre a maneira de ser do livro, por certo despertará no público leitor um justificado interesse. Tive o prazer e nenhum trabalho em orientar este estudo, pois sua autora o desenvolveu com grande autonomia e segurança, minimizando assim o peso do encargo acadêmico de acompanhá-lo.

CELSO ANTÔNIO BANDEIRA DE MELLO

APRESENTAÇÃO À 2ª EDIÇÃO

Já se passaram mais de 10 anos desde o surgimento do pregão no sistema brasileiro, dos quais boa parte foi sob a vigência da Lei 10.520/2002. Nesse período o pregão tornou-se a modalidade de licitação preferida dos órgãos públicos e de controle, passando a ser o procedimento licitatório mais utilizado em todas as esferas federativas. Os casos concretos, com seus os erros e acertos, estimularam, e ainda estimulam, novas reflexões e opiniões.

É em tal contexto que surge a 2ª edição do livro, cuja 1ª edição foi elaborada pouco depois da publicação da lei federal e sem tempo suficiente para a acompanhamento das boas práticas em matéria de pregão. Continuamos com a convicção de que práticas boas são aquelas que garantem à Administração Pública o equilíbrio entre os ideais de eficiência, celeridade, economicidade e segurança.

A licitação não é um fim em si mesmo, nem o pregão é a solução de todos os problemas na rotina de contratações públicas. De fato, a experiência indica que o pregão ajudou, e muito, na quebra do formalismo exagerado, estéril mesmo, típico das licitações realizadas sob a égide da Lei 8.666/1993. Foram os resultados do pregão que levaram à revisão da licitação para a celebração de contratos de concessão (Leis 8.987/1995 e 11.079/2004) e ao debate legislativo sobre a necessidade de se alterar a Lei 8.666/1993, para que ela também autorize a inversão de fases e a disputa por meio de lances. Mas sua estrutura procedimental não é um sucesso em todos os casos em que se põe a obrigatoriedade da licitação.

O acompanhamento de perto das tais práticas propicia o relato das soluções que potencializam o lado bom do pregão e também de suas limitações. Tal acúmulo de informações é que levou a esta 2ª edição. O texto original e sua estrutura foram preservados, tendo-lhe sido acrescidas novas reflexões acerca da competência das esferas federativas para legislar sobre licitação; sobre o conceito de *bem e serviço comum* e a hipótese de cabimento do pregão, inclusive para obras e serviços de engenharia e para objetos cujo critério de julgamento seja o maior preço para a Administração; sobre a fase de julgamento, apresentação de amostras e formulação de lances; e sobre o saneamento de falhas. Além disso, foram citadas as principais decisões sobre pregão proferidas pelo Tribunal de Contas da União até o final do ano de 2009.

Enfim, esta nova edição é resultado de um largo período de pesquisa e de um grande número de aulas e eventos em que foi possível aprender e ensinar sobre o pregão.

São Paulo, maio de 2010
VERA MONTEIRO

SUMÁRIO

Prefácio 5
Apresentação à 2ª Edição 7
Introdução 13

PARTE I
EVOLUÇÃO HISTÓRICA

Capítulo I – A HISTÓRIA DO PREGÃO
1. ESTÁGIO ATUAL DAS LICITAÇÕES PÚBLICAS 19
2. SURGIMENTO DO PREGÃO NO SISTEMA BRASILEIRO
   2.1 A Lei Geral de Telecomunicações (Lei 9.472/1997) e o pregão na ANATEL 26
       2.1.1 Análise da constitucionalidade do pregão da ANATEL 30
       2.1.2 A ADI 1.668/1997 32
3. O PREGÃO DA MEDIDA PROVISÓRIA 36
   3.1 A ausência dos pressupostos do art. 62 da Constituição, o problema da reedição de medidas provisórias e a Emenda Constitucional 32/2001 37
   3.2 Aplicabilidade restrita da medida provisória à União Federal 39
       3.2.1 Análise jurídica da questão 42
4. DA MEDIDA PROVISÓRIA 2.026, DE 4.5.2000, À LEI 10.520, DE 17.7.2002 46
   4.1 Aspectos gerais da Lei 10.520, de 17.7.2002 47

Parte II
Identidade Jurídica do Pregão

Capítulo II – Estrutura Fundamental do Pregão
1. Em busca do modelo do pregão na Lei 10.520, de 17.7.2002 54
   1.1 "Norma geral" em matéria de licitação 59
      1.1.1 Conclusões 70
2. A "norma geral" do pregão 81
   2.1 Hipótese de cabimento 82
      2.1.1 Valor da contratação 82
      2.1.2 Bens e serviços comuns 84
           2.1.2.1 Obras e serviços de engenharia 94
           2.1.2.2 Bens e serviços de informática 105
           2.1.2.3 Maior vantagem para a Administração Pública e concessão de uso de bem público 107
   2.2 Estrutura procedimental do pregão 109
      2.2.1 Aplicação das normas procedimentais gerais da Lei 8.666/1993 110
      2.2.2 Principiologia do procedimento licitatório do pregão ... 112
      2.2.3 Fase preparatória 116
           2.2.3.1 Instauração do procedimento 117
           2.2.3.2 Condução do procedimento 118
                2.2.3.2.1 Pregoeiro 118
                2.2.3.2.2 Equipe de apoio 123
           2.2.3.3 Publicidade do edital 127
                2.2.3.3.1 Impugnação ao edital 131
      2.2.4 Fase licitatória 133
           2.2.4.1 Concentração dos atos na sessão pública e a realização de diligência 134
           2.2.4.2 Fase inicial 138
                2.2.4.2.1 Vedações 139
                2.2.4.2.2 Comprovação de poderes para a prática dos atos inerentes ao pregão 140

2.2.4.2.3 Declaração de cumprimento dos
          requisitos de habilitação 141
  2.2.4.3 Fase de julgamento 143
    2.2.4.3.1 Inversão das fases de habilitação
              e julgamento 143
    2.2.4.3.2 Fase de conformidade 149
    2.2.4.3.3 Apresentação de amostras 155
    2.2.4.3.4 Fase de lances e a "regra dos 10%" . 158
    2.2.4.3.5 A dinâmica da etapa de lances 165
    2.2.4.3.6 Fase de aceitabilidade e análise
              do valor ofertado 169
    2.2.4.3.7 A oferta inexeqüível 171
    2.2.4.3.8 Negociação 177
    2.2.4.3.9 Ausência de proposta classificada
              aceitável 179
  2.2.4.4 Fase de habilitação 182
    2.2.4.4.1 Inabilitação de todos os
              participantes 183
  2.2.4.5 Fase de recurso 184
  2.2.4.6 Fase de adjudicação 187
  2.2.4.7 Fase de homologação 188
    2.2.4.7.1 Recusa do adjudicatário em honrar
              sua proposta 189
  2.2.4.8 Saneamento de falhas 190
  2.2.5 *Sanções administrativas* 194
3. A ESCOLHA ADMINISTRATIVA DO PREGÃO COMO MODALIDADE
   LICITATÓRIA 196
4. A NORMA GERAL DA VERSÃO ELETRÔNICA DO PREGÃO 198

Capítulo III – O PREGÃO EM ESTADOS, DISTRITO FEDERAL E MUNICÍPIOS
1. O VETO AO ART. 2º DA LEI 10.520/2002: APLICABILIDADE DO PREGÃO
   EM ESTADOS, DISTRITO FEDERAL E MUNICÍPIOS 201
2. AUTO-APLICABILIDADE DA "NORMA GERAL" DO PREGÃO NAS ESFERAS
   FEDERADAS 205

3. COMPETÊNCIA LEGISLATIVA SUPLEMENTAR DE ESTADOS, DISTRITO
   FEDERAL E MUNICÍPIOS EM MATÉRIA DE LICITAÇÃO 206

PARTE III

O PREGÃO EM OPERAÇÃO

Capítulo IV – A DINÂMICA DO PREGÃO FEDERAL 215
1. PREGÃO PRESENCIAL NO DECRETO FEDERAL 3.555/2000
   1.1 Requisitos específicos de instauração: termo de referência e planilha de custos 216
   1.2 Publicação do edital 218
   1.3 A lista de "bens e serviços comuns" anexa ao Decreto federal 3.555/2000 220
2. PROCEDIMENTO DO PREGÃO NA ANATEL 223
3. O ANTEPROJETO DE LEI DE CONTRATAÇÕES PÚBLICAS 228

PARTE IV

PREMISSAS E CONCLUSÕES

Capítulo V – SÍNTESE DAS PREMISSAS E CONCLUSÕES 237
1. DA HISTÓRIA DO PREGÃO 237
2. DA ESTRUTURA FUNDAMENTAL DO PREGÃO 238
3. O PREGÃO EM ESTADOS, DISTRITO FEDERAL E MUNICÍPIOS 245
4. A DINÂMICA DO PREGÃO FEDERAL 246

Anexo de Legislação
   Lei n. 10.520, de 17 de julho de 2002 247
   Decreto n. 3.555, de 8 de agosto de 2000 (pregão presencial) .. 253
   Decreto n. 5.450, de 31 de maio de 2005 (pregão eletrônico) 267

Bibliografia 281

INTRODUÇÃO

Escolhemos como tema deste trabalho o universo das licitações públicas e focamos nossos estudos em um específico procedimento de aquisição de bens e serviços por órgãos governamentais. Trata-se da modalidade de licitação chamada de *pregão*.

É um procedimento licitatório recentemente criado no Brasil e colocado à disposição da Administração Pública quando desejar adquirir *bens e serviços comuns*. Suas principais características são (1) *habilitação ao final* – a fase de julgamento das propostas antecede a fase de habilitação – e (2) *disputa por lances orais* – o procedimento expressamente autoriza a realização de lances verbais, o enfrentamento direto entre os licitantes e a negociação entre o órgão promotor da licitação e o vencedor do certame.

A conseqüência de um rito com tais características é a *celeridade* no processo de contratação e a possibilidade de celebração de um melhor negócio para o Poder Público. O procedimento do pregão é rápido, em comparação com as tradicionais modalidades licitatórias existentes na Lei Geral de Contratações Públicas (Lei 8.666/1993). O pregão amplia a participação de fornecedores na disputa e desburocratiza os meios de aquisição, porque seu procedimento é simplificado em relação aos demais previstos na legislação.

Dentre os vários fatores que despertaram nosso interesse pelo tema, aqui estão os dois principais. O primeiro diz respeito às fortes mudanças provocadas pelo pregão no campo das aquisições governamentais. Daí a necessidade de sistematizar e pensá-las dentro do ambiente no qual elas estão inseridas: o direito administrativo. E o segundo é o fato de termos acompanhado, como estudante deste ramo do direito público, o processo de criação desta nova modalidade licitatória no ordenamento brasileiro. As histórias legislativas acontecidas neste período merecem relato e crítica porque dão subsídios para a compreensão do atual regime legal do pregão.

A Lei 8.666/1993 – Lei federal de Licitações Públicas –, tão conhecida dos que militam na área, foi muitas vezes mal-interpretada pelos operadores do Direito e, outras tantas vezes, criticada pelas regras nela estabelecidas. Foi objeto de várias modificações legislativas, mas nunca tal sistema de aquisições governamentais enfrentou uma alteração tão significativa como a realizada pela Lei 10.520, de 17.7.2002. Definitivamente, o pregão é um marco na história das licitações públicas brasileiras.

Começamos nosso trabalho expondo a história da nova modalidade. A primeira parte destinou-se ao relato dos fatos que culminaram na edição da lei do pregão. Sentimos a importância de fazer tal registro como única maneira de compreender seu surgimento no Direito Brasileiro e as opções tomadas pela norma. O relato de experiências equivalentes no Direito Comparado foi feito ao longo do texto, para ilustrar as novas situações criadas pela modalidade licitatória. Deixamos, por isso, de abrir um tópico específico destinado ao Direito Estrangeiro, na medida em que notamos não existir um procedimento de aquisições tal e qual o pregão nos países estudados (Itália, França, Espanha, Portugal e países da América Latina), mas algumas soluções semelhantes dignas de nota – o que fizemos topicamente.

Procuramos, no momento inicial do trabalho, apresentar o tema e enfrentar os problemas jurídicos surgidos de sua aplicação em um campo onde a maior dificuldade era a falta de lei – por um período superior a dois anos o pregão foi regido por medida provisória. Tal relato histórico compõe a Parte I do trabalho.

O que vem a seguir é o que chamamos de "Identidade Jurídica do Pregão". Esta Parte II é o ponto central do trabalho, onde foram estruturados os traços caracterizadores da modalidade licitatória. Nosso principal objetivo foi identificar a *norma geral* do *pregão*, com o estabelecimento dos limites concretos para o exercício de competência legislativa suplementar por parte das esferas federadas na matéria. Neste momento definimos o conteúdo da norma e sua aplicabilidade pelas diversas esferas administrativas licitantes.

A terceira e última parte do trabalho teve como foco a dinâmica do pregão federal, e teve dois objetivos. O primeiro foi traçar algumas observações finais a respeito do decreto federal editado anteriormente à Lei 10.520. E o segundo foi analisar o procedimento do pregão na Agência Nacional de Telecomunicações (ANATEL), também à luz da Lei 10.520, tendo em vista o fato de ele ter sido regulado antes da sua edição. Por fim, demos uma breve notícia do Anteprojeto de Lei de Contratações Públicas, divulgado pelo Governo Federal no ano de 2002, o qual incorporou o pregão como uma modalidade licitatória com algumas soluções distintas da Lei 10.520 e, por isso, dignas de nota.

A síntese das premissas e conclusões elaboradas ao longo do trabalho foi exposta a final.

Parte I
EVOLUÇÃO HISTÓRICA

Capítulo I
A HISTÓRIA DO PREGÃO

1. Estágio atual das licitações públicas. 2. Surgimento do pregão no sistema brasileiro: 2.1 A Lei Geral de Telecomunicações (Lei 9.472/1997) e o pregão na ANATEL: 2.1.1 Análise da constitucionalidade do pregão da ANATEL – 2.1.2 A ADI 1.668/1997. 3. O pregão da medida provisória: 3.1 A ausência dos pressupostos do art. 62 da Constituição, o problema da reedição de medidas provisórias e a Emenda Constitucional 32/2001 – 3.2 Aplicabilidade restrita da medida provisória à União Federal: 3.2.1 Análise jurídica da questão. 4. Da Medida Provisória 2.026, de 4.5.2000, à Lei 10.520, de 17.7.2002: 4.1 Aspectos gerais da Lei 10.520, de 17.7.2002.

1. Estágio atual das licitações públicas

A Constituição Federal de 1988 sacramentou a obrigação de a Administração Pública licitar. Trata-se da regra constitucional prevista no art. 37, XXI, da Carta Magna. Confira-se seu comando: "Art. 37. A Administração Pública direta e indireta de qualquer dos Poderes da União, dos Estados, do Distrito Federal e dos Municípios obedecerá aos princípios da legalidade, impessoalidade, moralidade, publicidade e eficiência e, também, ao seguinte: (...) XXI – ressalvados os casos especificados na legislação, as obras, serviços, compras e alienações serão contratados mediante processo de licitação pública que assegure igualdade de condições a todos os concorrentes, com cláusulas que estabeleçam obrigações de pagamento, mantidas as condições efetivas das propostas, nos termos da lei, o qual somente permitirá as exigências de qualificação técnica e econômica indispensáveis à garantia do cumprimento das obrigações".

Por essa regra, contratos celebrados pelo Poder Público que tenham por objeto obras, serviços, compras e alienações dependem de *processo de licitação pública*¹ estabelecido em lei. O dispositivo também estabelece que o procedimento deve assegurar igualdade de condições a todos concorrentes, não sendo possível a imposição de exigências de qualificação técnica e econômica além das indispensáveis à garantia do cumprimento das obrigações contratuais; e que o contrato a final celebrado deve conter cláusulas que estabeleçam as obrigações de pagamento, as quais não podem ser contrárias às condições da proposta vencedora.

Com base na competência legislativa fixada no art. 22, XXVII, da Constituição, a União Federal editou a Lei 8.666, em 21.6.1993, para ser o estatuto jurídico das licitações e contratos. Eis o dispositivo constitucional, com sua redação revista pela Emenda Constitucional 19, de 4.6.1998: "Art. 22. Compete privativamente à União legislar sobre: (...) XXVII – normas gerais de licitação e contratação, em todas as modalidades, para as Administrações Públicas diretas, autárquicas

---

1. Usaremos ao longo deste trabalho as expressões "processo" e "procedimento" licitatório, indistintamente. Em razão da edição da Lei federal de Processo Administrativo, n. 9.784/1999, e de leis estaduais na matéria, a legislação passou a adotar ambas as terminologias. Reconhecemos que o tema já foi objeto de grandes discussões acadêmicas; no entanto, diante do direito positivo vigente, optamos por não distinguir as expressões. A respeito da divergência terminológica, v.: Lúcia Valle Figueiredo, "O Estado de Direito e devido processo legal", *RDA* 209/7-18; Romeu Felipe Bacellar Filho, *Princípios Constitucionais do Processo Administrativo Disciplinar*, pp. 47-56; Carlos Ari Sundfeld, "A importância do procedimento administrativo", *RDP* 84/64-74; Cassio Scarpinella Bueno, "Os recursos nas Leis de Processo Administrativo federal e paulista: uma primeira aproximação", in Carlos Ari Sundfeld e Guillermo Andrés Muñoz (orgs.), *As Leis de Processo Administrativo*, 1ª ed., 2ª tir., pp. 187-226. A específica inspiração para a adoção deste posicionamento descende de Celso Antônio Bandeira de Mello, que adota indiferentemente uma expressão e outra. V. suas palavras: "(...). Não há negar que a nomenclatura mais comum no direito administrativo é *procedimento*, expressão que se consagrou entre nós, reservando-se, no Brasil, o *nomen juris* processo para os casos contenciosos, a serem solutos por 'julgamento administrativo', como ocorre no 'processo tributário' ou nos 'processos disciplinares dos servidores públicos'. Não é o caso de armar-se um 'cavalo-de-batalha' em torno de rótulos. Sem embargo, cremos que a terminologia adequada para designar o objeto em causa é 'processo', sendo 'procedimento' a modalidade ritual de cada processo. É provável, ou ao menos muito possível, que a partir da lei federal, em sintonia com ela, comece a se disseminar no país a linguagem 'processo'. Quanto a nós, tendo em vista que não há pacificação sobre este tópico e que em favor de uma milita a tradição ('procedimento') e em favor de outra a recente terminologia legal ('processo'), daqui por diante usaremos indiferentemente uma ou outra" (*Curso de Direito Administrativo*, 27ª ed., p. 488).

e fundacionais da União, Estados, Distrito Federal e Municípios, obedecido o disposto no art. 37, XXI, e para as empresas públicas e sociedades de economia mista, nos termos do art. 173, § 1º, III".

A origem do modelo das licitações públicas é anterior à Constituição de 1988. Desde há muito se reconhece que os administradores da coisa pública não podem dispor livremente dos bens, valores e direitos a ela ligados. A celebração de quaisquer ajustes com terceiros depende de processo transparente que garanta a igualdade de condições na disputa por objeto que venha ampliar a esfera de direitos dos particulares.

O surgimento de leis com regras procedimentais e previsão de severas sanções voltadas ao controle dos gastos públicos marcou o direito público dos últimos tempos. Algumas dessas regras mostraram-se eficientes nesse desiderato – como a Lei de Responsabilidade Fiscal e a Lei de Improbidade Administrativa –, outras nem tanto; mas não há como negar um amadurecimento, ainda que muito lento, dos deveres coletivos da sociedade e dos Poderes Legislativo, Executivo e Judiciário de obrar pela preservação do público e de sua separação com os interesses privados.

Com base na competência constitucional acima aludida, a Lei 8.666 foi editada para ser um grande marco neste contexto de valorização do público. O revogado Decreto-lei 2.300/1986 foi a inspiração do modelo adotado pela atual legislação, que incorporou uma série de suas regras e foi além. A Lei 8.666, chamada de *Lei Geral de Contratações Públicas*, buscando moralizar os diversos aspectos envolvidos nos contratos administrativos, inaugurou uma nova fase nas aquisições governamentais, mais procedimentalizada e com mecanismos mais eficientes de controle dos administradores.

Nos seus 126 artigos, inúmeros parágrafos e muitos incisos, a Lei 8.666 é um enorme conjunto de regras aplicáveis a todos os contratos celebrados pela Administração Pública, com o mérito de se ter transformado em um importante marco no histórico das aquisições governamentais. Certamente a Lei 8.666 foi responsável por uma melhoria na qualidade do trato da coisa pública ao impor ao gestor estatal o dever concreto de realização de isonomia, legalidade, impessoalidade, moralidade, publicidade e probidade administrativa.

Não se pode negar o papel positivo exercido pela Lei 8.666 na uniformização dos procedimentos públicos de escolha de parceiros privados. Mas também é importante lembrar que os anos que se seguiram na sua aplicação mostraram a necessidade do seu aprimoramento. A prática demonstrou que tal lei, quase integralmente adotada pelos Estados e Municípios como uma demonstração unívoca de que todos tinham a obrigação de cumprir os princípios constitucionais da Administração Pública, começou a dar sinais de superação.[2]

A rigidez da Lei 8.666 – antes elogiada, pela moralização procedida nos processos licitatórios – passou a ser considerada um fator de engessamento das contratações governamentais, ao tratar com rigor demasiado um universo de situações que demandavam tratamento legislativo diferenciado. De fato, a celebração de todo e qualquer tipo contratual passou a seguir a cartilha da Lei 8.666, independentemente do objeto contratual, da complexidade da contratação ou dos valores envolvidos. A não ser em casos pontuais, previstos na própria lei, todos os contratos administrativos devem seguir o mesmo rito. É dizer, há um único procedimento-padrão válido para os mais diversos tipos de contratação.

Sempre se reconheceu que o foco central da Lei 8.666 são os contratos de obras públicas, apesar de ela ser aplicável a um amplo leque de contratos com objetos muito distintos entre si. Vários de seus dispositivos foram pensados para dar maior segurança às contratações de grande vulto e de execução prolongada no tempo, como é o caso das obras. Sem a preocupação de ser didática, a Lei 8.666 não distingue o tipo de procedimento conforme o tipo contratual. É dizer, contratos de compras, prestação de serviços, alienações, concessões, permissões, obras, etc., são todos, basicamente, tratados sob um único rótulo: "contrato". Fundamentalmente, o que difere uma de outra contratação é apenas seu valor. Confira-se o art. 2º da lei:

---

2. Com exceção de pouquíssimos Estados e Municípios que editaram leis próprias sobre licitação, todos os outros passaram a seguir a Lei 8.666 integralmente desde a sua edição. Mesmo os Estados e Municípios que optaram por ter sua própria legislação assim fizeram para permitir uma adequação da norma geral às características locais. Nenhum deles, no entanto, fugiu da cartilha geral fixada na Lei 8.666. Nem poderia ser diferente, diante da ausência de competência legislativa para estes entes legislarem autonomamente sobre o tema (CF, art. 22, XXVII). Exemplificativamente, o Estado de São Paulo (Lei 6.544, de 22.11.1999) e o Município de São Paulo (Lei 13.278, de 7.1.2002), são esferas políticas que editaram suas próprias leis de licitação.

"Art. 2º. As obras, serviços, inclusive de publicidade, compras, alienações, concessões, permissões e locações da Administração Pública, quando contratadas com terceiros, serão necessariamente precedidas de licitação, ressalvadas as hipóteses previstas nesta Lei.

"Parágrafo único. Para os fins desta Lei, considera-se contrato todo e qualquer ajuste entre órgãos ou entidades da Administração Pública e particulares, em que haja um acordo de vontade para a formação de vínculo e a estipulação de obrigações recíprocas, seja qual for a denominação utilizada."

A conseqüência desta realidade é o fato de a lei ter adotado um modelo básico e único de processamento e julgamento das propostas submetidas por particular para a celebração de avenças com o Poder Público.[3] A regra está no art. 43 da lei, *in verbis*: "Art. 43 A licitação será processada e julgada com observância dos seguintes procedimentos: I – abertura dos envelopes contendo a documentação relativa à habilitação dos concorrentes, e sua apreciação; II – devolução dos envelopes fechados aos concorrentes inabilitados, contendo as respectivas propostas, desde que não tenha havido recurso ou após sua denegação; III – abertura dos envelopes contendo as propostas dos concorrentes habilitados, desde que transcorrido o prazo sem interposição de recurso, ou tenha havido desistência expressa, ou após o julgamento dos recursos interpostos; IV – verificação da conformidade de cada proposta com os requisitos do edital e, conforme o caso, com os preços correntes no mercado ou fixados por órgão oficial competente, ou ainda com os constantes do sistema de registro de preços, os quais deverão ser devidamente registrados na ata de julgamento, promovendo-se a desclassificação das propostas desconformes ou incompatíveis; V – julgamento e classificação das propostas de acordo com os critérios de avaliação constantes do edital; VI – deliberação da autoridade competente quanto à homologação e adjudicação do objeto da licitação".

---

3. Lembre-se que a Lei de Concessões de Serviços Públicos (Lei 8.987/1995) determina a aplicação da Lei 8.666 no processo de escolha do parceiro privado, com a ressalva de ter autorizado a aplicação de outros critérios de julgamento mais adequados à hipótese da concessão de serviço público. A novidade sobre o tema veio com a Lei 11.196/2006, que acresceu o art. 18-A na Lei 8.987/1995, para autorizar o edital a prever a inversão da ordem das fases de habilitação e julgamento, tal qual o pregão, com previsão, inclusive, de oferecimento de lances pelos interessados.

Este procedimento demonstra que a licitação feita com base na Lei 8.666 é composta de duas fases fundamentais: a primeira destinada ao exame dos sujeitos que participam do processo; e a segunda concernente ao exame das propostas. Nas palavras da lei, a fase de habilitação antecede o julgamento das ofertas.

Na primeira fase a Administração verifica se os participantes da licitação preenchem ou não os requisitos necessários previstos em edital e considerados indispensáveis para a futura execução do contrato (fase subjetiva). Trata-se da análise das capacitações jurídica, técnica e econômica, bem como da regularidade fiscal dos proponentes, na forma dos arts. 27 e ss. da Lei 8.666.

Apenas quando resolvidas *definitivamente* as questões relacionadas à habilitação dos licitantes é que a Administração pode proceder à abertura dos envelopes que contêm as propostas, para o fim de examiná-las e classificá-las (fase objetiva). Isto significa dizer que somente quando resolvidos todos os recursos administrativos interpostos contra a decisão de habilitação é que pode a Administração dar início à fase seguinte, uma vez que os recursos contra a decisão proferida nesta fase têm, por determinação legal, o efeito de suspender todo o procedimento até que sejam decididos pela própria Administração (v. art. 109, § 2º, da Lei 8.666).

Este procedimento, muitas vezes agravado pelo desconhecimento da própria lei por parte de licitantes e Administração Pública, é causa de demora nas aquisições governamentais e enorme litigiosidade entre os proponentes, o que tem acarretado perdas significativas ao Poder Público, derivadas do elevado tempo na conclusão dos processos.

Em razão de tais fatores, a história das licitações nos últimos anos tem retratado uma verdadeira fuga da Lei 8.666, que passou a ser vista como um dos pontos de maior inoperância na Administração Pública. Licitar passou a ser considerado pelos gestores da coisa pública sinônimo de administração ineficiente, na medida em que os processos tendem a se estender no tempo e, muitas vezes, culminam na celebração de contratos com valores acima de mercado.

A legislação não ficou alheia a esta realidade. A própria Lei 8.666 foi alterada para que fossem ampliados os casos de contratação direta, sem licitação. O art. 24, que trata dos casos de dispensa, teve seu rol significativamente estendido para comportar outras hipóteses antes sujeitas ao dever de licitar. A própria Constituição Federal foi emendada para permitir às empresas estatais exploradoras de atividade econômica a existência de um estatuto jurídico próprio que disponha sobre suas licitações e contratações (nova redação do § 1º do art. 173 da CF dada pela EC 19).[4] Além disso, em julho/1997 foi editada a Lei Geral de Telecomunicações, que, ao criar a agência reguladora do setor, permitiu a esse ente a realização de outros procedimentos licitatórios que não os da Lei 8.666 – pregão e consulta. Tais procedimentos depois foram estendidos a outras agências reguladoras pela Lei 9.986, de 18.7.2000.[5]

Isto tudo sem esquecer o aumento significativo de contratações emergenciais, ante a premência de preenchimento das necessidades da Administração e a dificuldade de se concluir os respectivos processos licitatórios a tempo.[6]

Todos estes fatores indicavam que a Lei 8.666 merecia uma profunda reformulação. Não foram poucos os projetos de lei submetidos para debate ao Congresso Nacional. Em 2001, o Governo Federal, por meio de seu Ministério do Planejamento, encomendou a um grupo de especialistas um novo projeto de lei que substituísse a legislação vigente, tomando por base padrões de economicidade e celeridade nas compras governamentais. Em março do ano de 2002 foi publicado para consulta pública um Anteprojeto de Lei de Contratações Públicas, significativamente diferente dos anteriores que tramitaram no Congresso para alterar a Lei 8.666. Ele promovia uma profunda modificação no sistema vigente tendo em mira a ampliação da disputa.

Referido Anteprojeto de Lei propunha que os procedimentos para aquisições de bens e serviços seguissem as novas regras nele estabele-

---

4. Tal estatuto ainda não foi editado.
5. Na verdade, esta lei foi editada quando já vigia a medida provisória do pregão. Voltaremos ao tema oportunamente.
6. Jorge Ulisses Jacoby Fernandes menciona que de 1994 a 1997 o total de dispensas e inexigibilidades situou-se entre 44,1% e 46,2% da despesa empenhada (*Contratação Direta sem Licitação*, pp. 137-143). Carlos Pinto Coelho Motta afirma que, segundo o Tribunal de Contas da União, no ano de 1990, "para cada 13 Cruzeiros de despesa, apenas 1 era licitado (...). Recomendava, então, o TCU, em face desses dados, que a Administração Pública incrementasse o processo licitatório e tivesse 'mais cautela e parcimônia na dispensa e na inexigibilidade'" (*Eficácia nas Licitações e Contratos*, 9ª ed., p. 641, nota 12).

cidas, deixando para a égide da Lei 8.666 apenas os procedimentos atinentes às obras e serviços de engenharia.

Todos estes fatores contribuíram muito para o surgimento do *pregão* como uma *nova modalidade de licitação*. Os específicos elementos relacionados à criação deste novo procedimento licitatório são objeto do próximo tópico.

2. Surgimento do pregão no sistema brasileiro

2.1 A Lei Geral de Telecomunicações (Lei 9.472/1997) e o pregão na ANATEL

O pregão surgiu no sistema brasileiro no ano de 1997, na chamada *Lei Geral de Telecomunicações* (LGT) – Lei 9.472, de 16.7.1997. Este foi o primeiro diploma legislativo a trazer em seu bojo a autorização para a Administração Pública fazer licitação por pregão para a aquisição de bens e serviços. Esta solução legislativa apareceu em um momento histórico brasileiro onde se decidiu empreender uma série de medidas legislativas que tinham a participação do Estado no cenário econômico como objeto.

Não interessa, aqui, descrever as decisões políticas que levaram à edição da LGT. O fator relevante é que o texto normativo foi editado com a intenção de promover uma radical mudança na forma de prestação dos serviços de telecomunicações. Tal lei foi o marco que determinou a transformação do papel do Estado no setor. Restaram cunhadas as expressões "Estado regulador" e "agência reguladora".

A decisão política tomada naquele momento foi de venda de ativos estatais e de introdução da competição na prestação dos serviços de telecomunicações, por meio da entrada de prestadores privados no setor.

Para implementar tais ideais, a LGT criou uma autarquia federal, sob o nome de Agência Nacional de Telecomunicações – ANATEL, cujas características, definidas no seu art. 8º, são: entidade integrante da Administração Pública Federal indireta; submetida a *regime especial autárquico*, com vinculação ao Ministério das Comunicações; e com a função de autoridade reguladora das telecomunicações.

Interessa-nos focar neste conceito de *autarquia especial*, pois é dele que descende a idéia do pregão. Assim, pela LGT, a ANATEL é uma agência reguladora, cuja natureza de *autarquia especial* "é caracterizada por independência administrativa, ausência de subordinação hierárquica, mandato fixo e estabilidade de seus dirigentes e autonomia financeira" (art. 8º, § 2º).

A mesma LGT estabeleceu a forma da tal "independência administrativa" e conseqüente "ausência de dependência hierárquica", o "mandato" e "estabilidade" dos dirigentes, bem como a sua fonte de recursos para lhe garantir "autonomia financeira".

No bojo dessas definições, a LGT fixou regras organizacionais e de gestão da ANATEL, a par de também ter fixado normas ligadas à prestação do serviço de telecomunicações. Ao fazê-lo – ou seja, ao desenhar a vida administrativa desta "autarquia especial" –, a LGT criou regras inéditas na vida das autarquias em geral. E quais são essas regras? São várias. Todas pensadas para garantir à ANATEL a autonomia desejada para fazer a gestão e fiscalização das novas formas de prestação dos serviços de telecomunicações. Esta é a justificativa para terem sido fixadas na LGT regras inéditas na organização de entidades administrativas públicas brasileiras.

É neste contexto que a LGT estabeleceu um regime próprio de contratações para a ANATEL. Foi quando surgiu o *pregão* como nova modalidade licitatória de aplicabilidade restrita à entidade.[7] Suas regras próprias estão dispostas nos arts. 54 a 59 da referida lei.[8]

---

7. A SABESP e o Banco do Brasil já realizavam procedimento semelhante ao do pregão para suas contratações diretas sem licitação (*casos de dispensa*). Mas com ele não se confunde, pois trata-se de uma decisão de melhoria na gestão das contratações, não sendo uma imposição legal.
8. Esta é a redação dos dispositivos da LGT (Lei 9.472/1997) que regem as contratações da Agência:
"Art. 54. A contratação de obras e serviços de engenharia civil está sujeita ao procedimento das licitações previsto em lei geral para a Administração Pública.
"Parágrafo único. Para os casos não previstos no *caput*, a Agência poderá utilizar procedimentos próprios de contratação, nas *modalidades de consulta e pregão*.
"Art. 55. A consulta e o *pregão* serão disciplinados pela Agência, observadas as disposições desta Lei e, especialmente: I – a finalidade do procedimento licitatório é, por meio de disputa justa entre interessados, obter um contrato econômico, satisfatório e seguro para a Agência; II – o instrumento convocatório identificará o objeto do certame, circunscreverá o universo de proponentes, estabelecerá critérios para aceitação e julgamento de propostas, regulará o procedimento, indicará as sanções aplicáveis e fixará as cláusulas do contrato; III – o objeto será determinado de forma precisa, suficiente e clara, sem especificações que, por excessivas, irrelevantes ou

Qual o significado desses arts. 54 a 59 da LGT? Eles estabeleceram a forma pela qual a ANATEL realiza suas contratações, e são, ainda hoje, as normas legais de observância obrigatória por aquela Agência nos seus procedimentos de aquisição.[9]

Tais dispositivos legais, pela especialidade, excluem a aplicabilidade da Lei Geral de Contratações Administrativas, a Lei federal

desnecessárias, limitem a competição; IV – a qualificação, exigida indistintamente dos proponentes, deverá ser compatível e proporcional ao objeto, visando à garantia do cumprimento das futuras obrigações; V – como condição de aceitação da proposta, o interessado declarará estar em situação regular perante as Fazendas Públicas e a Seguridade Social, fornecendo seus códigos de inscrição, exigida a comprovação como condição indispensável à assinatura do contrato; VI – o julgamento observará os princípios da vinculação ao instrumento convocatório, comparação objetiva e justo preço, sendo o empate resolvido por sorteio; VII – as regras procedimentais assegurarão adequada divulgação do instrumento convocatório, prazos razoáveis para o preparo de propostas, os direitos ao contraditório e ao recurso, bem como a transparência e fiscalização; VIII – *a habilitação e o julgamento das propostas poderão ser decididos em uma única fase, podendo a habilitação, no caso de pregão, ser verificada apenas em relação ao licitante vencedor*; IX – quando o vencedor não celebrar o contrato, serão chamados os demais participantes na ordem de classificação; X – somente serão aceitos Certificados de Registro Cadastral expedidos pela Agência, que terão validade por dois anos, devendo o cadastro estar sempre aberto à inscrição dos interessados.

"Art. 56. *A disputa pelo fornecimento de bens e serviços comuns poderá ser feita em licitação na modalidade de pregão, restrita aos previamente cadastrados, que serão chamados a formular lances em sessão pública.*

"Parágrafo único. *Encerrada a etapa competitiva, a comissão examinará a melhor oferta quanto ao objeto, forma e valor.*

"Art. 57. *Nas seguintes hipóteses, o pregão será aberto a quaisquer interessados, independentemente de cadastramento, verificando-se a um só tempo, após a etapa competitiva, a qualificação subjetiva e a aceitabilidade da proposta: I – para a contratação de bens e serviços comuns de alto valor, na forma do regulamento; II – quando o número de cadastrados na classe for inferior a cinco; III – para o registro de preços, que terá validade por até dois anos; IV – quando o Conselho Diretor assim o decidir.*

"Art. 58. A licitação na modalidade de consulta tem por objeto o fornecimento de bens e serviços não compreendidos nos arts. 56 e 57.

"Parágrafo único. A decisão ponderará o custo e o benefício de cada proposta, considerando a qualificação do proponente.

"Art. 59. A Agência poderá utilizar, mediante contrato, técnicos ou empresas especializadas, inclusive consultores independentes e auditores externos, para executar atividades de sua competência, vedada a contratação para as atividades de fiscalização, salvo para as correspondentes atividades de apoio" (grifos nossos).

9. Sobre a necessidade de a ANATEL adaptar o procedimento do pregão à luz da Lei federal 10.520, v. item 2 do Capítulo IV.

8.666/1993, às licitações feitas pela Agência. A não ser em um único caso – qual seja, quando se tratar de licitação para obras e serviços de engenharia, e por expressa determinação do art. 54 da LGT –, todos os outros procedimentos de escolha e aquisição feitos pela ANATEL têm fundamento legal na própria LGT, e não na Lei geral 8.666/1993.[10-11]

Isto nos permite afirmar que os arts. 54 a 59 da LGT autorizaram a Agência a utilizar *procedimentos próprios de contratação* – nas modalidades de *consulta* e *pregão* –, os quais não encontram correspondência em qualquer outro previsto na Lei 8.666/1993. Tais procedimentos foram regulamentados pela própria Agência, por meio da Resolução 5, de 15.1.1998, editada pelo Conselho Diretor, com base na competência outorgada pelo art. 22, II, da LGT.[12]

Focaremos nossa análise no *pregão*. A LGT permitiu à ANATEL adotar *procedimentos próprios* de contratação. Estabeleceu que a Agência editaria um *regulamento próprio* com as regras aplicáveis a essa nova modalidade, desde que observasse os dispositivos legais transcritos.

O *pregão* veio definido no art. 56 da LGT como a modalidade de licitação para aquisição de *bens e serviços comuns*, em que a disputa pelo fornecimento é feita por meio de lances em sessão pública. A grande característica dessa nova modalidade – segundo se colhe dos arts. 55, VIII, 56 e 57 da LGT – é a ocorrência da *inversão das fases* de habilitação e julgamento, se comparada com os procedimentos fixados na Lei 8.666. No pregão a qualificação subjetiva será sempre feita após a etapa competitiva, o que significa dizer que a habilitação será feita após a verificação e decisão quanto ao preço oferecido, e apenas com relação àquele classificado em primeiro lugar. Na Lei 8.666 os procedimentos licitatórios seguem lógica completamente inversa: a habilitação dos participantes deve sempre preceder o julgamento das propostas comerciais.

10. Mencione-se que a regulamentação de contratações editada pela ANATEL determina a aplicabilidade da Lei 8.666/1993 para uma segunda situação – qual seja, as contratações diretas por dispensa e inexigibilidade de licitação.
11. No Capítulo IV enfrentaremos a questão da aplicabilidade da Lei 10.520/2002 (Lei do Pregão) na ANATEL.
12. O art. 22, II, da LGT tem a seguinte redação: "Art. 22. Compete ao Conselho Diretor: (...) II – aprovar normas próprias de licitação e contratação".

A LGT ainda estabeleceu duas espécies de pregão: os restritos, aos previamente cadastrados; e os abertos, franqueados à participação de quaisquer interessados. Pela regra do art. 57, o pregão necessariamente deve ser aberto quando: I – for o caso de contratação de bens e serviços comuns de alto valor, na forma do regulamento;[13] II – o número de cadastrados na classe for inferior a cinco; III – se desejar fazer ata de registro de preços; e IV – o Conselho Diretor achar necessário.

No entanto, antes mesmo que fosse editado o regulamento a que a LGT se refere para a implementação dessa nova modalidade, referido diploma legal foi impugnado por meio de ação direta de inconstitucionalidade no Supremo Tribunal Federal. A propositura dessa ação constitucional teve amplo objeto e levou para a cúpula do Poder Judiciário Brasileiro a análise de importantes dispositivos da LGT, inclusive aqueles que autorizam a existência de procedimentos licitatórios específicos na ANATEL – hipótese aqui tratada.

Fundamentalmente, quanto ao tema do pregão, o que se questionou por meio da ação direta de inconstitucionalidade foi a possibilidade de uma única entidade da Administração indireta Federal estar autorizada a realizar procedimentos licitatórios distintos daqueles fixados na Lei 8.666. Questionou-se a autorização legal para a ANATEL realizar pregão e consulta.

A análise dos fundamentos e da decisão que se seguiu nesta ação direta de inconstitucionalidade é o objeto dos próximos tópicos.

2.1.1 *Análise da constitucionalidade do pregão da ANATEL*

A criação de modalidade licitatória para um único ente na esfera pública federal (ANATEL) fez surgir um intenso debate sobre a constitucionalidade de tal solução, tendo culminado com a propositura de uma ação direta de inconstitucionalidade no Supremo Tribunal Federal.

O debate pode ser descrito por meio das duas correntes antagônicas que se firmaram sobre o tema, ambas envolvendo a compreensão do conceito de *normas gerais* de licitação, tendo em vista o art. 22,

---

13. A Resolução 5/1998 fixou, no seu art. 11, I, o valor de R$ 1.500.000,00 (um milhão e quinhentos mil Reais) como parâmetro de "alto valor" para fins de realização de pregão amplo.

XXVII, da Constituição Federal, o qual outorga competência privativa à União para a edição de "normas gerais de licitação e contratação, em todas as modalidades, para as Administrações Públicas diretas, autárquicas e fundacionais da União, Estados, Distrito Federal e Municípios, obedecido o disposto no art. 37, XXI, e para a empresas públicas e sociedades de economia mista, nos termos do art. 173, § 1º, III".

De um lado – e pela inconstitucionalidade da solução criada pela LGT – está o argumento segundo o qual a União não poderia criar nova modalidade licitatória com âmbito de aplicabilidade restrito a uma única entidade da esfera federal. Tal interpretação decorre do art. 22, XXVII, da Constituição Federal, que imporia a aplicação uniforme da nova regra para todas as esferas federativas; já que, segundo este entendimento, a criação de modalidade licitatória somente pode ser feita por meio de *lei geral*, cuja característica própria é ser aplicável indistintamente para a União, Estados, Distrito Federal e Municípios.

O argumento se completa com a constatação de que a Lei 8.666 – *norma geral* em matéria de licitação – estabeleceu que não são admitidas outras modalidades licitatórias além das que ali foram previstas (art. 22, § 8º). E, não tendo a LGT o imprescindível caráter geral – porque aplicável a uma única entidade na esfera federal –, tal lei não poderia ter criado nova modalidade licitatória; o que somente seria possível por norma *geral* com aplicabilidade a todas as esferas federadas.[14]

De outra parte, e em sentido oposto à tese acima referida, o argumento da constitucionalidade das modalidades de licitação criadas pela

---

14. Vários autores compartilham deste entendimento. Liderando a lista, v. os comentários de Celso Antônio Bandeira de Mello a respeito da inconstitucionalidade do pregão na ANATEL, na 14ª edição, de 2002, de seu *Curso de Direito Administrativo*: "Ora, as normas gerais de licitação, veiculadas na Lei 8.666, são aplicáveis indistintamente a União, Estados, Distrito Federal e Municípios. Nestas normas gerais se esclarece que não se admitirão outras modalidades licitatórias além das que ali foram previstas. Assim, esta restrição *só pode ser extinta ou modificada por norma que possua este caráter geral*. Dita alteração, se existir, terá de ser adotada uniformemente para União, Estados, Distrito Federal e Municípios. Faltando esta uniformidade não será norma geral. (...). Segue-se que são *normas federais* e não se constituem em norma nacional, característica das normas gerais de licitação. Uma vez que norma *federal* não pode desobedecer a norma nacional, as normas que regulam o pregão e sua aplicação são inconstitucionais, visto que desatendem à norma constitucional que prevê normas gerais sobre licitação" (*Curso* ..., 14ª ed., p. 156). Assinale-se que o Autor mudou seu pensamento (v. 27ª ed., 2010, p. 179).

LGT (pregão e consulta) para contratação do fornecimento de bens e serviços necessários à atuação da ANATEL está na distinção entre os conceitos de "norma geral" e "regime jurídico único" de licitação. O argumento pressupõe que o atendimento ao art. 22, XXVII, da Constituição não depende da existência de um regime uniforme, único, de licitação para a União, Estados, Distrito Federal e Municípios. Segundo esta linha de pensamento a Constituição não teria exigido qualquer unicidade no regime das licitações, de modo que o Congresso Nacional, competente para dispor sobre o assunto, poderia criar diversas modalidades licitatórias com soluções particulares, indicando os casos, os órgãos e os entes a que elas se aplicam. Bastaria que fossem obedecidos os arts. 37 e 175 da Carta, que obrigam a Administração a licitar e definem os objetivos da licitação. Além do quê as peculiaridades da ANATEL, "agência reguladora" que é, justificariam a criação das modalidades licitatórias próprias para o ente, tendo a LGT disciplinado adequadamente sobre as *normas gerais* aplicáveis.[15]

Passemos à decisão proferida pelo Supremo Tribunal Federal sobre o tema.

2.1.2 A ADI 1.668/1997

A LGT foi alvo de uma ação direta de inconstitucionalidade no Supremo Tribunal Federal ajuizada pelos seguintes partidos políticos: Partido Comunista do Brasil/PC do B, Partido dos Trabalhadores/PT, Partido Democrático Trabalhista/PDT e Partido Socialista Brasileiro/PSB. Vários dispositivos da lei foram questionados, entre os quais o art. 22, II, e os arts. 54 a 59, acima citados, que dispõem sobre modalidades de licitação de aplicabilidade específica pela ANATEL na contratação de bens e serviços.

Em síntese, a petição inicial da ADI 1.668/1997 trouxe três argumentos pela inconstitucionalidade dos referidos dispositivos.

O primeiro contra o art. 22, II, da LGT, o qual dá ao Conselho Diretor a competência para aprovar "normas próprias de licitação". Afirmou-se que nele estaria uma indevida delegação do poder de legislar, na medida em que ele teria atribuído à ANATEL competência

---

15. Carlos Ari Sundfeld é o autor que manifestou tal posicionamento quando da edição da LGT, cuja relatoria lhe é atribuída.

normativa, à revelia do princípio da legalidade (art. 5º, II, e art. 37, *caput*, da CF).[16]

O segundo argumento, que deu fundamento à impugnação aos arts. 54, 55, 56, 57 e 58 da LGT – os quais criaram as novas modalidades de licitação por pregão e consulta, destinadas à contratação do fornecimento de bens e serviços necessários à atuação da ANATEL –, foi no sentido da sua inconstitucionalidade frente ao art. 22, XXVII, da Constituição Federal. Isto porque a LGT não poderia ter criado modalidades licitatórias próprias para um único ente – no caso, a ANATEL –, uma vez que a referida norma constitucional diz que lei nacional estabelecerá "normas gerais" de licitação e contratação, em todas as modalidades, para os variados órgãos e entes da Administração Federal, Estadual e Municipal.

Por fim – e aqui está o terceiro argumento acima referido –, a ação direta de inconstitucionalidade também impugnou o art. 59 da LGT, que autorizou a ANATEL a contratar técnicos ou empresas "para executar atividades de sua competência". Duas foram as alegações de inconstitucionalidade ao dispositivo. De um lado, a de que a norma teria indevidamente autorizado que essas contratações se fizessem sem licitação. E, de outro, que permitiria a delegação, a empresas contratadas, do poder de produzir normas regulamentares e de tomar decisões em procedimentos (inclusive licitatórios).

O julgamento do pedido de medida cautelar foi iniciado em 1.10.1997 e finalizado em 20.8.1998. A Corte Suprema, na relatoria do Min. Marco Aurélio, concedeu em parte a liminar pleiteada pelos autores da ação. O mérito da ação, até agora (ano de 2010), não foi analisado.[17]

16. Referidos dispositivos constitucionais assim dispõem: "Art. 5º. (...) II – ninguém será obrigado a fazer ou deixar de fazer alguma coisa senão em virtude de lei"; "Art. 37. A administração Pública direta e indireta de qualquer dos Poderes da União, dos Estados, do Distrito Federal e dos Municípios obedecerá aos princípios da legalidade, impessoalidade, moralidade, publicidade e eficiência e, também, ao seguinte: (...)".
17. Esta é a íntegra da decisão liminar na ADI 1.668/1997: "Apresentando o feito em Mesa, o julgamento foi adiado em virtude do *quorum* reduzido. Ausentes, justificadamente, os Mins. Sydney Sanches, Ilmar Galvão e Nélson Jobim. Plenário, 1º de outubro de 1997. O Tribunal, por votação unânime, não conheceu da ação direta, quanto aos arts. 8º e 9º da Lei n. 9.472, de 16.7.1997. Prosseguindo no julgamento, o Tribunal, apreciando normas inscritas na Lei n. 9.472, de 16.7.1997, resolveu: 'O Tribunal, por votação unânime, não conheceu da ação direta, quanto aos arts. 8º e 9º da Lei n. 9.472, de 16.7.1997'. Prosseguindo no julgamento, o Tribunal, apreciando normas inscritas na Lei n. 9.472, de 16.7.1997, resolveu: (1) Deferir, por votação

Resumidamente – e no que diz respeito aos dispositivos da LGT impugnados que tratam do procedimento das contratações administra-

unânime, o pedido de medida cautelar, para suspender, até a decisão final da ação, a execução e aplicabilidade das expressões 'simplificado' e 'nos termos por ela regulados', constantes do art. 119. (2) Deferir, por maioria de votos, o pedido de medida cautelar, para suspender, até a decisão final da ação, a execução e aplicabilidade do art. 19, inciso XV, vencidos os Mins. Nélson Jobim, Ilmar Galvão, Octávio Gallotti, Sydney Sanches e Moreira Alves, que o indeferiam. (3) *Deferir, em parte, o pedido de medida cautelar, para*: (a) quanto aos incisos IV e X do art. 19, sem redução do texto, dar-lhes interpretação conforme à Constituição Federal, com o objetivo de fixar exegese segundo a qual a competência da Agência Nacional de Telecomunicações para expedir normas subordina-se aos preceitos legais e regulamentares que regem a outorga, prestação e fruição dos serviços de telecomunicações no regime público e no regime privado, vencido o Min. Moreira Alves, que o indeferia; (b) *quanto ao inciso II do art. 22, sem redução de texto, dar-lhe interpretação conforme a Constituição, com o objetivo de fixar a exegese segundo a qual a competência do Conselho Diretor fica submetida às normas gerais e específicas de licitação e contratação previstas nas respectivas leis de regência*, vencido o Min. Moreira Alves, que o indeferia; (c) *quanto ao art. 59, sem redução do texto, dar-lhe interpretação conforme à Constituição, com o objetivo de fixar a exegese segundo a qual a contratação há de reger-se pela Lei n. 8666, de 21.6.1993, ou seja, considerando-se, como regra a ser observada, o processo licitatório*, vencidos os Mins. Carlos Velloso, Octávio Gallotti, Sydney Sanches e Moreira Alves, que o indeferiam. (4) Indeferir, por votação unânime, o pedido de medida cautelar, quanto aos incisos II e III do art. 18. (5) *Indeferir, por votação majoritária, o pedido de medida cautelar, quanto*: (a) ao inciso I do art. 18, vencidos os Mins. Sepúlveda Pertence, Néri da Silveira e Presidente (Min. Celso de Mello), que o deferiam; (b) *ao parágrafo único do art. 54, ao art. 55, ao art. 56, ao art. 57 e ao art. 58, vencidos os Mins. Marco Aurélio (relator), Maurício Corrêa, Sepúlveda Pertence, Néri da Silveira e Presidente (Min. Celso de Mello), que o deferiam*; (c) ao inciso III do art. 65, ao § 1º do art. 65, à expressão 'ou concomitância', constante do § 2º do art. 65, e ao art. 66, vencido o Min.-Relator, que o deferia; (d) ao art. 69, vencidos os Mins. Marco Aurélio (relator) e Sepúlveda Pertence, que o deferiam; (e) à expressão 'as disposições desta Lei e, especialmente', constante do *caput* do art. 89, e aos incisos I a X desse mesmo art. 89, vencidos os Mins. Marco Aurélio (relator), Maurício Corrêa, Sepúlveda Pertence, Néri da Silveira e Presidente (Min. Celso de Mello), que o deferiam; (f) ao art. 91, *caput*, e aos seus §§ 1º, 2º e 3º, vencido o Min.-Relator, que o deferia; (g) à expressão 'ressalvados os casos de inexigibilidade previstos no art. 91', constante do art. 119, vencido o Min. Marco Aurélio (relator), que o deferia. (6) Após tais decisões, o julgamento foi suspenso em virtude de pedido de vista formulado pelo Min. Nélson Jobim, para efeito de apreciação do art. 210, cuja suspensão de eficácia foi deferida pelo Min. Marco Aurélio (relator). Plenário, 8 de outubro de 1997. Concluindo o julgamento, o Tribunal, por votação majoritária, indeferiu o pedido de suspensão cautelar de eficácia do art. 210 da Lei n. 9.472, de 16.7.1997, vencido o Min. Marco Aurélio (relator), que o deferia. Votou o Presidente. Plenário, 20 de agosto de 1998" (grifos nossos). Estas informações constam do *site* do Supremo Tribunal Federal na *Internet* (*www.stf.jus.br*).

tivas da ANATEL –, o Supremo Tribunal Federal decidiu o seguinte, em sede de liminar:

(a) quanto ao *art. 22, II* – *deferir em parte* o pedido de medida cautelar para, sem redução de texto, dar-lhe *interpretação conforme à Constituição*, com o objetivo de fixar a exegese segundo a qual a competência do Conselho Diretor fica submetida às normas gerais e específicas de licitação e contratação previstas nas respectivas leis de regência;

(b) quanto ao *art. 54, parágrafo único*, ao *art. 55*, ao *art. 56*, ao *art. 57* e ao *art. 58*, que tratam de criar e estabelecer as regras do pregão na agência – *indeferir*, por votação majoritária, o pedido de medida cautelar;

(c) quanto ao *art. 59* – *deferir em parte* o pedido de medida cautelar para, sem redução do texto, dar-lhe *interpretação conforme à Constituição*, com o objetivo de fixar a exegese segundo a qual a contratação há de reger-se pela Lei 8.666, ou seja, considerando-se, como regra a ser observada, o processo licitatório.

Em síntese, o resultado de tal decisão, mesmo que em sede de liminar, é que o Supremo Tribunal Federal não suspendeu a eficácia de qualquer dispositivo questionado da LGT sobre o tema. O que o órgão de cúpula do Judiciário fez foi indeferir o pedido de medida cautelar com relação aos arts. 54, parágrafo único, e 55 a 58; e determinar fosse feita "interpretação conforme à Constituição" para os arts. 22, II, e 59.

Isto significa dizer que o Supremo Tribunal Federal, ainda que implicitamente, admitiu a *constitucionalidade* da norma que autorizou apenas um órgão administrativo federal – a ANATEL – a realizar licitação da modalidade de pregão.

Assim, com a autorização dada pela LGT e o aval do Supremo Tribunal Federal, a prática do pregão existe no Direito Brasileiro desde a edição, pela ANATEL, de seu regulamento de contratações. Trata-se da Resolução 5, de 15.1.1998, a qual disciplinou o procedimento desta nova modalidade licitatória no âmbito da autarquia.

Desde então até a edição da Medida Provisória 2.026, em 4.5.2000, o pregão era uma realidade apenas para a ANATEL. Nenhum outro órgão administrativo (federal, estadual ou municipal) estava autorizado a utilizar-se desta outra modalidade. Esta autorização expressa só veio com a edição da Lei 10.520, em 17.7.2002, que converteu a Medida

Provisória 2.182-18, de 23.8.2001, em lei. Os próximos tópicos estão reservados à descrição dos acontecimentos que se seguiram nesse intervalo de tempo.

3. O pregão da medida provisória

O que é muito peculiar na introdução do pregão como uma nova modalidade licitatória no Direito Brasileiro é que ele foi introduzido, literalmente, por etapas no nosso sistema jurídico.

Como mencionamos anteriormente, a LGT foi a precursora da novidade. A experiência da ANATEL foi decisiva para que o modelo fosse estendido para além de seus domínios. A aquisição de bens e serviços comuns por este órgão via pregão mostrou, por meio de suas estatísticas:[18] (a) maior rapidez, transparência e agilidade no procedimento de escolha do parceiro privado; (b) contratos celebrados com preços mais compatíveis com os de mercado, se comparados com as contrações tradicionalmente feitas com base na Lei 8.666/1993; e (c) uma significativa redução no volume de aquisições diretas, sem licitação, feitas com fundamento no art. 24, IV, da Lei 8.666/1993, pois o pregão passou a ser uma alternativa para aqueles casos onde a falta de tempo para concluir um processo licitatório tradicional tinha como única solução a contratação direta.

Após quase dois anos e meio de resultados positivos na ANATEL, o Governo Federal decidiu estender a nova modalidade para toda a Administração Pública. Optou pela via da medida provisória, ao invés de proceder a uma ampla revisão do sistema de compras governamentais. Assim, surgiu a Medida Provisória 2.026, em 4.5.2000, reeditada pelo Governo Federal mês a mês, por 18 meses consecutivos. Nela veio a autorização para que os outros órgãos da Administração Federal adotassem a nova modalidade licitatória. Alijou, no entanto, a mesma regra para Estados e Municípios.[19]

---

18. O *site* da ANATEL na *Internet* informa que o órgão tem conseguido, em média, reduções de 22% entre os preços iniciais e os vencedores. Em alguns casos a diferença é ainda maior, como a de 62% na contratação de serviços de saúde e de 68% na aquisição de *softwares* para uso na *Internet*.

19. As razões que levam a esta decisão estão explicitadas no item 3.2 deste Capítulo.

Esta opção pela via da medida provisória bem como a restrição de sua aplicabilidade à União Federal trouxeram uma série de inconvenientes, como veremos nos próximos itens.

3.1 A ausência dos pressupostos do art. 62 da Constituição, o problema da reedição de medidas provisórias e a Emenda Constitucional 32/2001

Uma das maiores dificuldades de acomodação jurídica do pregão não derivou apenas da novidade em matéria de licitação por ele trazida, mas da sua origem em medida provisória, suas sucessivas reedições e mudanças mensais no seu texto original. Um dos temas mais debatidos na doutrina a respeito do pregão foi a crítica generalizada à ausência dos pressupostos constitucionais para a edição da medida provisória.[20]

Não bastasse isso, dois decretos foram editados durante o período em que o pregão esteve tratado por medida provisória. Em um sistema onde as medidas provisórias foram inicialmente idealizadas para ter eficácia pelo prazo de 30 dias para depois perderem a validade, este é mais um caso, dentre tantos, em que fica bastante evidente o mau uso do instituto.

A adoção de medida provisória para tratar de licitação é flagrantemente inconstitucional, seja no regime anterior ao da Emenda Constitucional 32, de 11.9.2001, seja no regime atual. É que a Medida Provisória 2.026 foi editada em 4.5.2000 – portanto, quando ainda vigia o art. 62 da Constituição Federal na sua redação original. No entanto, fosse naquele regime constitucional de edição de medidas provisórias ou no atual, introduzido pela Emenda Constitucional 32, em nenhuma hipótese se sustentaria a edição de medida provisória para tratar de matéria relativa a licitação pública.

A competência do Executivo para a edição de medidas provisórias é especial e só pode ser exercida quando presentes todos os pres-

---

20. Entre os autores que se escreveram sobre a inconstitucionalidade da Medida Provisória 2.026 por ausência dos pressupostos constitucionais para sua edição, podemos citar Alice Gonzalez Borges ("O pregão criado pela Medida Provisória n. 2.026/2000: reflexões e aspectos polêmicos", *Informativo de Licitações e Contratos* 77/546-549) e Diogo de Figueiredo Moreira Neto (*Curso de Direito Administrativo*, 12ª ed., p. 178).

supostos constitucionais para tanto; isto é, apenas em caso de *relevância* e *urgência*, cabendo ao Judiciário o controle da presença de tais pressupostos no caso concreto. As razões que levaram à edição da Medida Provisória 2.026 foram de índole política. Não havia qualquer empecilho para que o tema tivesse seguido o trâmite normal dos processos legislativos.

O fato é que, ainda em descompasso com a ordem constitucional, a medida provisória foi reeditada por 18 meses consecutivos até ser estabilizada em virtude da Emenda Constitucional 32, de 11.9.2001, que limitou (*expressamente*) os casos de edição de medida provisória, modificando substancialmente o art. 62 da Constituição Federal. O art. 2º da Emenda Constitucional 32/2001 tornou *definitivas* todas as medidas provisórias pendentes de aprovação pelo Congresso Nacional, inclusive a Medida Provisória 2.182-18, de 23.8.2001, relativamente ao pregão.

Como esclarece Cassio Scarpinella Bueno, todas as 66 medidas que ainda não haviam sido apreciadas pelo Congresso foram, na data de promulgação da referida Emenda Constitucional, *congeladas* ou *estabilizadas*, por força de seu art. 2º, *in verbis*: "Art. 2º. As medidas provisórias editadas em data anterior à da publicação desta Emenda continuam em vigor até que medida provisória ulterior as revogue explicitamente ou até deliberação definitiva do Congresso Nacional".[21]

Assim, a Medida Provisória 2.182-18 ficou valendo, com seu texto *congelado*, até sua transformação na Lei 10.520, em 17.7.2002.

Ressalta ainda nesta história o fato de o Supremo Tribunal Federal, apesar da oportunidade que lhe foi dada para declarar a inconstitucionalidade da medida provisória do pregão por ausência dos pressupostos constitucionais para sua edição, não ter assim entendido. Isto porque a medida provisória do pregão foi objeto de uma ação direta de inconstitucionalidade interposta pela Confederação Nacional do Comércio, que requereu o controle judicial do conceito de relevância e urgência no caso concreto. Como já é da tradição da Corte Constitu-

---

21. Cf. Cassio Scarpinella Bueno, "Ação civil pública e Estatuto da Cidade", in Adílson Abreu Dallari e Sérgio Ferraz (orgs.), *Estatuto da Cidade (Comentários à Lei Federal 10.527/2001)*, 3ª ed., pp. 393-409.

cional, a liminar pleiteada não foi concedida, e a ação seguiu seu andamento normal.²²⁻²³

Enfim, apesar de não ter havido voz na comunidade jurídica que sustentasse a compatibilidade da Medida Provisória 2.026 com a Constituição Federal, nem mesmo suas posteriores reedições, por decisão do Supremo Tribunal Federal, ela ficou valendo até que fosse convertida na Lei 10.520/2002.

3.2 Aplicabilidade restrita da medida provisória à União Federal

Foi a Medida Provisória 2.026, de 4.5.2000, que tornou a nova modalidade licitatória popular no cenário nacional. Todavia, sua aplicabilidade ficou restrita aos órgãos da Administração Pública Federal. O art. 1º da Medida Provisória 2.026/2000 foi claro: "Para aquisição

---

22. Trata-se da ADI 2.478, aforada em julho/2001.

23. Em pouquíssimas vezes o Supremo Tribunal Federal declarou a inconstitucionalidade de medidas provisórias por ausências dos pressupostos de relevância e urgência. Clèmerson Merlin Clève lembra que a postura do Supremo Tribunal Federal em relação ao controle dos pressupostos autorizadores da medida provisória tem sido, lamentavelmente, acanhada. "Temia-se que, neste particular, a Excelsa Corte reproduzisse o entendimento adotado por ocasião dos antigos decretos-leis. No contexto da Constituição de 1967, a Suprema Corte Federal manifestou-se no sentido de que 'os pressupostos de urgência e relevante interesse público escapam ao controle do Poder Judiciário', por envolverem, afinal, questão política. Com a Constituição de 1988, a Corte Constitucional poderia rever o entendimento. Foi assim que, em 1989, o Supremo, em *leading case*, conferindo matiz à posição anterior, admitiu o controle dos pressupostos da medida provisória, todavia apenas na hipótese de excesso do poder de legislar, diante de abuso manifesto do juízo discricionário de oportunidade e de valor do Presidente da República. O controle excepcional, em face da natureza política do juízo do Presidente da República, limita-se à censura do excesso do poder de legislar. Um longo caminho ainda deve ser perseguido pela Suprema Corte. Alguns Ministros, inclusive, têm, de modo incansável, mas nem sempre com sucesso, procurado convencer seus pares a respeito da necessidade de uma atuação mais firme". O autor cita a primeira decisão em que o Supremo, por unanimidade, suspendeu a eficácia de uma medida provisória por ausência dos seus pressupostos autorizadores (falta da urgência necessária à sua edição). Trata-se da ADI/MC 1.910-DF (rel. Min. Sepúlveda Pertence, j. 22.4.1999), que suspendeu a eficácia do art. 188 do Código de Processo Civil (na redação dada pelo art 5º da MP 1.703/1998, depois reeditada), que ampliava o prazo de decadência para propositura de ação rescisória pela Fazenda Pública de dois para cinco anos (Clèmerson Merlin Clève, *Atividade Legislativa do Poder Executivo*, 2ª ed., pp. 229-231).

de bens e serviços comuns, a União poderá adotar licitação na modalidade de pregão". E seu § 2º dispôs: "Pregão é a modalidade de licitação para aquisição de bens e serviços comuns, promovida *exclusivamente* no âmbito da União, qualquer que seja o valor estimado da contratação, em que a disputa pelo fornecimento é feita por meio de propostas e lances em sessão pública". O dispositivo vedou, expressamente, o uso da nova forma de licitação a Estados e Municípios.

O que se viu nos meses subseqüentes à sua primeira edição foi a sistemática reedição, mês a mês, pelo Governo Federal, do texto da medida provisória. Isto não significa dizer que o texto normativo tenha permanecido o mesmo a cada nova reedição. Em decorrência de uma prática governamental comum no histórico das medidas provisórias, várias modificações foram sendo feitas a cada nova edição da norma. Mas nenhuma delas modificou o específico dispositivo em questão. Assim, a partir de maio/2000, quando a Medida Provisória 2.026 foi editada pela primeira vez, até sua conversão na Lei 10.520, em julho/2002, por um período superior a dois anos, vigorou no nosso sistema a regra segundo a qual a modalidade de pregão era válida apenas para a União.

O tema, no entanto, despertou controvérsias. A questão jurídica por trás desta decisão política era a seguinte: pode o pregão ser criado para ser aplicado apenas às entidades federais? Melhor dizendo: nos moldes da discussão que já havia tomado corpo à época da edição da LGT e criação do pregão para a ANATEL, pode uma modalidade licitatória ter regime de aplicação não-uniforme nas diversas esferas públicas?

Duas razões levaram o Governo Federal a restringir a aplicabilidade do pregão à União Federal. A primeira, de índole prática, estava relacionada à real possibilidade de Estados e Municípios implementarem esta nova forma de licitação. Imaginou-se que haveria a necessidade de um treinamento generalizado quanto às regras e práticas para uma nova cultura licitatória.

O pregão, desde sua criação para a ANATEL, sempre foi visto como um mecanismo de ruptura da Lei 8.666, na medida em que inverteu as fases da licitação tradicional e abriu aos órgãos promotores da licitação a possibilidade de verdadeiramente *negociarem* com os fornecedores privados o melhor preço. Compreender este novo momento das aquisições governamentais dependia, na visão do Governo Federal, de capacitação específica dos órgãos e agentes licitantes, fosse para a realização do pregão presencial ou eletrônico. Se o Governo não podia garantir a capacitação de todo esse pessoal em um curto período de tempo, e mesmo prover os diversos órgãos com a infra-estrutura necessária para a realização dos pregões, teria preferido restringir a aplicabilidade da nova modalidade à esfera federal.

Ao lado deste fator tipicamente gerencial, uma razão jurídica foi suscitada à época da edição da Medida Provisória 2.026 para que ela tivesse seu âmbito de aplicabilidade restrito à esfera da União Federal. De fato, na tramitação e negociação do texto da medida provisória em âmbito governamental, antes da definição de sua redação final e publicação no *Diário Oficial*, a Casa Civil da Presidência da República fixou entendimento segundo o qual a União não poderia editar *norma geral* de licitação via medida provisória. O uso da *medida provisória* é que seria inadequado.[24]

O argumento seria a vedação do art. 246 da Constituição Federal, segundo o qual: "É vedada a adoção de medida provisória na regulamentação de artigo da Constituição cuja redação tenha sido alterada por meio de emenda promulgada entre 1º de janeiro de 1995 até a promulgação desta Emenda, inclusive". Pois o art. 22, XXVII, que dá competência à União Federal para a edição de normas gerais de licitação e contratação, recebeu nova redação com a Emenda Constitucional 19, de 4.6.1998.

Ainda que a nova redação do dispositivo não tenha modificado a competência federal para a edição de *normas gerais* em matéria de licitação, uma vez que ela teve o único objetivo de tornar compatível o artigo com a nova regra do art. 173 da Constituição Federal, o qual – este, sim – teve seu conteúdo efetivamente modificado pela mesma Emenda Constitucional 19, não se pode negar que o inciso XXVII do art. 22 não estivesse sujeito à vedação do referido art. 246.

Assim, o argumento jurídico levantado à época da edição da Medida Provisória 2.026, e que acabou sendo decisivo para que sua aplicabilidade fosse restrita às entidades federais, foi a impossibilidade de o Presi-

---

24. Não tivemos acesso ao parecer da Casa Civil que adotou o entendimento relatado. No entanto, o tema foi amplamente noticiado, à época dos fatos, pela imprensa.

dente da República fazer uso de medida provisória para veicular matéria objeto de emenda à Constituição (art. 22, XXVII, c/c o art. 246, da CF). De qualquer forma, a edição de medida provisória a respeito de modalidade licitatória, ainda que de aplicabilidade restrita à União Federal, não teria o condão de livrá-la da vedação do art. 246 da Constituição.

Poder-se-ia perguntar: por que uma *medida provisória*? Não seria mais adequado que o Governo Federal tivesse feito tramitar e aprovar uma *lei ordinária* para o tema? Ou, melhor, por que não promover uma reforma na Lei 8.666/1993 e, por meio de lei ordinária, dar ao tema das licitações tratamento unificado em um mesmo corpo legislativo?

É evidente que o caminho constitucional adequado para a criação de nova modalidade licitatória e para fixar nova norma geral sobre o tema é o processo legislativo comum, com a edição de lei ordinária. E não o uso de instrumento excepcional, como é a medida provisória. De fato, não houve na doutrina qualquer consenso quanto à presença dos pressupostos do art. 62 da Constituição Federal para a edição da medida em questão, como visto. O que prevaleceu foi o desejo político de superar a tramitação de um projeto de lei, substituindo o tempo e as discussões nele envolvidos pela rapidez de uma decisão presidencial e publicação da nova norma no *Diário Oficial*. Impôs-se – esta é a verdade – um novo modelo para as licitações públicas.

3.2.1 *Análise jurídica da questão*

Conforme exposto no item anterior, foram dois os fatores que culminaram na edição da Medida Provisória 2.026, em 4.5.2000. Em primeiro lugar, a tomada de decisão quanto à necessidade de mudança de rumo nas compras governamentais, com a introdução de procedimento mais célere e permeável às inovações da era digital. Em segundo, o argumento de que o art. 246 da Constituição impediria o uso da medida provisória para edição de *norma geral* em matéria de licitação.

Tais fatores, ainda que insuficientes para tanto, levaram à edição da Medida Provisória 2.026, válida apenas para a União Federal, a qual passou a ser a solução encontrada pelo Governo para atender à urgência sentida na revisão da legislação sobre licitação, e também para contornar a vedação para edição de *norma geral* de licitação por medida provisória.

Estes argumentos, no entanto, não foram bem recepcionados pela comunidade jurídica. Ambos – o uso da medida provisória e também a restrição de sua aplicabilidade à esfera federal – foram objeto de sérias críticas. Com relação a este último aspecto, o argumento prevalecente foi o da inconstitucionalidade da medida porque norma veiculadora de modalidade licitatória seria *norma geral* de licitação e, neste caso, não seria possível a exclusão dos Estados, Distrito Federal e Municípios de sua esfera. Necessariamente, norma geral em matéria de licitação deveria ter sua aplicabilidade uniforme para todas as esferas federativas.

Adílson Abreu Dallari, em excepcional trabalho sobre os aspectos jurídicos da licitação, escreveu de forma clara e direta sobre o assunto e afirmou que "não é possível instituir modalidade privativa da União. É preciso considerá-la como *norma geral* instituidora de uma nova modalidade de licitação franqueada a todas as entidades, em todos os níveis de governo".[25]

Marçal Justen Filho, em monografia dedicada ao pregão, também foi enfático. Disse que o grande problema de validade da medida provisória referia-se à existência de normas gerais aplicáveis apenas à União. Disse ser incontroverso que uma das características inegáveis da *norma geral* está na aplicabilidade a todos os entes federativos; a generalidade de tais regras não decorreria apenas de alguma característica pertinente a seu conteúdo, mas por serem aplicáveis a todas as esferas federativas. A discriminação entre os diversos entes federais seria incompatível, na sua leitura, com o princípio federativo. E conclui afirmando que a medida provisória demandava interpretação conforme à Constituição, reputando como *inexistente* a ressalva contida no seu art. 1º.[26-27]

---

25. *Aspectos Jurídicos da Licitação*, 6ª ed., p. 79.
26. Marçal Justen Filho, *Pregão (Comentários à Legislação do Pregão Comum e Eletrônico)*, 1ª ed., pp. 15-16. Outros autores, a exemplo de Adílson Abreu Dallari e Marçal Justen Filho, também afirmaram a inconstitucionalidade da restrição da aplicabilidade do pregão à esfera federal. Entre eles podem ser mencionados os seguintes: Renato Geraldo Mendes ("A nova modalidade de licitação: o pregão – de acordo com a Medida Provisória n. 2.026/2000", *Informativo de Licitações e Contratos*, maio/2000, pp. 382-387); Jessé Torres Pereira Jr. (*Licitações de Informática*, p. 361); Joel de Menezes Niebuhr ("Anotações à modalidade pregão", *RTDP* 29/168-179); e Diogo de Figueiredo Moreira Neto (*Curso* ..., 12ª ed., p. 178).
27. Houve quem considerasse a norma constitucional, atribuindo-lhe caráter de lei federal, com aplicação restrita à esfera da União.

Reiteradas vezes a doutrina afirmou que a medida provisória instituidora do pregão era *norma geral* em matéria de licitação e, por isso, incidiria não apenas sobre a União, mas também seria aplicável em Estados, Distrito Federal e Municípios. O argumento, reincidente, foi o de que *normas gerais* são normas comuns, cuja conseqüência é o fato de o regime jurídico previsto para as licitações dever ser uniforme para todos os entes. *Norma geral* é aquela que comporta uma aplicação uniforme pela União, Distrito Federal, Estados e Municípios.[28]

Mesmo se considerada a outra corrente referida – para a qual norma geral de licitação não seria, necessariamente, sinônimo de norma uniforme e, neste caso, sua aplicabilidade não precisaria ser comum a todos os entes federativos –, a medida provisória do pregão também seria inconstitucional.[29] Tal argumento tem o mesmo fundamento daquele exposto anteriormente, relativamente ao pregão na ANATEL, em que se admitiu que "norma geral" não seria sinônimo de "regime jurídico único", bastando à norma, para ser geral, atentar para o art. 37 da Constituição Federal, que obriga a Administração a licitar e define os objetivos da licitação. Ocorre que, com a ANATEL, sustentou-se existirem certas peculiaridades que justificariam a criação de uma modalidade licitatória própria para o ente. Mas o mesmo não é verdade com relação às unidades federativas e o pregão.

Não existiu justificativa para a discriminação determinada na aplicação da modalidade de pregão. A alegação de que diversos Estados e Municípios não estariam preparados para implementar modalidade licitatória tão distinta das demais não foi suficiente. Tanto assim que diversas entidades políticas, baseadas no argumento da inconstitucionalidade da medida provisória, decidiram estendê-la ao seu próprio âmbito, gerando mais complexidade ao tema.

Inquestionavelmente, não havia razão para a medida provisória do pregão estabelecer discriminação no tratamento da matéria para a União e as entidades federadas. Neste sentido, era irremediavelmente inconstitucional.

---

28. Cf. Adílson Abreu Dallari, *Aspectos* ..., 6ª ed., p. 21.
29. O argumento tomou corpo com a criação do pregão na ANATEL, como visto no item 2.1.1 deste capítulo.

O próprio Supremo Tribunal Federal (na ADI 2.478, cuja relatoria ficou a cargo do Min. Nélson Jobim) teve a oportunidade para declarar a alegada inconstitucionalidade da medida provisória do pregão, fosse pela restrição de sua aplicabilidade ao âmbito da União, ou pelos diversos outros argumentos que se colhem na ação relativamente ao procedimento em si da modalidade; mas não o fez. No sistema jurídico brasileiro vale a regra segundo a qual há meios e formas para se reconhecer a inconstitucionalidade de ato normativo; tanto assim que a própria jurisprudência do Supremo Tribunal Federal não aceita o descumprimento de preceito normativo por chefe de Poder Executivo sob a mera alegação de "inconstitucionalidade". Este tema há muito tempo vem sendo analisado pela doutrina nacional, que vem-se posicionado pela prevalência do princípio da segurança jurídica.[30]

O Supremo Tribunal Federal não declarou, liminar ou definitivamente, a inconstitucionalidade da nova modalidade licitatória, fosse na ação interposta contra a LGT, como visto, fosse na ação interposta especificamente contra a medida provisória do pregão; mas vários Executivos locais optaram pelo descumprimento da norma, "como forma de restaurar a constitucionalidade perdida".

Esta situação criou uma perplexidade no sistema jurídico, decorrente da falta de segurança quanto à aplicabilidade da norma. Não obstante compartilharmos da tese segundo a qual a medida provisória do pregão era inconstitucional porque sua aplicabilidade não poderia ter sido restrita à esfera federal, o órgão de cúpula do Poder Judiciário teve oportunidade para formalmente declarar esta inconstitucionalidade, não o fazendo.[31] Assumir que inconstitucionalidades manifestas, como esta, possam ser reparadas pelo aplicador da lei é admitir a realização de justiça pelas próprias mãos. A lógica de entrada e saída de normas no sistema jurídico precisa ser preservada, sob pena de perda do fundamento último do próprio Direito – a segurança e estabilidade nas relações jurídicas.

30. Por todos, v. o artigo de Lucéia Martins Soares, "Poder Executivo e inconstitucionalidade de leis", *Revista de Direito Constitucional e Internacional* 39/224-250.
31. Este tema está melhor tratado no item 1 do Capítulo II.

4. Da Medida Provisória 2.026, de 4.5.2000, à Lei 10.520, de 17.7.2002

Não bastasse a discussão em torno da natureza provisória do pregão, ou de sua aplicabilidade restrita à esfera da União Federal, a história legislativa do pregão ainda teve outras peculiaridades, antes de receber alguma estabilidade com a conversão da medida provisória na Lei federal 10.520, de 17.7.2002.

No dia 18.7.2000 foi editada a Lei 9.986, que dispôs sobre a gestão de recursos humanos nas agências reguladoras. Seu art. 37 autorizou todas as agências reguladoras federais a adquirir bens e serviços na modalidade de pregão (e também na de consulta). A norma expressamente faz referência à LGT, e tem o explícito objetivo de estender a autorização dada pela LGT para a ANATEL também para as outras agências reguladoras federais. Este é o inteiro teor do dispositivo:

"Art. 37. A aquisição de bens e a contratação de serviços pelas agências reguladoras poderá se dar nas modalidades de consulta e pregão, observado o disposto nos arts. 55 a 58 da Lei n. 9.472, de 1997, e nos termos de regulamento próprio.

"Parágrafo único. O disposto no *caput* não se aplica às contratações referentes a obras e serviços de engenharia, cujos procedimentos deverão observar as normas gerais de licitação e contratação para a Administração Pública."

A única forma de compreender a necessidade de a lei que trata da gestão de recursos humanos nas agências reguladoras trazer em seu bojo um dispositivo desta natureza, quando a Medida Provisória 2.026 já vigorava e estava sendo sistematicamente reeditada, é que o dispositivo legal poderia dar maior segurança aos entes estatais – leia-se: agências reguladoras federais – para realizar pregões para aquisição de bens e serviços comuns. Possivelmente o que inspirou a edição desta lei como uma norma desta natureza foi a estabilidade que apenas um dispositivo legal – e não com "força de lei", como são os dispositivos das medidas provisórias, dada sua natureza constitucional –, poderia dar.

Ao lado da Medida Provisória 2.026 e da Lei 9.986, que estendeu o pregão para todas agências reguladoras federais, outros dois fatores ainda devem ser mencionados neste relato histórico do pregão no Direito Brasileiro até a edição da Lei federal 10.520.

O primeiro é a edição de dois decretos federais que regulamentaram a Medida Provisória 2.026. Enquanto vigia sua terceira reedição (MP 2.026-3), foi editado o Decreto federal 3.555, de 8.8.2000, o qual aprovou o *Regulamento para a Modalidade Presencial do Pregão*. Além dele, também foi editado o Decreto federal 3.697, de 21.12.2000, na vigência da Medida Provisória 2.026-7 (sua sétima reedição), para regulamentar o pregão por meio da utilização de recursos de tecnologia da informação – o pregão eletrônico.[32]

O segundo fator importante a merecer menção no relato da história da introdução do pregão no Brasil foi a proliferação de normas locais facultando o uso desta nova modalidade nas Administrações Públicas Estaduais e Municipais. Ainda que a Medida Provisória 2.026 e suas posteriores reedições jamais tenham autorizado Estados e Municípios a fazer uso desta nova modalidade, pois apenas à União Federal estava franqueado o uso do pregão. Como visto, autoridades locais buscaram argumentos para driblar e superar a vedação. O tema será analisado com mais cuidado no item 1 do próximo Capítulo.

Assim – e sem esquecer que a realidade do pregão já era válida para a ANATEL desde o início de 1998, quando o Conselho Diretor da Agência editou norma regulamentando os arts. 57 e 58 da LGT –, em um período de pouco mais de dois anos, desde a edição da Medida Provisória 2.026, em 4.5.2000, até sua conversão na Lei 10.520, em 17.7.2002, vivenciamos tempos muito conturbados no que tange aos aspectos jurídicos do pregão.

O que se viu, muitas vezes, foi os operadores do Direito sendo chamados a dar explicações e encontrar uma logicidade às incongruências desse sistema nada lógico, inconstitucional, de introdução de normas no sistema jurídico.

4.1 Aspectos gerais da Lei 10.520, de 17.7.2002

Passaram-se 2 anos, 2 meses e 18 dias entre a edição da Medida Provisória 2.026, de 4.5.2000, e sua conversão na Lei 10.520, de 17.7.2002, pelo Congresso Nacional. Todos os questionamentos acer-

---

32. O Decreto 3.937/2000 foi revogado pelo Decreto 5.450, de 31.5.2005, que passou a regular o pregão eletrônico na esfera federal.

ca da constitucionalidade da medida provisória e também da inconveniência de o assunto não ter sido tratado, desde o início, por lei têm que ser deixados de lado.

Muitos temas importantes foram esquecidos com a edição da lei, porque eles perderam relevância prática. É o caso da inconstitucionalidade originária da Medida Provisória 2.026 – editada, como visto, sem que estivessem presentes os pressupostos constitucionais para tanto. Assim como as diversas vezes em que a medida foi reeditada com modificações de seu texto, tendo gerado insegurança ao aplicador do Direito, como já referimos acima. São temas que foram deixados de lado pelo Supremo Tribunal Federal, que optou por não tê-los entre o rol de medidas merecedoras da pecha de inconstitucionalidade.

A tradição do órgão de cúpula do Judiciário Brasileiro tem sido a tolerância aos abusos cometidos pelo chefe do Poder Executivo na edição de medidas provisórias. São escassos os casos em que o Supremo Tribunal Federal julgou inconstitucional medida provisória por desatendimento aos pressupostos de relevância e urgência exigidos pelo art. 62 da Constituição Federal. Da mesma forma, não há precedente em nossa Corte Constitucional recepcionando a tese da inconstitucionalidade originária da medida provisória, capaz de macular e de tornar inconstitucional sua lei de conversão.

Cremos ser importante destacar que o sistema constitucional de introdução de normas no Direito Brasileiro não é esse – qual seja, por conveniência política, o Presidente da República edita uma medida provisória que fica valendo, indefinidamente, até sua rejeição ou aprovação pelo Congresso Nacional, em verdadeira substituição do trâmite normal do processo legislativo.

O uso indiscriminado do instituto não pode passar impune. Celso Antônio Bandeira de Mello foi o primeiro a sustentar que a lei de conversão não tem o condão de sanar as inconstitucionalidades da medida provisória originária. Concordamos integralmente com este ponto de vista, pois, caso este sistema de superação de vícios fosse possível, estaríamos criando uma nova regra de produção de normas, inexistente na Constituição Federal.[33]

---

33. Celso Antônio Bandeira de Mello, "Perfil constitucional das medidas provisórias", *RDP* 95/28-32.

É fato que a Emenda Constitucional 32 trouxe novas regras para a edição de medidas provisórias, em uma tentativa de moralizar o uso do instrumento. Pelo novo sistema, as medidas provisórias são analisadas e votadas pela Câmara dos Deputados e depois pelo Senado Federal. Têm eficácia pelo prazo de 60 dias, prorrogável por igual período. E se não forem apreciadas em até 45 dias, contados de sua publicação, entrarão em regime de urgência em cada uma das Casas do Congresso Nacional, sobrestando, até que se ultime a votação, todas as demais deliberações legislativas da Casa em que estiverem tramitando.

O pouco tempo de vida da nova redação do art. 62 da Constituição Federal (sua publicação se deu em 11.11.2001) não nos permite analisar o comportamento do Executivo e também do Judiciário diante dessas novas regras. Todavia, ainda que o novo regime de votação seja bicameral – assemelhando-se, por isso, ao processo legislativo comum –, a edição de medida provisória fora dos parâmetros constitucionais de relevância e urgência subverte a ordem normal dos trabalhos nas Casas Legislativas. O sentido aberto de tais conceitos outorga inequívoco poder às mãos do chefe do Poder Executivo.

O fato é que o pregão é uma nova modalidade licitatória definida na Lei federal 10.520, de 17.7.2002, já amplamente usada como método de aquisição governamental não apenas na órbita federal, mas também por Estados e Municípios.[34]

Não obstante os vícios apontados, cremos ser importante estudar e interpretar a nova lei; afinal, ela é um marco nas contratações públicas.

---

34. Em verdade, em razão do art. 22, XXVII, da Constituição Federal, a *norma geral* da nova modalidade deve ser observada também pela Administração indireta (Federal, Estadual e Municipal).

Parte II
IDENTIDADE JURÍDICA DO PREGÃO

Capítulo II
ESTRUTURA FUNDAMENTAL DO PREGÃO

1. Em busca do modelo do pregão na Lei 10.520, de 17.7.2002: 1.1 "Norma geral" em matéria de licitação: 1.1.1 Conclusões. 2. A "norma geral" do pregão: 2.1 Hipótese de cabimento: 2.1.1 Valor da contratação – 2.1.2 Bens e serviços comuns: 2.1.2.1 Obras e serviços de engenharia – 2.1.2.2 Bens e serviços de informática – 2.1.2.3 Maior vantagem para a Administração Pública e concessão de uso de bem público – 2.2 Estrutura procedimental do pregão: 2.2.1 Aplicação das normas procedimentais gerais da Lei 8.666/1993 – 2.2.2 Principiologia do procedimento licitatório do pregão – 2.2.3 Fase preparatória: 2.2.3.1 Instauração do procedimento – 2.2.3.2 Condução do procedimento: 2.2.3.2.1 Pregoeiro – 2.2.3.2.2 Equipe de apoio – 2.2.3.3 Publicidade do edital: 2.2.3.3.1 Impugnação ao edital – 2.2.4 Fase licitatória: 2.2.4.1 Concentração dos atos na sessão pública e a realização de diligência – 2.2.4.2 Fase inicial: 2.2.4.2.1 Vedações – 2.2.4.2.2 Comprovação de poderes para a prática dos atos inerentes ao pregão – 2.2.4.2.3 Declaração de cumprimento dos requisitos de habilitação – 2.2.4.3 Fase de julgamento: 2.2.4.3.1 Inversão das fases de habilitação e julgamento – 2.2.4.3.2 Fase de conformidade – 2.2.4.3.3 Apresentação de amostras – 2.2.4.3.4 Fase de lances e a "regra dos 10%" – 2.2.4.3.5 A dinâmica da etapa de lances – 2.2.4.3.6 Fase de aceitabilidade e análise do valor ofertado – 2.2.4.3.7 A oferta inexeqüível – 2.2.4.3.8 Negociação – 2.2.4.3.9 Ausência de proposta classificada aceitável – 2.2.4.4 Fase de habilitação: 2.2.4.4.1 Inabilitação de todos os participantes – 2.2.4.5 Fase de recurso – 2.2.4.6 Fase de adjudicação – 2.2.4.7 Fase de homologação: 2.2.4.7.1 Recusa do adjudicatário em honrar sua proposta – 2.2.4.8 Saneamento de falhas – 2.2.5 Sanções administrativas. 3. A escolha administrativa do pregão como modalidade licitatória. 4. A norma geral da versão eletrônica do pregão.

1. Em busca do modelo do pregão na Lei 10.520, de 17.7.2002

A tumultuada história legislativa que precedeu a edição da Lei 10.520, de 17.7.2002, foi responsável pelo surgimento de importantes debates jurídicos acerca do pregão. Os questionamentos não se cingiram a aspectos relacionados ao procedimento em si da nova modalidade e suas dificuldades de interpretação e aplicação prática, mas foram além, e envolveram discussões sobre a competência e os limites da União Federal na criação do novo instituto.

Entre estes temas, o de maior relevo, e também objeto de severas críticas, foi a criação do pregão por meio de medida provisória, com âmbito de aplicação restrito à União Federal. Como já se disse, durante todo o período em que o pregão foi normatizado em nosso ordenamento jurídico por tal via normativa o uso da nova modalidade licitatória por Estados, Distrito Federal e Municípios foi expressamente vedado, pois só a União estava autorizada a aplicá-la.[1]

Não foram poucos os autores que sustentaram a extensão do novo instituto a todas as entidades federativas; ora sob o argumento da inconstitucionalidade do art. 1º da medida provisória, ora propondo interpretação conforme ao dispositivo.[2-3]

O que se viu foi a proliferação de normas locais sobre o pregão, com a edição de leis e decretos para criar e regulamentar a nova modalidade na sua esfera política. Diversos prefeitos e governadores decidiram estender a aplicabilidade da norma para suas próprias esferas administrativas. O primeiro deles foi o Governador do Estado do Mato Grosso do Sul. Na Lei estadual 2.152, de 26.10.2000, que reorganizou a estrutura básica do Poder Executivo do Estado, constou dispositivo nos seguintes moldes:

1. V. o texto da Medida Provisória 2.026/2000:
"Art. 1º. Para a aquisição de bens e serviços comuns, a União poderá adotar licitação na modalidade de pregão, que será regida por esta Medida Provisória.
"(...).
"§ 2º. Pregão é a modalidade de licitação para a aquisição de bens e serviços comuns, promovida *exclusivamente* no âmbito da União, qualquer que seja o valor estimado da contratação, em que a disputa pelo fornecimento é feita por meio de propostas e lances em sessão pública."
2. Sobre o tema, v. item 3.2.1 do Capítulo I.
3. Houve ainda aqueles que a consideraram constitucional, na categoria de lei federal, o que impediria a edição de leis locais.

"Art. 67. (...).

"Parágrafo único. O Governador do Estado regulamentará o processamento do pregão em procedimentos licitatórios da Administração Pública Estadual".

Ao ensejo da autorização legal, o Governador editou o Decreto 10.163, de 12.12.2000, regulamentando a licitação na modalidade de pregão no âmbito daquele Estado.

Depois dele, também o Estado de Minas Gerais, com a edição da Lei estadual 14.167, de 10.1.2002, e do Decreto 42.408, de 8.5.2002; e o Município de São Paulo, com a Lei 13.278, de 7.1.2002, e o Decreto municipal 46.662, de 24.12.2005.[4]

Outros chefes de Executivo, ainda à época em que o pregão era regulado por medida provisória, também passaram a adotar a modalidade com a declarada intenção de se beneficiar do novo procedimento licitatório.[5]

---

4. No Município de São Paulo o Tribunal de Contas do Município, em duas oportunidades, entendeu que referida lei e o decreto municipal sobre o pregão seriam inconstitucionais, tendo em vista a sua edição à época da medida provisória e a restrição da aplicabilidade da modalidade a Estados e Municípios. O argumento não considerou o alegado "caráter geral" da medida provisória, e decidiu pela inconstitucionalidade da legislação local complementar. Neste sentido, v. TC 72.002.577.02-55 (Cons.-Relator Roberto Braguim, j. 6.11.2002, *DOM* 15.11.2002) e TC 72.001.637.02-40 (Cons.-Relator Édson Simões, j. 18.9.2002, *DOM* 27.9.2002). Tal entendimento restou superado afinal.

5. Para ilustrar, mencione-se o Município de Aquiraz, no Estado do Ceará. Em 1.11.2001 foi editado o Decreto municipal 45, para regulamentar a nova modalidade. O fundamento jurídico alegado foi a Lei Orgânica do Município, e assim dispôs seu art. 1º: "O Município de Aquiraz, para aquisição de bens e serviços comuns, poderá adotar licitação na modalidade de pregão, regida por este Decreto e pelos termos da Medida Provisória n. 2.026, de 4 de maio de 2000 (e suas reedições), e do Decreto n. 3.555, de 8 de agosto de 2000". Informações a respeito podem ser colhidas no *site* da Prefeitura de Aquiraz (*www.aquiraz.ce.gov.br/pregao.asp*). Especificamente, v. o artigo intitulado "Os 5 *E*s das compras governamentais", aqui transcrito: "O Município de Aquiraz realizou o primeiro processo licitatório no Estado do Ceará, sob a modalidade de pregão, para aquisição de merenda escolar. Esse procedimento na Administração Pública tem um caráter absolutamente inovador e nos oferece a possibilidade de analisarmos os enfoques jurídico e econômico-administrativo. Não estenderemos aqui sobre o aprofundamento jurídico do tema; todavia, o pregão, como modalidade de licitação, foi instituído e regulamentado pela Medida Provisória n. 2.026, de julho de 2000, e o Decreto n. 3.555, de agosto do mesmo ano. O referido procedimento encontra respaldo em vários doutrinadores do assunto como Marçal Justen Filho, Alice Gon-

Sob a ótica jurídica, o que merece atenção, a par da evidente falta de razoabilidade da medida provisória na restrição da aplicabi-

zalez Borges, Maria Sylvia Zanella Di Pietro, Jessé Pereira Jr., dentre outros. Fundamentado na legislação federal e na ampla doutrina existente, o Tribunal de Contas dos Municípios, de forma absolutamente inovadora, aprovou o referido procedimento através de parecer exarado em 11 de junho do corrente ano. Considerando o enfoque econômico-administrativo, o pregão apresenta a possibilidade de fazermos uma análise mais ampla, correlacionando Ética, Economicidade, Eficiência, Eficácia e Efetividade, ou seja, os fundamentos do que se convencionou denominar na literatura sobre auditoria de 'princípios da *accountability*'. O dilema entre ética e economicidade é bastante discutido no campo da economia política. Lionel Robbins na década de 30 afirmava em seu influente livro *An Essay on the Nature and Significance of Economic Science* que não parece logicamente possível associar os dois estudos, *[economia e ética]* de forma nenhuma, além da justaposição. Nessa discussão alguns autores, tais como Adam Smith, John Stuart Mill, Karl Marx, Francis Edgeworth, Amartya Sen, dentre outros, produziram estudos sobre essa complexa relação. Sen publicou o influente ensaio *Sobre Ética e Economia*, onde demonstra que a economia do bem-estar pode ser enriquecida atentando-se para princípios éticos, princípios estes que não seriam atingidos com a 'otimalidade de Pareto' ou a 'eficiência econômica' (considera-se que um determinado Estado Social atingiu o 'ótimo de Pareto' se e somente se for impossível reduzir a utilidade de alguma outra pessoa). Nesse contexto, o Estado deve assumir a função preponderante de eficiência alocativa e redistributiva, onde o processo de compras governamentais pode ser exemplificador para demonstrar transparência na ação pública. Os resultados específicos do pregão foram eficientes e eficazes. Eficientes, pois demonstraram celeridade no processo; o evento foi realizado com oito dias de prazo, período bem menor se comparado ao modelo tradicional de licitação. Foi eficaz, pois o certame promovido conseguiu uma redução média de 17% (representando uma economia de R$ 42 mil reais), quando se compara o total licitado anteriormente pelo sistema tradicional, na modalidade convite. Conseguiu-se com o sistema descentralizar o processo de entrega e anular os custos de logística, pois o fornecedor da merenda escolar entregou os produtos diretamente nas escolas. Outro parâmetro exemplificador de eficácia foi a competitividade ocorrida, onde houve variação, para menor, de até 45% entre o lance inicial e o lance de fechamento da proposta, com intensa disputa nos lances dos 12 fornecedores habilitados para o processo. Por fim, o pregão está sendo efetivo, pois vem-se consolidando e agregando iniciativas que buscam o estímulo às compras governamentais locais, elevando, assim, o valor adicionado das mercadorias circuladas e, conseqüentemente, a transferência através do imposto de circulação de mercadorias – ICMS. Não se trata, somente, de saber se queremos um Poder Público, mas também de sermos capazes de imaginar como ele pode contribuir efetivamente para superação de desafios como a luta contra a exclusão social, o combate à corrupção, a criação de mecanismos favorecedores do desenvolvimento endógeno e a indução do controle social. Assim, a boa governança exigirá um processo contínuo de participação das comunidades locais associado ao aperfeiçoamento dos mecanismos de transparência das gestões públicas, até porque governar é coordenar o processo de definição participativa dos rumos de um povo (Alexandre Sobreira Cialdini – Economista e Secretário de Desenvolvimento Econômico)".

lidade do pregão à União, o que se refletiu na edição de inúmeras normas locais estendendo sua aplicabilidade, é o fato de várias delas terem trazido soluções distintas para situações idênticas.

Em outras palavras, a licitação por pregão fez ressurgir debate acerca do conteúdo da *norma geral* em matéria de licitação, e, conseqüentemente, dos limites para Estados e Municípios editarem normas locais sobre o tema.

Diferentemente da Lei 8.666, que passou a ser integralmente adotada por todas as unidades federativas ante a determinação constitucional do dever de licitar (com raras exceções de entidades locais que editaram leis próprias), com a modalidade de pregão o Governo Federal inaugurou uma nova dinâmica. Pela primeira vez no histórico das licitações públicas a União Federal adotou a técnica legislativa de regulamentar por decreto o procedimento de uma modalidade licitatória (a União editou o Decreto 3.555/2000, para regulamentar o pregão presencial, e o Decreto 5.450/2005, que substituiu o Decreto 3.697/2000, para o pregão eletrônico).

Por sua vez, Estados e Municípios, adotando a mesma técnica federal, passaram a editar normas locais autorizadoras da nova via licitatória na sua própria esfera de competência.

A conversão da medida provisória na Lei 10.520, apesar de ter dado maior segurança jurídica ao aplicador da norma, não eliminou o debate em torno dos limites legislativos locais em matéria de licitação. O que se pode afirmar é que a nova lei passou a ser o fundamento de validade para todas as normas locais, inclusive com relação àquelas editadas à época da medida provisória, a exemplo da legislação do Município de São Paulo.

Já referimos que o art. 22, XXVII, da Constituição Federal outorgou à União Federal competência legislativa privativa para a edição de *normas gerais de licitação e contratação, em todas as modalidades, para as Administrações Públicas diretas, autárquicas e fundacionais da União, Estados, Distrito Federal e Municípios, obedecido o disposto no art. 37, XXI, e para as empresas públicas e sociedades de economia mista, nos termos do art. 173, § 1º, III.*

Apesar de a Lei 10.520/2002 ter sido editada "nos termos do art. 37, inciso XXI, da Constituição Federal", conforme se lê de sua ementa, claramente o fundamento constitucional para edição da nova regra é o inciso XXVII do art. 22.⁶ O inciso XXI do art. 37 da Constituição estabelece o regime constitucional das licitações públicas, não se confundindo com a competência legislativa da União para a edição de normas gerais em matéria de licitação; o que significa dizer que as leis gerais da União e também as leis suplementares de Estados e Municípios em matéria de licitação, todas elas, devem ser editadas com base nos parâmetros fixados no art. 37, XXI, tendo em vista as *normas gerais* editadas pela União. Na verdade, a edição de qualquer lei federal com base no art. 37, XXI, pressupõe a competência do art. 22, XXVII.

Tratando-se de *nova modalidade licitatória*, a norma instituidora do pregão tem *caráter geral*, nos termos do *art. 22, XXVII, da Constituição Federal*. Compartilham dessa opinião, entre outros, Celso Antônio Bandeira de Mello,⁷ Adílson Abreu Dallari,⁸ Lúcia Valle Figueiredo,⁹ Marçal Justen Filho,¹⁰ Alice Gonzalez Borges,¹¹ Jessé Torres Pereira Jr.,¹² Carlos Pinto Coelho Motta,¹³ Yara Darcy Police Monteiro¹⁴ e Pedro Barreto Vasconcelos.¹⁵ Tais autores são enfáticos ao afirmar que não se pode criar nova modalidade licitatória a não ser

---

6. Toshio Mukai, ao ensejo da referência feita ao art. 37, XXI, da Constituição Federal, sustentou que tal diploma normativo não seria norma geral de licitação, mas norma particular de licitação aplicável apenas à União Federal. Neste sentido, os demais entes políticos poderiam criar, no âmbito de suas competências, a modalidade do pregão por meio de lei, fundada no mesmo dispositivo constitucional. Tal entendimento está exposto em dois artigos do autor: "A Lei do Pregão: novidades na conversão da Medida Provisória n. 2.182-8" (*Fórum de Contratação e Gestão Pública*, agosto/2002, pp. 879-881) e "A medida provisória dos pregões: inconstitucionalidades e ilegalidades" (*RTDP* 29/26-30).
7. *Curso de Direito Administrativo*, 27ª ed., pp. 179 e 563.
8. *Aspectos Jurídicos da licitação*, 6ª ed., p. 79.
9. *Curso de Direito Administrativo*, 9ª ed., p. 475.
10. *Pregão (Comentários à Legislação do Pregão Comum e Eletrônico)*, 1ª ed., p. 16.
11. "Inovações nas licitações e seus aspectos constitucionais", *Informativo de Licitações e Contratos* 90/638-647. O mesmo posicionamento a autora expôs no artigo intitulado "O pregão criado pela Medida Provisória n. 2.026/2000: breves reflexões e aspectos polêmicos" (*Informativo de Licitações e Contratos* 77/546-549).
12. *Comentários à Lei de Licitações e Contratos da Administração Pública*, 5ª ed., p. 963.
13. *Pregão – Teoria e Prática. Nova e Antiga Idéia em Licitação Pública*, p. 7. Do mesmo autor, *Eficácia nas Licitações e Contratos*, 9ª ed., p. 648.
14. *Licitação: Fases e Procedimento*, p. 122.
15. "Pregão: nova modalidade de licitação", *RDA* 222/213-238.

por *norma geral*, expedida pela União com base na sua competência constitucional privativa.

Ainda que a análise empreendida pelos diversos autores tenha sido à época da medida provisória e para o fim de analisar a constitucionalidade da restrição de sua aplicabilidade à esfera federal, todos concordam que a norma criadora do pregão é *norma geral* em matéria de licitação, uma vez que institui *nova modalidade licitatória*. Isto implica a afirmação de que *a criação de modalidade de licitação só pode dar-se por meio de norma geral, editada pela União Federal, no exercício de uma competência legislativa que lhe é privativa*.

Mas especificamente o quê, a respeito da nova modalidade, está incluído no conceito de *norma geral*? Em outras palavras, o quê, no pregão, é vinculante e obrigatório para União, Estados, Distrito Federal e Municípios?

O ponto central deste trabalho envolve justamente a identificação da *norma geral do pregão*. Queremos compreender o modelo estrutural desta modalidade licitatória, na qual as normas locais e a regulamentação federal devem, necessariamente, encontrar seu fundamento de validade, inclusive com relação às editadas durante o período em que o tema foi tratado por medida provisória. O que pretendemos é a apresentação de uma *sistematização* que seja útil na identificação da *norma geral do pregão*. Considerando que a Lei 10.520 estendeu a modalidade do pregão para a União, Estados, Distrito Federal e Municípios, quer-se saber quais as características da modalidade que, a partir desta lei, devem ser consideradas vinculantes, em decorrência de um regime uniforme e geral, em todo o território nacional.

Para tanto – e antes de analisarmos as características do pregão em si –, é preciso termos claro o conceito de *norma geral* em matéria de licitação, tema do próximo item.

1.1 "Norma geral" em matéria de licitação

Não é recente o debate acadêmico envolvendo *normas gerais* em matéria de licitação, sua importância e limites.[16] Antes mesmo da

---

16. Os métodos de competição nos diversos países europeus voltados para a celebração de contratos administrativos sofreram modificações importantes nos últimos anos em decorrência das regras impostas pelo direito comunitário. A portuguesa Mar-

edição do Decreto-lei 2.300/1986 o tema já era objeto de discussão, tendo tomado maior corpo com a sobrevinda deste diploma legislativo sobre licitações e contratos.[17]

garida Olazabal Cabral afirma a existência de um "direito comunitário de contratação pública", a partir das várias normas comunitárias existentes para a seleção do contratante, cuja observância é obrigatória para os Estados-membros. Segundo a autora, a preocupação comunitária com a regulamentação da matéria de escolha do particular nos contratos públicos parte da constatação da importância de tais contratos para a concretização de um mercado único, tendo em vista a necessidade de se assegurar a livre concorrência entre as empresas de todo o espaço comunitário, sem preferências a licitantes ou produtos nacionais. O objetivo é o estabelecimento de regras e princípios que transformem os contratos públicos em um instrumento de realização do mercado único. Assim é que, nas palavras da autora, "ao direito comunitário só interessa estabelecer aquele mínimo de regras de transparência e publicidade que permitam a livre circulação de pessoas, bens e serviços, e assim a concretização da União Européia".

Considerando que o Tratado de Roma não contém qualquer norma expressa sobre contratação pública, quase toda a regulamentação comunitária nesta matéria consta de diretivas, o que significa, nos termos do art. 189 do Tratado, que os Estados têm liberdade para escolher os meios e as formas que lhes permitirão alcançar os objetivos obrigatórios nelas fixados. Como explica Margarida Olazabal Cabral, "tratava-se não tanto de substituir a regulamentação nacional em matéria de procedimentos pré-contratuais, mas de estabelecer uma série de princípios e regras que permitissem a harmonização de todos esses procedimentos: assim, tais diretivas proíbem especificações técnicas com efeito discriminatório, prevêem a publicidade dos contratos a nível comunitário (publicando a intenção de contratar no *Jornal Oficial* das Comunidades Européias) e determinam prazos mínimos para a recepção das propostas; estabelecem critérios objectivos de participação (nomeadamente especificando quais os documentos que poderão ser tidos em conta para comprovar as capacidades económico-financeira e técnica dos proponentes) e critérios objectivos de seleção dos contratantes (critérios estes que poderão ser ou apenas o preço mais baixo ou, no caso da adjudicação ser feita à 'oferta economicamente mais vantajosa', critérios como o prazo de execução, o valor técnico, a rentabilidade, mas que terão sempre de ser tornados públicos ou no caderno de encargos ou no anúncio do concurso, se possível, por ordem decrescente de importância). Prevê-se a possibilidade de rejeitar as propostas com um preço anormalmente baixo desde que se solicite primeiramente ao seu proponente justificações para tal baixo preço" (*O Concurso Público nos Contratos Administrativos*, pp. 38-40).

Em um paralelo com o nosso sistema de normas gerais, tais regras impostas pelo direito comunitário aos Estados-membros têm o mesmo propósito de uniformizar os procedimentos tendo em vista os ideais de publicidade, transparência e competitividade. Para uma ampla visão das diretivas que regem os procedimentos de competição para aquisição de bens e serviços no âmbito da Comunidade Européia, v. o *site http://europa.eu.int/comm/internal_market/em/publproc/index.htm.*

17. O estudo das *normas gerais* nas mais diversas áreas jurídicas tem sido objeto de importantes trabalhos, os quais se tornaram fonte de pesquisa para aqueles que

Conforme relata Adílson Abreu Dallari, havia uma corrente doutrinária que defendia a competência da União para a edição de normas gerais em matéria de licitação. Nela incluía-se Hely Lopes Meirelles, que, apesar da ausência de expressa menção constitucional à competência legislativa geral da União nas licitações, considerava o tema incluído no campo do direito financeiro para o fim de afirmar tal competência para a edição de normas gerais em matéria de licitação.

Como explica o citado autor, em que pese ao esforço de inclusão das licitações no campo do direito financeiro, dele elas nunca fizeram parte. Mas a afirmação, ainda que equivocada, serviu para sustentar a tese segundo a qual normas federais sobre licitações seriam de observância obrigatória por Estados e Municípios.[18]

Celso Antônio Bandeira de Mello, ao escrever sobre o tema à época da Carta de 1969, foi enfático na sua discordância com a tese da ligação entre licitação e direito financeiro. Escreveu: "O art. 85 e parágrafo único do Decreto-lei 2.300/1986 se constituem em desabrida violação à repartição constitucional de competências entre União, Estados e Municípios".[19] Afirmou que "Não é interesse do Poder Central, nem está arrolado entre as competências da União, legislar sobre direito administrativo, nem especificamente sobre licitações e contratos efetuados pela Administração própria dos Estados e dos Municípios". E ao final concluiu que as normas do Decreto-lei 2.300/1986 não poderiam ser consideradas normas de direito financeiro, tampou-

se debruçaram sobre o tema no campo das licitações e contratos. Entre eles, podemos citar os seguintes: Geraldo Ataliba, "Normas gerais de direito financeiro e tributário e autonomia dos Estados e Municípios", *RDP* 10/49; e Diogo de Figueiredo Moreira Neto, "Competência concorrente limitada – O problema da conceituação das normas gerais", "Separata" da *Revista de Informação Legislativa* 100. Marçal Justen Filho explica que no campo tributário foi onde o conceito de *normas gerais* foi mais longamente debatido, sem que resultasse uma posição pacífica na doutrina e na jurisprudência (*Comentários à Lei de Licitação e Contratos Administrativos*, 9ª ed., p. 15).

18. Cf. Adílson Abreu Dallari, *Aspectos* ..., 6ª ed., pp. 18-19.
19. 19. A redação do art. 85 do Decreto-lei 2.300/1986 é a seguinte:
"Art. 85. Aplicam-se aos Estados, Municípios, Distrito Federal e Territórios as normas gerais estabelecidas neste Decreto-lei.
"Parágrafo único. As entidades mencionadas neste artigo não poderão:
"a) ampliar os casos de dispensa, de inexigibilidade e de vedação de licitação, nem os limites máximos de valor fixados para as diversas modalidades de licitação;
"b) reduzir os prazos de publicidade do edital ou do convite, nem os estabelecidos para a interposição e decisão de recursos."

co normas gerais; as raríssimas disposições gerais existentes no diploma teriam o condão de obrigar Estados e Municípios por força de princípios constitucionais, e não por aplicação do decreto-lei.[20]

O que estava por trás das afirmações de Celso Antônio Bandeira de Mello e Adílson Abreu Dallari era o reconhecimento de que normas sobre licitação não comportavam regramento por decreto-lei; pois na vigência da Constituição de 1969 (art. 55) apenas aspectos relacionados a servidores públicos, segurança nacional e finanças públicas é que poderiam ser objeto da via excepcional do decreto-lei, não sendo adequada a inclusão da licitação no campo próprio do direito financeiro. Os autores também afirmavam ser indevida qualquer uniformização em matéria de licitação, pois não seria possível o tratamento igualitário das diversas entidades federativas por uma única lei de cunho vinculante, ainda que federal. Adílson Abreu Dallari explica que a licitação guarda uma relação muito próxima com a capacidade econômica dos entes federativos, sendo, por isso, equivocado pensar-se em uma legislação única de licitações, tanto para um pequeno Município no interior quanto para a União, ou para a capital de São Paulo. Sendo licitação matéria de direito administrativo, ela deveria ser disciplinada por legislação local, de acordo com as peculiaridades locais.[21]

Antes de o debate ter chegado a um consenso, sobreveio a Constituição de 1988 e, em seguida, o Decreto-lei 2.300/1986 foi substituído integralmente pela Lei federal 8.666, de 21.6.1993. Ao contrário do que se poderia pensar, o tema dos limites federais para a edição de *norma geral* em matéria de licitação não se pacificou, apenas seu enfoque é que mudou.

Diferentemente da Constituição de 1969, o inciso XXVII do art. 22 da Constituição de 1988 fixou expressamente a competência privativa da União para a edição de *normas gerais em matéria de licitações e contratos*. E em 21.6.1993 foi editada a Lei federal 8.666, que logo no seu art. 1º dispôs: *"Esta lei estabelece normas gerais*

---

20. Celso Antônio Bandeira de Mello, "Inaplicabilidade da nova regulação sobre licitações a Estados e Municípios e inconstitucionalidade radical do Decreto-lei 2.300/1986", *RDP* 83/27. No mesmo sentido, v. também Weida Zancaner, "Inaplicabilidade do Decreto-lei 2.300/1986 a Estados e Municípios", *RDP* 82/167-173.
21. Cf. Adílson Abreu Dallari, *Aspectos* ..., 6ª ed., p. 19.

sobre licitações e contratos administrativos pertinentes a obras, serviços, inclusive de publicidade, compras, alienações e locações no âmbito dos Poderes da União, dos Estados, do Distrito Federal e dos Municípios".

Adílson Abreu Dallari foi enfático ao criticar a Constituição e também a Lei 8.666. No seu pensamento não há lógica na Constituição em outorgar competência privativa à União para a edição de normas gerais (o tema deveria ter sido tratado no art. 24, que dispõe sobre competência concorrente das esferas federativas). E, depois, porque, ao contrário do que pretende a Lei 8.666, ela não contém apenas normas gerais, pois desce a minúcias e detalhamentos que não podem se enquadrar em tal conceito.[22]

Não foram poucos os que criticaram o referido art. 1º da Lei 8.666/93. A opinião corrente foi no sentido de que a lei precisava ser interpretada para que fossem separadas as *normas gerais* em matéria de licitações e contratos, aplicáveis a todas as pessoas políticas, das normas federais, de aplicabilidade restrita. Não seria correto concluir que a Lei 8.666 tivesse vedado o exercício das competências locais em matéria de licitação, tão enaltecidas até então.[23]

É neste contexto que o debate sobre *normas gerais em matéria de licitação e contratos* seguiu. Longe de se ter pacificado, os comentadores da Lei 8.666 passaram a interpretar o novo diploma e a traçar os limites da competência legislativa da União na expedição de *normas gerais* no referido campo. Em outras palavras, o que se queria era identificar o *critério* que deveria ser levado em conta para apartar as matérias que poderiam ser objeto de especificação pelo legislador local (normas específicas) daquelas outras que, por serem gerais, poderiam ser definidas pela União no exercício de sua competência uniformizante.

---

22. Cf. Adílson Abreu Dallari, *Aspectos* ..., 6ª ed., p. 23.
23. Lúcia Valle Figueiredo, por exemplo, afirmou que "é claro que a lei *não contém tão-somente normas gerais*. Entretanto, só por só, não se poderia entendê-la inconstitucional sem antes se tentar proceder à interpretação conforme à Constituição (Canotilho)". E conclui: "Portanto, no que a lei contiver disciplina que guarde características de normas gerais será constitucional. *No que não contiver, não se aplicará aos Estados e Municípios, por inconstitucionalidade*" ("Competências administrativas dos Estados e Municípios – Licitações", *RTDP* 8/24-39).

Mas, afinal, quais normas podem receber o qualificativo de *gerais*? Qual o conteúdo próprio de normas dessa natureza? Normas gerais equivalem a princípios?

Diogo de Figueiredo Moreira Neto, em estudo sobre a distribuição constitucional de competências legislativas, refletiu sobre a capacidade da União para a expedição de *normas gerais* como exercício da competência concorrente limitada (atual art. 24, § 1º, da CF). Ainda que o trabalho não se refira expressamente ao campo das licitações, seu estudo é muito importante, porque, a partir de ampla pesquisa doutrinária, aponta a distinção entre *normas gerais* e *princípios*, diante da evidente proximidade conceitual entre os dois. E afirma que, *semelhantemente*, *normas gerais* e *princípios* estabelecem diretrizes, orientações, linhas-mestras, situando-se no plano das questões fundamentais, não admitindo particularizações. Ambos desempenham as seguintes funções no ordenamento: (1) declaram um valor juridicamente protegido; (2) conformam um padrão vinculatório para a norma particularizante; (3) vedam ao legislador e ao aplicador agir em contrariedade ao valor neles declarado.[24]

Mas, distintamente dos princípios, as *normas gerais* desempenham funções normativas bem mais extensas que os princípios, estremando-se destes não tanto pelo conteúdo, mas pelos resultados que delas decorrem, pois: (1) aplicam-se concreta e diretamente às relações e situações específicas no âmbito de competência administrativa federal; (2) aplicam-se concreta e diretamente às relações e situações específicas no âmbito de competência administrativa estadual (ou municipal), sempre que o Estado-membro (ou Município) não haja exercido sua competência concorrente particularizante; (3) aplicam-se concreta e diretamente às relações e situações específicas no âmbito de competência administrativa estadual (ou municipal), sempre que o Estado-membro (ou Município) haja exercido sua competência concorrente particularizante em contrariedade ao valor nelas declarado.

No referido trabalho, Diogo de Figueiredo Moreira Neto identifica o *destinatário* da *norma geral*: "Embora a norma geral se destine ordinariamente ao legislador e, assim, tenha eficácia indireta e media-

---

24. Diogo de Figueiredo Moreira Neto, "Competência concorrente limitada – ...", "Separata" da *Revista de Informação Legislativa* 100/155-156.

ta em termos de aplicação às relações concretas que regerá, extraordinariamente ela se dirige ao aplicador e, assim, tem eficácia direta e imediata". E conclui, apresentando a síntese de seu pensamento: "Normas gerais são *declarações principiológicas* que cabe à União editar, no uso de sua competência concorrente limitada, restrita ao *estabelecimento de diretrizes nacionais* sobre certos assuntos, que deverão ser respeitados pelos Estados-membros na feitura de suas respectivas legislações, através de normas específicas e particularizantes que as detalharão, *de modo que possam ser aplicadas, direta e imediatamente, a relações e situações concretas a que se destinam, em seus respectivos âmbitos políticos*"[25] (grifos nossos).

O tema é extremamente complexo. A afirmação de que normas gerais são aquelas que estruturam um dado assunto, formando suas bases fundamentais, permite a teorização a respeito do regime a ser dado às normas afinal qualificadas como *gerais*. Mas este esforço teórico não exclui outro – qual seja, o de identificar nas normas que se pretendem gerais aquilo que deve receber o *regime* próprio das *normas gerais*.

Não é pelo mero fato de uma norma ter sido expedida com base em competência legislativa para a edição de norma geral que todo seu conteúdo pode ser qualificado como *norma geral*. O qualificativo "norma geral" determina a aplicação de um regime jurídico próprio, e só pode ser dado àquilo que estiver contido em lei editada por ente competente para a edição de *norma geral* (conforme a divisão constitucional de competências legislativas), e desde que seja *estruturante* para o tema objeto de tratamento legislativo.

Os diversos autores que se dedicaram a estudar o tema das *normas gerais* em matéria de licitações procuraram traduzir esta noção de "norma estruturante". Alice Gonzalez Borges foi a pioneira; e, em trabalho especificamente dedicado às normas gerais em matéria de licitações e contratos, tomando por base os ensinamentos de Diogo de Figueiredo Moreira Neto, concluiu estarem incluídas nesta categoria apenas as normas pertinentes ao Estado Federal total, global; nela não se incluindo as que possam excluir, embaraçar ou dificultar o

---

25. Diogo de Figueiredo Moreira Neto, "Competência concorrente limitada – ...", "Separata" da *Revista de Informação Legislativa* 100/158-159.

exercício da competência suplementar das ordens federadas, com quebra de suas autonomias constitucionalmente asseguradas. Para a autora, a Constituição preservou a competência residual dos Estados e Municípios para legislar sobre assuntos de seu peculiar interesse.[26]

Adílson Abreu Dallari de pronto reconhece a dificuldade da conceituação da norma geral. Afirma que é mais fácil chegar à norma geral pelo caminho inverso, dizendo o que não é norma geral, e diz que se incluem nesta categoria aquelas que correspondem a uma especificação, a um detalhamento. Assim, é norma geral para o autor (a) aquela que cuida de determinada matéria de maneira ampla; (b) aquela que comporta uma aplicação uniforme pela União, Estado e Município; (c) aquela que não é completa em si mesma, mas exige uma complementação.[27]

Celso Antônio Bandeira de Mello, no mesmo sentido, afirmou serem categorizáveis como *normas gerais* em matéria de licitação (a) as que estabelecem princípios, fundamentos, diretrizes, os critérios básicos para servir de inspiração das leis que a complementarão na normatização da matéria; e (b) as que possam ser aplicadas uniformemente em todo o país, indiferentemente de suas regiões ou localidades. Estas são suas palavras:

"É próprio de quaisquer leis serem gerais. Assim, quando o Texto Constitucional reporta-se a 'normas gerais', está, por certo, reportando-se a normas cujo 'nível de generalidade' é peculiar em seu confronto com as demais leis. Normas, portanto, que, ao contrário das outras, veiculam *apenas*:

"(a) preceitos que estabelecem os princípios, os fundamentos, as diretrizes, os critérios básicos, conformadores das leis que necessariamente terão de sucedê-las para completar a regência da matéria. Isto é: daqueloutras que produzirão a ulterior disciplina específica e suficiente, ou seja, indispensável, para regular o assunto que foi objeto de normas apenas 'gerais'.

"*Segue-se que não serão categorizáveis como disposições veiculadoras de normas gerais as que exaurem o assunto nelas versado,*

---

26. Cf. Alice Gonzalez Borges, *Normas Gerais no Estatuto de Licitações e Contratos Administrativos*, pp. 93 e 55.
27. Cf. Adílson Abreu Dallari, *Aspectos* ..., 6ª ed., p. 21.

dispensando regramento sucessivo. É claro, entretanto, que o dispositivo que formula princípios ou simples critérios não perde o caráter de norma geral pelo fato de esgotar os princípios ou critérios aplicáveis, visto que nem uns, nem outros, trazem consigo exaustão da disciplina da matéria à qual se aplicam;

"(b) preceitos que podem ser aplicados uniformemente em todo o país, por se adscreverem a aspectos nacionalmente indiferençados, de tal sorte que repercutem com neutralidade, *indiferentemente*, em quaisquer de suas regiões ou localidades.

"Segue-se que não serão normas gerais aquelas que produzem conseqüências díspares nas diversas áreas sobre as quais se aplicam, acarretando, em certas áreas, por força de condições, peculiaridades ou características próprias da região ou do local, repercussão gravosa sobre outros bens jurídicos igualmente confortados pelo Direito."[28]

Lúcia Valle Figueiredo, sem discordar dos autores já mencionados, afirma que só podem ser chamadas de *normas gerais* as que têm o poder de inibir o legislador estadual e municipal de dispor de forma diferente quando do exercício da competência legislativa local de suplementação (art. 24, § 2º, da CF). E propõe a seguinte sistematização:

"Assim, podemos chegar à seguinte sistematização no que tange às normas gerais, e, em especial, as que resultam de competências administrativas:

"(a) *disciplinam, de forma homogênea, para as pessoas políticas federativas, nas matérias constitucionalmente permitidas, para garantia da segurança e certeza jurídicas*;

"(b) *não podem ter conteúdo particularizante* que afete a autonomia dos entes federados, assim não podem dispor de maneira a ofender o conteúdo da Federação, tal seja, não podem se imiscuir em assuntos que devam ser tratados exclusivamente pelos Estados e Municípios;

"(c) *estabelecem diretrizes sobre o cumprimento dos princípios constitucionais expressos e implícitos.*

---

28. Celso Antônio Bandeira de Mello, *Curso* ..., 27ª ed., p. 532.

"Sintetizando, podemos afirmar: as normas gerais, no ordenamento brasileiro, têm características diferenciadas das normas (classicamente também denominadas de gerais), dispõem de forma homogênea para determinadas situações para garantia da segurança e certeza jurídicas, estabelecem diretrizes para o cumprimento dos princípios constitucionais expressos e implícitos, sem se imiscuírem no âmbito de competências específicas dos outros entes federativos"[29] (grifos nossos).

O que se percebe, de uma maneira geral, nas opiniões doutrinárias é o reconhecimento de um restrito campo de competência federal em matéria de licitação para a edição de *normas gerais*, com o enaltecimento das competências legislativas estaduais e municipais, como decorrência do princípio federativo, uma vez que licitação é matéria relativa à organização da Administração Pública e, por isso, é própria de cada pessoa política (o art. 18 da CF consagra a autonomia administrativa de cada uma das pessoas constitucionais).

Com base em tais afirmações teóricas, diversos autores buscaram identificar nas leis próprias sobre o tema (primeiro no Decreto-lei 2.300, e depois na Lei 8.666) o que seria categorizável como *norma geral*.[30]

Celso Antônio Bandeira de Mello, à época do Decreto-lei 2.300/1986, afirmou: "Normas que estabelecem particularizadas definições, que minudenciam condições específicas para licitar ou para contratar, que definem valores, prazos e requisitos de publicidade, que arrolam exaustivamente modalidades licitatórias e casos de dispensa, que regulam registros cadastrais, que assinalam com minúcias o *iter* e o regime procedimental, os recursos cabíveis, os prazos de interposição, que arrolam documentos exigíveis de licitantes, que preestabelecem cláusulas obrigatórias de contratos, que dispõem até sobre encargos da Administração contratante no acompanhamento da execução da avença, que regulam penalidades administrativas inclusive quanto aos tipos e casos em que cabem, evidentissimamente sobre não serem de direito financeiro, menos

---

29. Lúcia Valle Figueiredo, "Competências administrativas ...", *RTDP* 8/24-39.
30. É o caso de Alice Gonzalez Borges, no seu *Normas Gerais* ..., pp. 55-73; e de Toshio Mukai, na obra *Licitações e Contratos Públicos*, 5ª ed. A autora estuda o assunto à luz do Decreto-lei 2.300/1986; e o autor, à luz da Lei 8.666/1993.

ainda serão normas gerais, salvo no sentido de que toda norma – por sê-lo – é geral".[31]

Adílson Abreu Dallari, já sob a égide da Lei 8.666, identificou como normas gerais apenas os princípios elencados nos arts. 1º a 5º, "e mais algumas outras disposições amplas e genéricas que comportam aplicação uniforme em todo o território nacional, assim como também, ao mesmo tempo, uma complementação, um detalhamento, uma integração pela legislação específica de cada pessoa jurídica de capacidade política". Entre elas estariam as que definem as espécies de licitação.[32]

Carlos Ari Sundfeld, por sua vez, sustentou, semelhantemente, que "a lógica impõe a constatação de que na competência da União não se inclui o tratamento de aspectos particulares, de detalhes de organização, de questões contingentes. As normas gerais contêm apenas os princípios da regulamentação da matéria, os deveres básicos dos indivíduos e do Estado e os instrumentos a serem utilizados pela Administração. São impróprios para as normas gerais problemas como: a fixação de prazos, a definição das autoridades competentes para tal ou qual ato, o estabelecimento de valores exatos de multas, o detalhamento dos procedimentos administrativos, e assim por diante".[33]

E Marçal Justen Filho escreveu que a Lei 8.666 consagra uma *estrutura normativa fundamental* que comportaria complementação por parte das demais entidades políticas, apesar de, na prática, uma pequena parcela ter restado às entidades federativas, tendo em vista que grande parte das regras previstas da Lei 8.666 corresponde à única solução compatível com o Texto Constitucional. Para o autor (a) é inquestionável que a Constituição reservou competência legislativa específica para cada esfera política disciplinar licitação e contratação administrativa; (b) por decorrência do próprio princípio federativo, a manutenção das competências locais se impõe, não sendo possível sua restrição por dispositivo incluído em norma geral; e (c) por aplicação direta da Constituição, o conceito de *norma geral* abrange a disciplina dos diferentes procedimentos licitatórios.[34]

---

31. "Inaplicabilidade da nova regulação sobre licitações ...", *RDP* 83/27.
32. Cf. Adílson Abreu Dallari, *Aspectos* ..., 6ª ed., p. 24.
33. *Licitação e Contrato Administrativo – De Acordo com as Leis 8.666/1993 e 8.883/1994*, 2ª ed., p. 29.
34. Cf. Marçal Justen Filho, *Comentários* ..., 9ª ed., pp.16-18.

1.1.1 Conclusões

O que se percebe a partir da pesquisa realizada é que sempre houve na doutrina uma tendência de valorização das competências administrativas locais em matéria de licitação, como decorrência direta do princípio federativo. O que poderia ser considerado como próprio das *normas gerais* em matéria de licitação pública seria apenas aquilo que fosse *estruturante*. Mas o nível de detalhamento da Lei 8.666 – de início muito criticado, porque tornou difícil a identificação do que seria *geral* daquilo que seria *particular* à esfera federal – acabou se mostrando útil na medida em que uniformizou procedimentos e o conteúdo dos direitos e obrigações lá previstos nas diversas esferas da Administração Pública. Mesmo assumindo que Estados, Distrito Federal e Municípios têm competência legislativa suplementar em matéria de licitação, é *prudente* que eles não legislem. Tal medida é importante para garantir o conhecimento irrestrito das regras licitatórias e, conseqüentemente, a ampla participação nos certames. Por tal razão a atividade normativa suplementar das entidades federativas deveria se restringir à adequação das normas gerais às regras locais de competência administrativa.

Assim – e de forma resumida –, estas são as principais conclusões a respeito das *normas gerais em matéria de licitação* e a criação de nova modalidade, tema, este, que nos interessa mais particularmente para os fins deste trabalho:

(1) somente a União Federal tem competência para legislar sobre "normas gerais em matéria de licitação" (CF, art. 22, XXVII);

(2) conforme entendimento corrente na doutrina, a competência para criação de *nova modalidade* licitatória está inserida no campo das "normas gerais em matéria de licitação", sendo própria da União, e envolve a definição da *estrutura* da nova modalidade e das regras que lhe sejam *caracterizadoras*, como garantia dos vetores da *segurança* e *certeza jurídicas* (Diogo de Figueiredo Moreira Neto, Celso Antônio Bandeira de Mello, Lúcia Valle Figueiredo, Adílson Abreu Dallari, Alice Gonzalez Borges, Carlos Ari Sundfeld, Marçal Justen Filho);

(3) conforme entendimento corrente na doutrina, a norma geral que cria nova modalidade licitatória supõe a existência de um campo

próprio para o exercício de competência legislativa suplementar pelas esferas federativas (Diogo de Figueiredo Moreira Neto, Celso Antônio Bandeira de Mello, Adílson Abreu Dallari e Alice Gonzalez Borges, Carlos Ari Sundfeld, Marçal Justen Filho); e

(4) a Lei 8.666 veicula um grande número de normas, nem todas gerais, mas que acabaram promovendo uma uniformidade útil no tema das licitações, pois grande parte de suas soluções é a única compatível com o Texto Constitucional (Marçal Justen Filho).

A estas conclusões acrescentamos mais três, orientadas pela idéia de que o excesso de normas particulares (federais, estaduais e municipais) em matéria de licitação não incentiva – ao contrário, inibe – a ampla participação nos certames:

(5) não é contrária à natureza de *norma geral* em matéria de licitação a norma federal que cria nova modalidade licitatória e possui ampla extensão. É mesmo prudente que haja uniformidade na aplicação das referidas normas nas diversas esferas federativas – desde que as soluções por elas apresentadas sejam decorrência direta dos princípios constitucionais do processo licitatório;

(6) Estados, Distrito Federal e Municípios, não obstante possam, não devem exercer suas competências legislativas suplementares para inovar na matéria;

(7) a conseqüente diminuição do campo próprio para o exercício das competências legislativas locais que norma geral de ampla abrangência provoca é compensada pela uniformidade propiciada em matéria de licitação, a qual é medida garantidora de segurança e certeza jurídicas na aplicação dos mesmos princípios, bem como de ampla participação no certame.

A estas reflexões devemos acrescentar mais uma, cuja menção já foi feita no Capítulo I. Trata-se da possibilidade de a União Federal criar nova modalidade licitatória de aplicabilidade restrita. É o que ocorreu com a lei que criou o pregão para um único órgão da esfera federal (ANATEL) e com a edição de medida provisória com aplicabilidade restrita à União. Três linhas de reflexão surgiram sobre o tema. São elas:

(1) a norma veiculadora de nova modalidade restrita à esfera federal não seria *norma geral*, mas norma federal;

(2) a *norma geral* veiculadora de nova modalidade não precisaria, necessariamente, ser aplicável indistintamente à União, aos Estados, Distrito Federal e Municípios. O raciocínio envolvido nesta afirmação é o de que não seria possível inferir do art. 22, XXVII, da Constituição a identidade entre "norma geral" e "regime jurídico único" em matéria de licitação. A Constituição não teria exigido qualquer unicidade no regime das licitações, de modo que o Congresso Nacional, competente para dispor sobre o assunto, poderia criar diversas modalidades licitatórias com soluções particulares, indicando os casos, os órgãos e os entes a que elas se aplicam;[35] e

(3) a *norma geral* que veicula nova modalidade deveria, necessariamente, ser aplicável indistintamente à União, aos Estados, Distrito Federal e Municípios, sob pena de ser inconstitucional. Segundo o argumento, como existe norma geral de aplicação indistinta que veda a criação de outras modalidades licitatórias (Lei 8.666, art. 22, § 8º), na hipótese de edição de norma geral posterior que viesse a extinguir ou revogar a anterior (porque cria nova modalidade) sua aplicabilidade também deveria ser indistinta entre as várias entidades políticas.[36]

Com relação à primeira corrente exposta, não concordamos com suas conclusões diante da literalidade da Constituição Federal, que outorga à União competência para edição de *norma geral* em "todas as modalidades".

35. Expusemos este raciocínio de Carlos Ari Sundfeld quando analisamos a constitucionalidade do pregão criado no âmbito da ANATEL. A respeito, v. item 2.1.1 do Capítulo I.
36. Na nota 26 do Capítulo I indicamos uma série de autores que têm o mesmo pensamento. Por oportuno, transcrevemos a seguir o pensamento de Diogo de Figueiredo Moreira Neto, para quem era inconstitucional a exclusividade da aplicação da medida provisória à União: "Quanto ao segundo ponto suscitado, a pretendida *exclusividade* da União para valer-se dessa modalidade licitatória, é inconstitucional, pois a competência para legislar sobre *normas gerais* de licitações, que foi estabelecida no art. 22, XXVII, da Constituição, sob nenhum aspecto autoriza a União, quando legisla sobre normas gerais, a discriminar Estados, Distrito Federal e Municípios, seja a que pretexto for, em afronta ao princípio federativo, claramente definido nos arts. 1º e 18 da Carta Magna. A interpretação construtiva, que se impõe, é a que *estende* o instituto para todas as entidades da Federação, porque, mesmo que a União estivesse legislando apenas para si própria, como lei específica, tampouco a sexta modalidade licitatória teria validade constitucional, pois *discreparia da norma geral* definitória das espécies admitidas no Direito Brasileiro, que a todos se impõe" (*Curso de Direito Administrativo*, 12ª ed., p. 178).

Com relação à segunda e terceira posições apresentadas, há o fato de o tema ter sido submetido ao Supremo Tribunal Federal e de o órgão de cúpula do Judiciário Brasileiro não ter declarado a inconstitucionalidade da norma que criou o pregão apenas para a ANATEL, tampouco da medida provisória que deu aplicabilidade restrita à esfera federal (como visto no Capítulo I). Na linha do que foi decidido, a possibilidade de uma norma federal estruturar nova modalidade de licitação e ter seu âmbito de aplicabilidade restrito a um único ente ou esfera política depende da existência de elemento justificador da desigualdade de tratamento federativo, sob pena de inconstitucionalidade.

Finalmente, vale um comentário quanto ao entendimento do Supremo Tribunal Federal sobre os limites da competência da União para a edição de normas gerais em matéria de licitação e, correlatamente, dos Estados, Distrito Federal e Municípios para a edição de normas suplementares.

Referido órgão teve a oportunidade de tratar do tema ao julgar o pedido de medida cautelar na ADI 927-3-RS, em novembro/1993. Questionou-se a constitucionalidade de alguns dispositivos da Lei 8.666/1993, que, segundo o argumento da petição inicial, violava o conceito de *norma geral*, tendo o legislador federal determinado além do que lhe seria permitido fazer para Estados e Municípios. Em linhas gerais, a específica questão lá envolvida dizia respeito à hipótese de cabimento da doação e permuta de bens móveis e imóveis pela Administração Pública. Alegava-se que os requisitos fixados na lei deveriam ter aplicabilidade restrita à esfera federal, e não aos Estados e Municípios, que teriam liberdade para tratar da matéria.

Colhe-se do voto condutor do acórdão, proferido pelo relator, Min. Celso de Mello, a seguinte interpretação para o art. 22, XXVII, da Constituição:

"A Constituição de 1988, ao inscrever, no inciso XXVII do art. 22 a disposição acima indicada, pôs fim à discussão a respeito de ser possível, ou não, à União legislar a respeito do tema, dado que corrente da doutrina sustentava que 'nenhum dispositivo constitucional autorizava a União a impor normas de licitação a sujeitos alheios à sua órbita' (Celso Antônio Bandeira de Mello, *Elementos de Direito Administrativo*, Malheiros, 4ª ed., 1992, p. 177, nota 1). A Constituição Federal de 1988, repito, pôs fim à discussão, ao estabelecer a competência da União para expedir normas gerais de licitação e contratação (art. 22, XXVII).

"Registre-se, entretanto, que a competência da União é restrita a normas gerais de licitação e contratação. Isto quer dizer que os Estados e os Municípios também têm competência para legislar a respeito do tema: a União expedirá as normas gerais e os Estados e Municípios expedirão as normas específicas. Leciona, a propósito, Marçal Justen Filho: 'como dito, apenas as normas 'gerais' são de obrigatória observância pra as demais esferas de governo, que ficam liberadas para regular diversamente o restante' (*Comentários à Lei de Licitações e Contratos Administrativos*, Ed. AIDE, Rio, 1993, p. 13).

"A formulação do conceito de 'normas gerais' é tarefa tormentosa, registra Marçal Justen Filho, ao dizer que 'o conceito de 'normas gerais' tem sido objeto das maiores disputas. No campo tributário (mais do que em qualquer outro) a questão foi longamente debatida e objeto de controvérsias judiciárias, sem que resultasse uma posição pacífica na doutrina e na jurisprudência. Inexistindo um conceito normativo preciso para a expressão, ela se presta às mais diversas interpretações' (ob. e loc. cits.). A formulação do conceito de 'normas gerais' é tanto mais complexa quando se tem presente o conceito de lei em sentido material – norma geral, abstrata. Ora, se a lei, em sentido material, é norma geral, como seria a lei de 'normas gerais' referida na Constituição? Penso que essas 'normas gerais' devem apresentar generalidade maior do que apresentam, de regra, as leis. Penso que 'norma geral', tal como posta na Constituição, tem o sentido de diretriz, de princípio geral. A norma geral federal, melhor será dizer nacional, seria a moldura do quadro a ser pintado pelos Estados e Municípios no âmbito de suas competências. Com propriedade, registra a professora Alice Gonzalez Borges que as 'normas gerais', leis nacionais, 'são necessariamente de caráter mais genérico e abstrato do que as normas locais. Constituem normas de leis, direito sobre direito, determinam parâmetros, com maior nível de generalidade e abstração, estabelecidos, para que sejam desenvolvidos pela ação normativa subseqüente das ordens federadas', pelo quê 'não são normas gerais as que se ocupem de detalhamentos, pormenores, minúcias, de modo que nada deixam à criação própria do legislador, a quem se destinam, exaurindo o assunto de que tratam'. Depois de considerações outras no sentido da caracterização de 'norma geral', conclui: 'são normas gerais as que se contenham no mínimo indispensável ao cumprimento dos preceitos fundamentais, abrindo espaço para que o legislador possa abordar aspectos diferentes, diversificados, sem desrespeito a seus comandos genéricos, básicos' (Alice Gonzalez Borges, 'Normas gerais nas licitações e contratos administrativos', *RDP* 96/81).

"Cuidando especificamente do tema em trabalho que escreveu a respeito do Decreto-lei 2.300/1986, Celso Antônio Bandeira de Mello esclareceu que 'normas que estabelecem particularizadas definições, que minudenciam condições específicas para licitar ou para contratar, que definem valores, prazos e requisitos de publicidade, que arrolam exaustivamente modalidades licitatórias e casos de dispensa, que regulam registros cadastrais, que assinalam com minúcia o *iter* e o regime procedimental, os recursos cabíveis, os prazos de interposição, que arrolam documentos exigíveis de licitantes, que preestabelecem cláusulas obrigatórias de contratos, que dispõem até sobre encargos administrativos da Administração contratante no acompanhamento da execução da avença, que regulam penalidades administrativas, inclusive quanto aos tipos e casos em que cabem, evidentissimamente, sobre não serem de direito financeiro, menos ainda serão normas gerais, salvo no sentido de que toda norma – por sê-lo – é geral'. E acrescenta o ilustre administrativista: 'Se isto fosse norma geral, estaria apagada a distinção constitucional entre norma, simplesmente, e norma geral (...)' ('Licitações', *RDP* 83/16)."

Além da mencionada ADI 927-MF, a Corte Constitucional teve a oportunidade de analisar outros quatro casos relevantes. No primeiro (ADI/MC 3.059-1-RS[37]) julgou inconstitucional lei do Estado do

---

37. A ementa da ADI/MC 3.059-1-RS (rel. Min. Carlos Britto, j. 15.4.2004, v.u.) é a que segue: "Medida cautelar em ação direta de inconstitucionalidade – Legitimidade de agremiação partidária com representação no Congresso Nacional para deflagrar o processo de controle de constitucionalidade em tese – Inteligência do art. 103, inciso VIII, da Magna Lei – Requisito da pertinência temática antecipadamente satisfeito pelo requerente – Impugnação da Lei n. 11.871/2002, do Estado do Rio Grande do Sul, que instituiu, no âmbito da Administração Pública sul-rio-grandense, a preferencial utilização de *softwares* livres ou sem restrições proprietárias – Plausibilidade jurídica da tese do autor, que aponta invasão da competência legiferante reservada à União para produzir normas gerais em tema de licitação, bem como usurpação competencial violadora do pétreo princípio constitucional da separação dos Poderes. Re-

Rio Grande do Sul que estabelecia a utilização preferencial de programas abertos nos sistemas de informática para a Administração Pública estadual. No segundo (ADI 3.670-0-DF[38]) também julgou inconstitucional lei do Distrito Federal que proibia a contratação, com a Administração Pública, das pessoas jurídicas que discriminavam na contratação de mão-de-obra pessoas que estivessem com o nome incluído em listas de proteção ao crédito. No terceiro (ADI 3.070-1--RN[39]) também julgou inconstitucional norma da Constituição do

conhece-se, ainda, que o ato normativo impugnado estreita, contra a natureza dos produtos que lhe servem de objeto normativo (bens informáticos), o âmbito de competição dos interessados em se vincular contratualmente ao Estado-Administração – Medida cautelar deferida".
38. A ementa da ADI 3.670-DF (rel. Min. Sepúlveda Pertence, j. 2.4.2007, v.u.), é a que segue: "Ação direta de inconstitucionalidade – Lei Distrital n. 3.705, de 21.11.2005, que cria restrições a empresas que discriminarem na contratação de mão-de-obra – Inconstitucionalidade declarada. 1. Ofensa à competência privativa da União para legislar sobre normas gerais de licitação e contratação administrativa, em todas as modalidades, para as Administrações Públicas diretas, autárquicas e fundacionais de todos os entes da Federação (CF, art. 22, XXVII) e para dispor sobre direito do trabalho e inspeção do trabalho (CF, arts. 21, XXIV, e 22, I). 2. Afronta ao art. 37, XXI, da Constituição da República – norma de observância compulsória pelas ordens locais –, segundo o qual a disciplina legal das licitações há de assegurar a 'igualdade de condições de todos os concorrentes', o que é incompatível com a proibição de licitar em função de um critério – o da discriminação de empregados inscritos em cadastros restritivos de crédito – que não tem pertinência com a exigência de garantia do cumprimento do contrato objeto do concurso".
39. A ementa da ADI 3.070-1-RN (rel. Min. Nélson Jobim, j. 29.11.2007, v.u.) é a que segue: "Ação direta de inconstitucionalidade – Art. 11, § 4º, da Constituição do Estado do Rio Grande do Norte – Licitação – Análise de proposta mais vantajosa – Consideração dos valores relativos aos impostos pagos à Fazenda Pública daquele Estado – Discriminação arbitrária – Licitação – Isonomia, princípio da igualdade – Distinção entre brasileiros – Afronta ao disposto nos arts. 5º, *caput*, 19, inciso III, 37, inciso XXI, e 175 da Constituição do Brasil. 1. É inconstitucional o preceito segundo o qual na análise de licitações serão considerados, para averiguação da proposta mais vantajosa, entre outros itens, os valores relativos aos impostos pagos à Fazenda Pública daquele Estado-membro – Afronta ao princípio da isonomia, igualdade entre todos quantos pretendam acesso às contratações da Administração. 2. A Constituição do Brasil proíbe a distinção entre brasileiros. A concessão de vantagem ao licitante que suporta maior carga tributária no âmbito estadual é incoerente com o preceito constitucional desse inciso III do art. 19. 3. A licitação é um procedimento que visa à satisfação do *interesse público*, pautando-se pelo princípio da *isonomia*. Está voltada a um duplo objetivo: o de proporcionar à Administração a possibilidade de realizar o negócio mais vantajoso – o melhor negócio – e o de assegurar aos administrados a oportunidade de concorrerem, em igualdade de condições, à contratação pretendida

Estado do Rio Grande do Norte que, na análise de licitações, determinava considerar, para averiguação da proposta mais vantajosa, os valores relativos aos impostos pagos à Fazenda Pública daquele Estado. No quarto (ADI 3.583-PR[40]) também julgou inconstitucional lei do Estado do Paraná que determinava que a aquisição de veículos oficiais se deveria restringir àqueles fabricados no próprio Estado.

Tais decisões, assim como a doutrina estudada, não chegaram propriamente a articular um critério claro para identificar o âmbito da competência da União e dos Estados e Municípios em matéria de licitação (art. 22, XXVII), não tendo ido muito além dos argumentos de natureza principiológica já articulados no presente tópico. Elas se contentaram com a afirmação segundo a qual regras que afastam a licitação e que restringem os princípios constitucionais são de competência da União, em detrimento da competência suplementar dos Estados.

No caso da ADI 927 o tema, em verdade, apesar do trecho transcrito do voto condutor do acórdão, estava muito mais relacionado à

---

pela Administração. Imposição do *interesse público*, seu pressuposto é a *competição*. Procedimento que visa à satisfação do *interesse público*, pautando-se pelo princípio da *isonomia*, a função da licitação é a de viabilizar, através da mais ampla disputa, envolvendo o maior número possível de agentes econômicos capacitados, a satisfação do interesse público. A *competição* visada pela licitação, a instrumentar a seleção da proposta mais vantajosa para a Administração, impõe-se seja desenrolada de modo que reste assegurada a *igualdade* (*isonomia*) de todos quantos pretendam acesso às contratações da Administração. 4. A lei pode, sem violação do princípio da igualdade, distinguir situações, a fim de conferir a uma tratamento diverso do que atribui a outra. Para que possa fazê-lo, contudo, sem que tal violação se manifeste, é necessário que a discriminação guarde compatibilidade com o conteúdo do princípio. 5. A Constituição do Brasil exclui quaisquer exigências de qualificação técnica e econômica que não sejam indispensáveis à garantia do cumprimento das obrigações. A discriminação, no julgamento da concorrência, que exceda essa limitação é inadmissível. 6. Ação direta julgada procedente para declarar inconstitucional o § 4º do art. 111 da Constituição do Estado do Rio Grande do Norte".

40. A ementa da ADI 3.583-PR (rel. Min. César Peluso, j. 21.2.2008, v.u.) é a que segue: "Licitação pública – Concorrência – Aquisição de bens – Veículos para uso oficial – Exigência de que sejam produzidos no Estado-membro – Condição compulsória de acesso – Art. 1º da Lei n. 12.204/1998, do Estado do Paraná, com a redação da Lei n. 13.571/2002 – Discriminação arbitrária – Violação ao princípio da isonomia ou da igualdade – Ofensa ao art. 19, III, da vigente Constituição da República – Inconstitucionalidade declarada – Ação direta julgada, em parte, procedente – Precedentes do Supremo. É inconstitucional a lei estadual que estabeleça como condição de acesso a licitação pública, para aquisição de bens ou serviços, que a empresa licitante tenha a fábrica ou sede no Estado-membro".

competência para destinar o uso de bens públicos que à competência legislativa em matéria de licitação. Nos outros casos o argumento realmente forte e decisivo, presente nos votos, para julgar inconstitucionais as normas estaduais mencionadas foi o da violação, por elas, da regra constitucional da *igualdade* de participação entre todos os concorrentes (art. 19, III, e art. 37, XXI, ambos da CF).

Denise Cristina Vasques, em trabalho monográfico sobre a jurisprudência do Supremo Tribunal Federal quanto à aplicabilidade dos §§ 1º e 2º do art. 24 da Constituição, mapeou o posicionamento do órgão acerca da extensão da competência da União para a edição de normas gerais em matéria de competência legislativa concorrente. Sua análise, envolvendo outras matérias do art. 24 (e não exclusivamente o tema da licitação e contratação), é no sentido de que a Corte Suprema tem entendido legítimo o fortalecimento da competência da União para a edição de normas gerais, em detrimento da competência dos Estados, que, apesar de terem competência suplementar nas matérias regidas pelo dispositivo citado, têm tido sua ação encolhida pela ampla atuação legislativa da União. Vejam-se as palavras da autora, tiradas da conclusão de seu trabalho:

"Entre as conclusões extraídas do Capítulo V, destacamos, nesta ocasião, as mais importantes. Em primeiro lugar, constatamos a inexistência de evolução jurisprudencial entre o regime constitucional de 1967/1969 e o de 1988. Vale dizer, o Supremo Tribunal Federal apresenta atualmente as mesmas razões e raciocínios fixados quando julgava à luz da Constituição Federal de 1967/1969. Quanto à concepção do Supremo a respeito das competências legislativas concorrentes da União e dos Estados-membros, mais especificamente, das normas gerais e da competência estadual suplementar, notamos tendência centralizadora em consonância com o entendimento do legislador nacional. Para o Tribunal, normas gerais são aquelas que (i) trazem consigo definições para termos empregados nos textos legislativos; (ii) impõem condições, parâmetros e exigências; (iii) estabelecem proibições; e (iv) excepcionam princípios e regras da Constituição Federal ou que dela decorram. Por seu turno, a competência suplementar estadual destina-se, na visão do Supremo, ao preenchimento de lacunas, vazios e brancos da legislação nacional, o que, para nós, revela-se restritivo. Ainda que realizada interpretação extensiva para abarcar, nessa definição, a tarefa de complementar, desdobrar, detalhar e pormenorizar as leis nacionais, o espaço de atuação do legislador estadual resta bem reduzido.

"A análise dos julgados permitiu também identificar que, para formar seu juízo a respeito da constitucionalidade ou da inconstitucionalidade de leis estaduais, o Supremo busca como respaldo o confronto entre leis infraconstitucionais. Isto é, o Tribunal toma conhecimento, em primeiro lugar, do quanto disposto nas leis nacionais e estaduais para, depois, contestá-las em face da Constituição Federal.

"Por essas razões, concluímos que a atividade do Supremo Tribunal Federal quanto à aplicação das regras de repartição vertical de competências legislativas contribui para maior centralização de poderes. Em outras palavras, o Supremo alimenta a tendência centralizadora de nosso federalismo e participa ativamente do recrudescimento dos poderes da União.

"Diante das pesquisas e análises apresentadas nos Capítulos III, IV e V, arriscamos derradeiras conclusões.

"À medida que se fortalece a atuação legislativa da ordem central, os Estados-membros passam a assumir o papel de executores e fiscalizadores das políticas públicas elaboradas pela União. Em outras palavras, a competência legislativa estadual parece esvaecer a ponto de restar espaço apenas para o estabelecimento de normas necessárias à execução de tarefas administrativas, as quais, vale dizer, serão, cada vez mais, prescritas pelo próprio legislador nacional, ao lado das competências materiais dispostas na Constituição Federal. Vislumbramos, portanto, que nosso federalismo irá se resumir à cooperação entre Estados-membros e União; essa, formulando e estabelecendo políticas públicas; aqueles, executando-as.

"Ademais, o aprimoramento da técnica de repartição vertical de competências legislativas na Constituição Federal de 1988 não gerou os efeitos esperados pelo legislador constituinte, qual seja, de promover a descentralização normativa. O estabelecimento de uma esfera mais ampla de atuação para os Estados-membros, com o aumento do número de matérias objeto de legislação concorrente, não foi capaz de reerguer e impulsionar a participação das unidades parciais na ordem federativa, enfraquecida principalmente no regime constitucional anterior. Ao contrário, atribuiu à ordem central parcela maior de poder. Em uma Federação de caráter e tradição centralizadores, a competência para a edição de normas gerais abre caminho para que a União quase esgote a regulação dos assuntos de competência concorrente.

"Tamanha é a uniformização das normas que não mais se vislumbra a existência de peculiaridades regionais a justificar a manutenção da forma federativa do Estado Brasileiro. Cabe refletir se vale reformulá-la, apresentando alternativas para a descentralização normativa, como, por exemplo, a enumeração e o aumento de competências legislativas privativas estaduais, ou se vale percorrer o caminho de um Estado unitário descentralizado."[41]

Na linha da pesquisa feita pela autora, que confirma o quanto dito acima, também em matéria de licitação o Supremo Tribunal Federal vem chancelando a ampla atuação legislativa da União na edição de normas gerais. É relevante notar que em nenhum dos casos mencionados envolvendo o tema das licitações a decisão foi tomada com base na distinção entre norma geral e específica (ainda que argumentos nesse sentido tenham sido articulados nos votos). A leitura dos acórdãos aponta para o acolhimento de outros argumentos para afirmar a competência da União em matéria de licitação. Seja o da afronta ao princípio constitucional da igualdade, seja o da afronta à competência própria de cada esfera para tratar da destinação de seus bens públicos.

Nenhuma decisão analisou temas procedimentais propriamente ditos, como o envolvido no caso da Lei 13.121/2008 do Estado de São Paulo, que alterou o art. 40 da Lei 6.544/1989 e autorizou a inversão de fases em todas as licitações estaduais. Sob o argumento de ferir a regra do art. 22, XXVII, da Constituição, a citada lei foi objeto de questionamento por meio da ADI 4.116. Desde a sua propositura, no ano de 2008, o pedido de liminar não foi analisado pelo Ministro Relator, Cézar Peluso.

Como tem sido conveniente a uniformização legislativa em matéria de licitação, possivelmente a ADI 4.116 só terá seguimento depois que a Lei 8.666/1993 for alterada para permitir as mesmas soluções da lei estadual. A decisão de postergar a análise do pedido feito

---

41. Denise Cristina Vasques, *Competências Legislativas Concorrentes: Prática Legislativa da União e dos Estados-Membros e a Jurisprudência do Supremo Tribunal Federal*, dissertação de Mestrado, Faculdade de Direito da USP, 2007.

é conveniente para o Supremo Tribunal Federal, no sentido de que não precisará desviar da linha até agora seguida por ele – qual seja, da reiteração da competência forte da União para legislar em matéria de licitação.

Com base em tais premissas, passaremos à análise concreta da norma que se pretende geral a respeito do pregão. É o que faremos no tópico a seguir.

2. A "norma geral" do pregão

Visto no tópico anterior o conceito aplicável de *norma geral de licitação*, analisaremos a nova modalidade de pregão para o fim de estabelecermos sua específica *norma geral*. Conforme concluímos, o pregão, por ser nova modalidade de licitação, possui um campo próprio de conceitos que lhe identifica e estrutura – é sua *norma geral* –, cuja característica é ser vinculante para toda a Administração Pública.

Nosso trabalho será pautado pela idéia de que, em matéria de licitação, a principiologia constitucional, na forma como ela foi incorporada pela Lei 8.666, não pode ser desconsiderada, em decorrência dos princípios da segurança e certeza jurídicas.

Assim é que o diploma normativo básico para a identificação da *norma geral do pregão* é, evidentemente, a Lei 10.520. Entretanto, ela não deve ser estudada de forma isolada, mas dentro de um ambiente maior, formado pela principiologia constitucional aplicável aos procedimentos de competição e também pelas normas gerais da Lei 8.666 que com ela forem compatíveis. A *norma geral do pregão* é, assim, determinada pela interseção desses três conjuntos normativos. O complexo de regras daí surgido é que serve de base para a identificação do núcleo estruturante, próprio da modalidade de pregão.

Para facilitar o trabalho de identificação da *norma geral do pregão* a partir de tal conjunto normativo, nós o faremos com base nos seguintes elementos fundamentais que, para nós, *estruturam* e *compõem* a modalidade licitatória: sua *hipótese de cabimento* e sua *estrutura procedimental*. Presentes um e outro, simultaneamente, será hipótese de licitação por pregão. E União, Estados, Distrito Federal e Municípios não poderão, a pretexto de exercitar suas competências suplementares em matéria de licitação, transpor os contornos estabelecidos na norma geral.

Os próximos tópicos serão destinados à explicitação das específicas regras que compõem tais pilares estruturantes da *norma geral do pregão*: sua *hipótese de cabimento* e sua *estrutura procedimental*.

2.1 Hipótese de cabimento

O pregão possui âmbito próprio de aplicação, delimitado na Lei 10.520. Trata-se de contratação de *bens e serviços comuns*, *de qualquer valor*.

2.1.1 Valor da contratação

Diferentemente da Lei 8.666, o valor da contratação não é critério útil na definição do pregão. Isto significa dizer que o procedimento desta modalidade pode ser usado para contratações de qualquer valor. A lei não faz uso da lógica da Lei Geral de Contratações Públicas, onde um dos fatores decisivos na escolha da modalidade licitatória é o montante de dispêndios que a Administração assumirá com a contratação. Naquele diploma, quanto maior o valor do contrato a ser celebrado entre o particular e o Poder Público, a lei impõe a realização de procedimento licitatório mais complexo. É dizer: a Lei 8.666 estabelece três modalidades de licitação (concorrência, tomada de preço e convite), as quais, via de regra, serão determinadas em função do valor estimado da contratação, sendo que os valores são distintos tratando-se de obras e serviços de engenharia e compras e serviços em geral.[42]

---

42. A Lei 8.666/1993, na sua redação atual, estabelece os seguintes limites de valores determinantes da modalidade licitatória: "Art. 23 As modalidades de licitação a que se referem os incisos I a III do artigo anterior serão determinadas em função dos seguintes limites, tendo em vista o valor estimado da contratação: I – Para obras e serviços de engenharia: a) convite: até R$ 150.000,00 (cento e cinqüenta mil Reais); b) tomada de preço: até R$ 1.500.000,00 (um milhão e quinhentos mil Reais); c) concorrência: acima de R$ 1.500.000,00 (um milhão e quinhentos mil Reais); II – para compras e serviços não referidos no inciso anterior: a) convite: até R$ 80.000,00 (oitenta mil Reais); b) tomada de preço: até R$ 650.000,00 (seiscentos e cinqüenta mil Reais); c) concorrência: acima de R$ 650.000,00 (seiscentos e cinqüenta mil Reais)".

No pregão não há qualquer relação entre seu procedimento e o valor da futura contratação. Desde que o objeto licitado se enquadre no conceito de *bem e serviço comum*, a contratação derivada de licitação feita nesta modalidade pode envolver qualquer valor, sem limites mínimos ou máximos de dispêndio preestabelecidos em lei.

Eventual dificuldade de interpretação poderia surgir em razão do veto aposto ao art. 2º da Lei 10.520. Isto porque era texto expresso na medida provisória que pregão é modalidade de licitação "qualquer que seja o valor estimado da contratação" (art. 2º, *caput*) – o que acabou sendo suprimido da Lei 10.520 com o veto presidencial ao art. 2º. Mas não nos parece que um dos efeitos do veto tenha sido o de permitir a restrição da aplicabilidade do pregão em razão do valor da contratação, seja por norma infralegal federal ou por normas locais. É dizer: não é possível que norma local estabeleça limite máximo para contratações por pregão. Em primeiro lugar porque – como será visto mais adiante – as razões do veto não têm qualquer relação com este dado.[43] Depois – e principalmente – porque não é possível extrair da ausência de previsão quanto ao valor da contratação uma permissão para restringir o âmbito de aplicação da norma. Apesar de a lei não mais conter autorização expressa para o uso da modalidade para contratações de qualquer valor, a falta de norma em sentido contrário impede qualquer atividade normativa complementar limitadora do âmbito de aplicação da norma geral federal. O veto, neste sentido, foi inócuo (se é que ele pretendia limitar o âmbito de aplicação da lei).

O pregão é modalidade de licitação cabível quando se tratar de contratação envolvendo *bens e serviços comuns*, qualquer que seja o valor envolvido. É na combinação destes dois elementos que está estabelecida a hipótese de cabimento do pregão.[44]

---

43. As razões de veto indicam que o dispositivo foi vetado por conta da inclusão, durante a tramitação legislativa, de uma regra que vedava o uso da modalidade para contratações de serviços de vigilância.

44. A este respeito, sobre a escolha administrativa do pregão como modalidade licitatória, remetemos ao item 3 deste Capítulo, quando sustentamos a necessidade de a Administração especificamente motivar a incidência ou não da modalidade no caso concreto. Cremos que o núcleo específico de aplicabilidade do pregão envolve a aquisição de um *bem e serviço comum*, passível de ser adquirido nas melhores condições negociais por meio de sua estrutura procedimental. A edição de norma local que estabeleça limite máximo para contratações por pregão subverte a lógica da Lei

2.1.2 Bens e serviços comuns

A Lei 10.520 circunscreve seu âmbito de aplicação ao prescrever que a nova modalidade destina-se à *aquisição de bens e serviços comuns* pela Administração Pública em geral. Confira-se o *caput* de seu art. 1º: "Art. 1º. Para a aquisição de bens e serviços comuns, poderá ser adotada a licitação na modalidade de pregão, que será regida por esta Lei".

A regra da aplicabilidade do procedimento do pregão tem um campo próprio, específico e inconfundível da modalidade: o dos *bens e serviços comuns*.[45]

A Lei 10.520 nos fornece uma definição, no parágrafo único do art. 1º, *in verbis*: "Parágrafo único. Consideram-se bens e serviços comuns, para os fins e efeitos deste artigo, aqueles cujos padrões de desempenho e qualidade possam ser objetivamente definidos pelo edital, por meio de especificações usuais no mercado".

Esta definição não é suficiente, por si só, para esclarecer por completo o âmbito de aplicabilidade da nova lei. A dificuldade está em saber-se o que está incluído neste conceito e o que não está, para os fins da Lei do Pregão. É preciso interpretar.

Ao determinar o cabimento da nova modalidade licitatória o legislador fez uso de um conceito fluido, onde o enfrentamento do caso concreto passa a ser extremamente relevante para a aferição da validade da solução adotada pelo administrador público. A decisão sobre o que cabe no conceito de *bem e serviço comum* é própria da Administração e será tomada pelo órgão que determinará a abertura da licitação. Isto não significa dizer, no entanto, que a fluidez do conceito autorize o exercício de qualquer competência discricionária pela Administração.

10.520/2002 – qual seja, a de proporcionar ao administrador público um instrumento potencialmente mais eficiente para a aquisição de *bens e serviços comuns* que os da Lei 8.666/1993. Cabe à Administração decidir, no caso concreto, e com base nos parâmetros da lei, sobre a incidência ou não da modalidade. A limitação do exercício de tal competência por norma local pode impedir a realização de melhores negócios para a Administração. O eventual uso indevido de tal competência pode ser analisado pelo Judiciário.

45. Dados do Ministério do Planejamento indicam que 40% das contratações feitas pela Administração Pública envolvam os tais *bens e serviços comuns* (*www.comprasnet.gov.br*).

Neste sentido, Lúcia Valle Figueiredo expressamente diz tratar-se de um *conceito indeterminado* que não se insere na competência discricionária da Administração: "Como todo conceito, precisa ser interpretado à luz do contexto no qual ele está inserido".[46]

É induvidoso que o conceito de *bem e serviço comum* usado pela lei é vago, plurissignificativo ou indeterminado. Tal vagueza, por si só, não permite a conclusão de que a lei teria, ao utilizar conceito de tal categoria, outorgado uma competência amplamente discricionária à Administração Pública. Tratando-se de linguagem, ela precisa ser interpretada – pelo administrador público – no tempo e lugar em que se lhe reconhece sentido, no contexto da norma e diante das peculiaridades do caso concreto.[47]

---

46. *Curso* ..., 9ª ed., p. 484. Tal afirmação decorre do entendimento que a autora tem a respeito dos conceitos jurídicos indeterminados. Com abrigo nos ensinamentos de Eduardo García de Enterría e Tomás-Ramón Fernández, afirma que a referência a tais conceitos pela lei não significa, necessariamente, a outorga de competência discricionária à autoridade administrativa, razão pela qual afasta toda e qualquer possibilidade de a discricionariedade alojar-se nos conceitos plurissignificativos, elásticos ou indeterminados, conforme a nomenclatura que se lhes dê. Antes da aferição de qualquer competência discricionária é necessário, primeiramente, buscar, na norma, o sentido e alcance do conceito. Depois da interpretação, deve-se valer dos princípios e valores do ordenamento jurídico, a fim de precisar o conceito. Determinado o conceito, só então se verificará se a norma outorgou possibilidade de decisão ao administrador. As reflexões da autora sobre discricionariedade administrativa estão expostas no Capítulo VI de seu *Curso* ..., 9ª ed., pp. 214-235.

47. Celso Antônio Bandeira de Mello explica que conceitos imprecisos somente darão ensejo à discricionariedade administrativa no caso de, na sua aplicação, restarem dúvidas "inelimináveis" sobre o cabimento dos conceitos utilizados pela regra de Direito que se está aplicando. Caso contrário a competência é vinculada. Tratando-se de linguagem, os conceitos vagos devem ser interpretados à luz de dado tempo e lugar, tendo em vista o dever de adotar a melhor solução no caso concreto (*Discricionariedade e Controle Judicial*, 2ª ed., 9ª tir., pp. 29 e ss.).

O tema da possível margem de liberdade ao administrador público quando a legislação faz uso dos chamados *conceitos jurídicos indeterminados* é clássico no direito administrativo. No momento da aplicação desses conceitos a um caso concreto pode restar dúvida quanto à solução que melhor atenderá ao sentido que a norma quis imprimir. Nesses casos, a aplicação do conceito proporciona ao administrador a escolha que atende ao conceito abstrato trazido na norma. A doutrina espanhola é ambiente de importante debate envolvendo, de um lado, os professores Eduardo García de Enterría e Tomáz-Ramón Fernández (*Curso de Derecho Administrativo*, 8ª ed., vol. I) – que sustentam uma posição mais restritiva em relação à discricionariedade derivada de conceitos indeterminados – e, de outro, os professores Luciano Parejo Alfonso (*Administrar y Juzgar: Dos Funciones Constitucionales Distintas y Comple-

Neste mesmo sentido, o Tribunal de Contas da União – TCU já afirmou que a análise sobre a definição da abrangência do termo *comum* é relativamente discricionária, cabendo ao administrador a classificação dos objetos que se enquadram nesta categoria.[48] Veja-se o voto do Ministro Relator, Valmir Campelo: "Ainda como razões de decidir, recordo que a Lei n. 10.520, de 2002, condiciona o uso da modalidade pregão somente aos serviços *comuns*, não excluindo previamente quaisquer espécies de serviços e contratações, e o rol de bens e serviços comuns previstos no decreto regulamentar é meramente exemplificativo. Assim, a existência de bens e serviços comuns deverá ser *avaliada pelo administrador no caso concreto*, mediante a existência de circunstâncias objetivas constantes da fase interna do procedimento licitatório" (Acórdão 817/2005, 1ª Câmara, rel. Min. Valmir Campelo).

São dois elementos principais que nos auxiliam na atividade de intelecção do que seja *bem e serviço comum*.

Em primeiro lugar, é evidente, nem todos os bens e serviços são comuns. Somente estão incluídos no conceito, como determina a lei, os que possam ser *clara* e *objetivamente* definidos no edital, *por meio de especificações usuais no mercado*. Não se pode cogitar de um certame, em quaisquer das modalidades, com objeto mal definido.[49-50]

O que é peculiar no pregão é a necessidade de que o bem ou serviço licitado por meio dessa modalidade tenha uma *especificação usual no mercado*. Isto significa dizer que o fornecimento e o método de produção e execução exigidos no edital relativamente ao objeto ofertado devem envolver uma técnica comum, já conhecida pelo específico mercado de ofertantes do objeto licitado.

---

mentarias, 1993) e Miguel Sanches Morón (*Discricionariedad Administrativa y Control Judicial*, 1995) – que se filiam a uma postura de maior extensão da discricionariedade em relação a conceitos indeterminados.
48. Neste mesmo sentido: Tribunal de Contas da União, Acórdão 313/2004, Plenário, Processo TC-012.678/2002-5, rel. Min. Benjamin Zymler, *DJU* 7.4.2004.
49. Cf. Lúcia Valle Figueiredo, que afirma: "A característica do pregão é que se trata de uma modalidade a ser usada pelo Poder Público apenas para aquisição de *bens e serviços* comuns – portanto, cuja qualidade e cujo desempenho possam estar claramente definidos no edital" (*Curso* ..., 9ª ed., p. 484).
50. A própria Lei 8.666, no seu art. 40, I, diz que é requisito obrigatório do edital indicar o "objeto da licitação, em descrição sucinta e clara".

Em uma tentativa de concretizar melhor o conceito, Marçal Justen Filho define *bem e serviço comum* por *produto padronizado*, seja em decorrência de normas técnicas (exemplo: ABNT), por práticas de mercado ou em virtude de procedimentos internos à própria Administração. De acordo com o autor, da padronização decorre a fungibilidade do objeto, ou seja, a possibilidade de ele ser substituído por outros de mesma espécie, qualidade e quantidade. É o oposto de *produto com especialidades*, ou produzido sob encomenda, pois o bem comum tem um perfil qualitativo definido e conhecido no mercado.[51]

Jessé Torres Pereira Jr. define-os pela aquisição *rotineira*, habitual, pela Administração Pública. Para o autor, bens e serviços comuns para fins do pregão têm três notas distintivas básicas: (a) aquisição habitual e corriqueira no dia-a-dia administrativo; (b) referem-se a objeto cujas características encontrem no mercado padrões usuais de especificação; e (c) os fatores e critérios de julgamento das propostas são rigorosamente objetivos, centrados no menor preço. No caso de contratação de serviços diz que haverá incompatibilidade lógica entre as características da nova modalidade e o conteúdo de eventual projeto básico, tal como enunciado no art. 6º, IX, da Lei 8.666.[52]

Concordamos com os autores em que ambos, o *bem ou serviço padronizado* e também o adquirido ou prestado *rotineiramente* à Administração Pública, são qualificáveis como *comuns* para fins de licitação por pregão.

Todavia, bens ou serviços *padronizados* ou *rotineiros* dão a falsa idéia de que envolvem baixo grau de complexidade técnica na sua produção ou execução, ou de que não podem ser adaptados para uma específica necessidade da Administração Pública. Cremos que o qualificativo *comum*, da lei, não é sinônimo de ausência de complexidade técnica, ou da impossibilidade de serem feitos sob encomenda.

---

51. Marçal Justen Filho, *Pregão* ..., 1ª ed., pp. 19-20. Possivelmente a expressão "mercado", usada pelo autor, decorre da redação do *Regulamento da Licitação na Modalidade de Pregão*, aprovado pelo Decreto federal 3.555/2000, que no art. 3º, § 2º, estabelece: "Consideram-se bens e serviços comuns aqueles cujos padrões de desempenho e qualidade possam ser concisa e objetivamente definidos no edital *em perfeita conformidade com as especificações usuais praticadas no mercado, de acordo como disposto no Anexo II*".

52. Cf. Jessé Torres Pereira Jr., *Licitações de Informática*, pp. 366-377.

Bens e serviços que exigem alta complexidade técnica e também os que são produzidos ou executados sob encomenda não são, *a priori*, incompatíveis com o pregão. O fato de determinado item não estar pronto no mercado para ser consumido pode não mudar sua natureza *comum*. Necessariamente, para fins de aferição da aplicabilidade da modalidade no caso concreto, o objeto pretendido pela Administração Pública deve envolver tecnologia ou solução conhecida pelo mercado, ainda que complexo e o número de possíveis ofertantes seja reduzido e o bem ou serviço seja produzido ou executado sob encomenda. É o caso, por exemplo, da aquisição de uma sofisticada máquina de impressão gráfica, ou de paredes divisórias fabricadas nos tamanhos e padrões escolhidos pela Administração na reforma de um prédio público. Excluir bens e serviços com tais características da licitação por pregão impede a celebração de contratos economicamente mais vantajosos para a Administração.[53]

---

53. Exemplificativamente, v. uma lista de bens e serviços que já foram objeto de pregões. Estes exemplos foram todos tirados do *site* da ANATEL (*www.anatel.gov.br*), onde também é possível acessar os editais de pregão feitos por aquele órgão. São eles: serviços gráficos; confecção de carimbos; prestação de serviços de transporte rodoviário, locação de veículos e motoristas; serviços de atendimento ao público, administração de acervo bibliográfico, administração de acervo documental e administração dos *sites* da ANATEL na *Internet* e *Intranet*; fornecimento de materiais de escritório; serviços de limpeza, conservação de prédios, incluindo manutenção de áreas verdes e serviço de copa; manutenção preventiva e corretiva de condicionadores de ar; aquisição de centrais telefônicas digitais; suprimento de informática e papel; aquisição de *software* para ambiente *Windows*, para análise e prospecção de dados de auditoria; etiqueta auto-adesivas e fitas adesivas; aquisição de mesas; prestação de serviço telefônico fixo comutado com chamadas franqueadas por meio do código 0800 e serviço de linha dedicada digital; cartuchos para impressoras; transporte de cargas aéreas; conversor de equipamentos de informática; locação de equipamento reprográfico; material de expediente, de acondicionamento e embalagem, de material elétrico e eletrônico e material de áudio, vídeo e foto; serviços de vigilância armada; capacitação em língua estrangeira; fornecimento de combustível, óleo lubrificante, lavagem e lubrificação de automóveis; fornecimento de passagens; atualização técnica (*upgrade*) de 100 licenças do *software* de *OCR OminiPage*; prestação de serviços de atendimento técnico ao público (sala do cidadão, serviços dos usuários, e outros); aparelhos telefônicos; telefonia móvel celular; serviços de seguros; serviços de administração de almoxarifado; fornecimento e instalação de persiana; aquisição de *notebooks*; aquisição de bens de informática, servidores de rede, envolvendo instalação, configuração, treinamento, bem como a prestação de serviços de assistência técnica e manutenção durante o período de garantia; aquisição de garrafões de água; empresa especializada em confecção e instalação de vidros e ferragens; serviços de limpeza,

Por tais razões, propomos uma interpretação mais ampla do parágrafo único do art. 1º da Lei 10.520, nele incluindo bens e serviços com metodologia de produção e execução conhecida do mercado, sejam eles com ou sem complexidade tecnológica, feitos ou não sob encomenda.

Não há óbice para a aquisição por pregão de bens e serviços dotados de alguma complexidade, seja na sua fabricação ou na sua execução. Parece claro que objetos simples estão incluídos no conceito de *comum* da lei, mas não só. A existência de complexidade na descrição do item a ser adquirido, ou do serviço a ser prestado, não impede, por si só, sua contratação por pregão. Isto significa dizer que bens e serviços que necessitam de várias páginas para terem suas características técnicas descritas adequadamente, seja de fabricação ou de execução, não estão excluídos, por essa razão, do conceito de *bem e serviço comum*.

A concisão do edital de licitação não é a forma correta de se averiguar a natureza comum ou especial do objeto nele previsto. Tanto é perfeitamente possível descrever sucintamente um objeto especial que necessite de avaliação técnica para nortear sua contratação quanto também é possível descrever em várias páginas um objeto muito simples e passível de ser comprado pelo menor preço. Em um caso e outro, a descrição do objeto no edital de licitação não afeta a natureza da contratação, isto é, a característica *comum* ou *especial* do item licitado não decorre da complexidade da descrição técnica do bem. A indicação das especificações técnicas do bem ou das características de execução do serviço no edital não é sinônimo de licitação por técnica ou por técnica e preço. Na verdade, nada mais é que a descrição objetiva do bem ou serviço a ser adquirido no edital.

conservação, copa, jardinagem e manutenção predial básica; serviços de manutenção preventiva e brigada de combate a incêndio; aquisição de mobiliário para escritório; serviços médicos; fornecimento e entrega de jornais e revistas; empresa para administrar os bens patrimoniais da agência; aquisição de coletes de brim com a logomarca da ANATEL e legenda; manutenção de elevadores; fornecimento e instalação de arquivos deslizantes; desinsetização e desratização; serviços de apoio às atividades de fiscalização (digitação, atendimento ao usuário, e outras); serviços de manutenção das dependências da Agência como relocação de mobiliário, alvenaria, carpintaria, marcenaria, pintura, revestimentos, serralheria, forros e persianas; entre outros.

Noutras palavras, sempre que a descrição do objeto licitado no edital, seja ela sofisticada ou não, indicar a viabilidade de o julgamento se dar pelo critério objetivo do menor preço estaremos diante de uma situação perfeita para o uso do pregão.[54]

Bens e serviços comuns, para fins de licitação pela modalidade de pregão, são, então, todos aqueles que possam ser contratados por meio de um critério objetivo de julgamento: o que foi escolhido pela lei é o critério do menor preço ofertado. Portanto, sendo a licitação do tipo *menor preço*, deve ser aplicado o pregão. Eventual opção por uma das modalidades da Lei 8.666/1993 demandará justificativa específica capaz de demonstrar a inadequação do procedimento do pregão para o caso concreto.

Quando se trata de obter o menor preço, o pregão é a modalidade de licitação que consegue os melhores resultados, além de propiciar ampla participação no certame.A licitação por pregão pressupõe a apresentação de propostas, pelos licitantes, reportadas ao *mesmo* objeto, sendo o preço o único e exclusivo fator de oposição entre as várias propostas.

A clara e exaustiva definição do objeto do certame quando da confecção do instrumento convocatório é a *condição necessária para a comparação objetiva entre as propostas no pregão*. Quando a Administração define todas as características do objeto esperado, exaustivamente, ela terá a tranquilidade de, por meio de pregão, e diante das propostas que lhe sejam apresentadas, encontrar exatamente aquilo que necessita, contratando com o proponente do menor preço. Isto porque se a licitação de menor preço não lograr êxito em proporcionar a aquisição de bem ou serviço de boa qualidade para a Administração certamente o problema reside nas especificações técnicas do edital, que não foram suficientes para determinação do objeto, ou na

---

54. O Tribunal de Contas da União já afirmou ser: "14. Inconcebível, então, que, no caso concreto, a contratação de palestrantes possa partir de especificações usuais praticadas no mercado, bem como de padrões objetivos de qualidade e desempenho. 15. Penso que, se a entidade pretende contratar palestrantes com experiência em determinada área e com determinada qualificação, este item de serviço não pode ser considerado comum, mesmo porque a definição de palestrantes se reveste de caráter eminentemente subjetivo, não podendo, por isso, ser incluído no bojo do pregão" (Acórdão 6.349/2009, 2ª Câmara, rel. Min. André Luís de Carvalho).

deficiente comprovação de qualificação técnica do licitante. Por um lado, o edital deve conter todos os elementos para o pregoeiro verificar a compatibilidade do bem ou serviço ofertado e os requisitos mínimos de desempenho e qualidade solicitados, sob pena de desclassificação da proposta. Por outro, também cabe ao edital exigir os documentos necessários para comprovação da capacidade técnica do licitante de executar o objeto licitado, sob pena de sua inabilitação.

É equivocado imaginar que a concorrência, por si só, garante contratações melhores. A qualidade do licitante e a do objeto contratado estão diretamente relacionadas, no primeiro caso, aos requisitos de habilitação e, no segundo, à especificação técnica do item licitado, e não ao tipo de licitação escolhido (se menor preço ou julgamento pela técnica). Em verdade, a mera preferência pela concorrência pode acarretar contratações excessivamente dispendiosas, sem acréscimo qualitativo relevante para a Administração.

Alguns segmentos de mercado costumam afirmar que a preferência pela concorrência decorreria da maior "segurança" que esta modalidade, em tese, propiciaria às contratações públicas. A fase de lances e a competição acirrada entre os licitantes no pregão supostamente gerariam ofertas pouco confiáveis e de exeqüibilidade duvidosa.

Estando o objeto licitado objetivamente descrito no edital, de modo a garantir uma comparação perfeita entre as várias propostas econômicas, parece óbvio que só o licitante irresponsável assume o compromisso de adimplir o contrato por preço incompatível com sua planilha de custos. A assunção pelo licitante de compromisso nestas condições é de sua inteira responsabilidade.

A análise da exeqüibilidade das propostas em processo licitatório é feita sempre com base nos arts. 48, II, e 44, § 3º, da Lei 8.666/1993, em quaisquer das modalidades, sendo indiferente se se trata de concorrência, tomada de preços, convite ou pregão. Trata-se de tarefa sempre árdua para os órgãos públicos, que não têm parâmetros suficientes para realizá-la.

Nenhuma proposta deve ser considerada, de antemão, inexeqüível pelo simples fato de seu valor ser inferior a certo piso, pois essa avaliação deve ser feita obrigatoriamente a partir dos dados oferecidos pelo próprio licitante, na demonstração da exeqüibilidade anexa à sua proposta. Não é por outra razão que referida demonstração deve ser ônus do licitante, devendo o edital deixar claro que é responsabilidade sua fazê-la. No pregão o momento para tanto é na sessão pública, de modo que o licitante deve ir à licitação munido dos documentos necessários à referida comprovação, especialmente quando está disposto a assumir novos preços em razão da sessão de lances.[55] Sobre o tema, o Tribunal de Contas da União já teve oportunidade para afirmar que, "no que se refere à inexeqüibilidade, entendo que a compreensão deve ser sempre no sentido de que a busca é pela satisfação do interesse público em condições que, além de serem vantajosas para a Administração, contemplem preços que possam ser suportados pelo contratado sem o comprometimento da regular prestação contratada. Não é objetivo do Estado espoliar o particular. Por outro lado, cabe ao próprio particular a decisão acerca do preço mínimo que ele pode suportar" (Acórdão 697/2006, Plenário, rel. Min. Ubiratan Aguiar).

Em suma, a aversão ao pregão, pelo medo da proposta inexeqüível que dele pode advir, decorre da má compreensão do tema. É errado atribuir o insucesso da licitação à existência de lances e competição. Todo e qualquer contrato administrativo pode vir a não ser devidamente executado, tendo a Lei de Licitações previsto a aplicação de um sistema de punição como resposta ao problema, somada à possibilidade de exigência de garantia contratual.

Mas a Administração Pública só deve utilizar-se do pregão se esta modalidade garantir segurança na avaliação e escolha da melhor proposta e celebração do melhor contrato.

Aqui está o segundo elemento de fundamental importância na caracterização da hipótese de cabimento da modalidade de pregão acima referido – qual seja, a possibilidade de os bens e serviços envolvidos nos diversos casos concretos serem utilmente adquiridos por pregão. Isto implica *adequação da estrutura procedimental da modalidade ao caso concreto*. Considerando que o procedimento do pregão é abreviado, que o critério de julgamento é objetivo (sempre pelo menor preço) e que a inversão das fases de habilitação e julgamento impossibilita aferição especial a respeito do fornecedor ou do objeto licitado, somente serão compatíveis com esta modalidade as aquisições de *bens e serviços comuns*, na forma acima definida, que garan-

---

55. Sobre o tema da exeqüibilidade da proposta, v. item 2.2.4.3.7.

tam a celebração de contratos em total consonância com as necessidades da Administração Pública.⁵⁶

Assim é que o objeto *comum* para fins de cabimento da licitação por pregão não é mero sinônimo de simples, padronizado e de aquisição rotineira. Bens e serviços com tais características estão incluídos na categoria de *comuns* da Lei 10.520/2002, mas não só. Bens e serviços com complexidade técnica, seja na sua definição ou na sua execução, também são passíveis de ser contratados por meio de pregão. O que se exige é que a técnica neles envolvida seja conhecida no mercado do objeto ofertado, possibilitando, por isso, sua descrição de forma objetiva no edital.

A descrição detalhada e extensa do objeto no edital é medida garantidora de clareza, não se configurando como fator impeditivo de contratação por meio de pregão. Importa, para fins de cabimento da modalidade, que as propostas possam ser objetivamente comparadas, tendo em vista o critério de menor preço; bem como que a sumariedade do procedimento (sua *estrutura procedimental*) não seja fator limitador da segurança e certeza na contratação. Como se disse, a análise do cabimento do pregão não leva em conta se o universo de fornecedores é pequeno ou grande; mas sim a capacidade do pregoeiro de aferir as condições técnicas mínimas exigidas no edital na sessão pública do pregão.⁵⁷⁻⁵⁸

---

56. Exemplificativamente, lembre-se das locações imobiliárias e alienações em geral, mencionadas no art. 5º do *Regulamento da Licitação na Modalidade de Pregão* (aprovado pelo Decreto federal 3.555/2000), como sendo contratações inadequadas para a via do pregão. Com relação às primeiras porque se a Administração for a locadora ela desejará celebrar o contrato pelo *maior* valor possível; e sendo locatária, porque o bem objeto da locação certamente não será comum, mas específico, determinado, provavelmente único. Quanto às alienações, a incompatibilidade também encontra-se no critério de julgamento, que será o maior preço ofertado, e não o menor.
57. Apenas excepcionalmente é que se admitem a suspensão da sessão pública do pregão e a realização de diligências. Oportunamente, ao tratarmos da dinâmica da sessão, voltaremos ao tema.
58. Mencione-se um caso concreto a título de exemplo: a prestação de serviços de *lavanderia hospitalar*. É evidente que tal serviço se diferencia, pelas suas especificidades, de um serviço de lavanderia comum. O processamento da roupa hospitalar é diferenciado, dadas as razões de higiene e prevenção de contaminação. Mas nem por isso ele deixa de ser *comum* para o fim de ser contratado por meio de pregão. A especificação em detalhes de todo o processamento no edital não impede a comparação objetiva das propostas por meio de documentação na sessão pública do pregão.

2.1.2.1 Obras e serviços de engenharia

Neste sentido, não há razão para que esteja impedido, de pronto, o uso do pregão para contratos que envolvam *obras e serviços de engenharia*.[59] Não se deve tirar da referência a "aquisição", na lei (art. 1º), a proibição de aplicação do procedimento para contratos dessa natureza. "Aquisição", na lei, é sinônimo de contratação.[60]

A maior dificuldade decorre da ausência de definição legal para obras e serviços de engenharia. Marçal Justen Filho, ao comentar a Lei 8.666/1993 no seu art. 6º, I e II – os quais definem obras e serviços, respectivamente –, atesta a dificuldade de se fazer a distinção desejada a partir dos conceitos legais. Afirma que a lei não explicou o que ela entende por *obra*, limitando-se a editar um elenco exaustivo de exemplos. Além do quê as definições legais são insuficientes, inadequadas para diferenciar certas hipóteses limítrofes. O casuísmo é que prevalece, pois inexiste um critério genérico que seja adequado para solucionar todas as dúvidas. Assim, não é simples a tarefa de se distinguir claramente o que é *obra* e o que é *serviço* de engenharia. Nas palavras do autor: "Quando se caracteriza uma 'recuperação' e quando há uma 'reparação'? Quando há uma 'reforma' e quando há uma 'adaptação'? Suponha-se o caso de 'reforma' de um imóvel que importe a demolição parcial da edificação. Nesse caso, existirá 'obra' ou 'serviço'? Enquanto reforma, trata-se de obra; enquanto demolição, é serviço. A pintura de um imóvel é obra ('reforma' ou 'recuperação') ou serviço ('conservação' ou 'manutenção')?".[61]

---

59. O *Regulamento da Licitação na Modalidade de Pregão*, anexo ao Decreto federal 3.555/2000, no seu art. 5º, expressamente excluiu, na órbita da Administração Pública Federal, o uso do pregão para obras e serviços de engenharia. Na Lei 10.520 não há essa vedação expressa.

60. A Procuradoria do Município de São Paulo exarou entendimento, aprovado pelo Procurador-Geral em 17.5.2002, afirmando não haver óbice legal para licitar serviços de engenharia por pregão no âmbito daquele Município. Colhe-se do referido parecer que serviços como limpeza de bocas-de-lobo e poda de árvore, tradicionalmente considerados como serviços de engenharia, podem se adequar aos parâmetros do pregão. O mesmo Município já vem realizando contratações de serviços de execução de recapeamento asfáltico em trechos de ruas públicas por pregão, com base em tal entendimento.

61. Marçal Justen Filho, *Comentários* ..., 9ª ed., p. 108.

O mesmo autor, ao comentar a medida provisória do pregão, chegou a admitir que, por exceção – e especialmente no tocante a *serviços* de engenharia –, seria possível (não fosse a vedação expressa do Decreto 3.555/2000 para a esfera federal) encontrar hipóteses em que se reconheceria um objeto comum, e dá o exemplo da implantação de habitações populares, envolvendo projetos padronizados e construções destituídas de maior complexidade. Marçal Justen Filho afirma que "não seria viável negar a possibilidade de licitação mediante pregão apenas em virtude do silêncio do Legislativo acerca de 'obras'".[62]

O próprio Tribunal de Contas da União vacila na identificação de um critério claro para apartar *obras* de *serviços de engenharia*.[63]

62. Marçal Justen Filho, *Pregão* ..., 1ª ed., p. 21.

63. O Tribunal de Contas da União em várias oportunidades enfrentou o conceito de "obras e serviços de engenharia" em representações formuladas em pregões realizados na esfera federal. O que se percebe, a partir das decisões proferidas, é que o próprio Tribunal de Contas da União não tem um critério único para estabelecer o que pode ser considerado como "obra e serviço de engenharia" para fins de cabimento do pregão, sendo que a maior dificuldade está no conceito de *serviço de engenharia*. Além da definição do conceito, que não é claro na Lei 8.666, em algumas decisões suscita-se uma possível contradição entre o art. 5º do *Regulamento da Licitação na Modalidade de Pregão*, constante do Anexo I do Decreto 3.555/2000, e a Lista constante do Anexo II do mesmo decreto, a qual prevê no rol de bens e serviços comuns passíveis de serem licitados por pregão os serviços de "manutenção de bens móveis e imóveis", os quais, em alguns casos, poderiam ser considerados como serviços de engenharia, quando demandassem a presença de engenheiro responsável na sua execução. As próprias decisões do Tribunal de Contas da União divergem a respeito.

Na Decisão 674/2002 (Plenário, 19.6.2002), o Min.-Relator Iram Saraiva afirmou expressamente que a própria Lei 8.666 não estabeleceu a definição de *serviço de engenharia*. Isto teria criado um vácuo legal que impediria o estabelecimento, de imediato, de uma regra sobre a classificação dos serviços de *manutenção de equipamentos*, se seriam serviços de engenharia ou simplesmente serviços comuns, licitáveis por meio de pregão. A decisão, que envolve o serviço de manutenção de equipamento de raio-X pela ECT, consignou que os padrões de desempenho de tais serviços podem ser objetivamente definidos pelo edital, pois as especificações desses serviços são as detalhadas nos manuais de manutenção fornecidos pelo produtor a todos os adquirentes – pelo quê são usuais no mercado e passíveis de ser licitados na modalidade de pregão. Neste sentido, a decisão entendeu incluído tal serviço no Anexo II do Decreto 3.555/2000 (manutenção de bens móveis e imóveis), mesmo podendo tal serviço, em tese, ser considerado como de engenharia.

Em outras duas decisões envolvendo a "contratação de mão-de-obra especializada para prestação de serviços de manutenção predial, preventiva e corretiva de

Não há razão para impedir o uso do pregão para contratos que envolvam obras e serviços de engenharia comuns. Três são as razões para tanto. A primeira, como visto, porque a Lei 8.666/1993 não fez uma definição pronta e acabada de *obra*, *serviço* e *compra* (art. 6º, I, II e III). Depois, porque a própria lei civil indica que *obra* é um conjunto de serviços (CC, art. 610). Finalmente, porque a Lei 10.520 não adotou nem um nem outro critério. Adotou uma lógica própria, qual seja, a de que são passíveis de contratação por meio de pregão todos os objetos comuns, assim entendidos aqueles que possam ser objetivamente comparados entre si, tendo em vista o critério de menor preço. Além disso, a estrutura procedimental do pregão não deve ser fator limitador da segurança e certeza na contratação – aspecto, este, cuja análise cabe ao administrador público.

Referida análise pode ser tomada em abstrato, de forma geral, por meio de lei local ou decreto editado pelo Chefe do Executivo. Foi o que aconteceu na esfera federal e em vários Estados e Municípios. Para o Governo Federal vale o texto do Decreto 3.555/2000, que expressamente exclui obras e serviços de engenharia do alcan-

---

instalações elétricas, hidráulicas, de área externas, áreas comuns, mobiliário, instalações especiais (rede de telemática), com fornecimento de equipamentos e materiais", o Tribunal de Contas da União afirmou – sem explicitar as específicas razões que levaram à decisão – que o fornecimento de mão-de-obra não é serviço de engenharia, podendo ser equiparado aos serviços de limpeza e conservação, para fins de licitação por pregão (Decisão 343/2002, Plenário, 10.4.2002; e Decisão 384/2002, Plenário, 17.4.2002, ambas do Min.-Relator Adylson Motta).

Já na Decisão 195/2002, ao contrário das anteriores, envolvendo o serviço de impermeabilização e recuperação de fachada, há a afirmação de que é "notório" que *serviço de engenharia* exige "Anotação de Responsabilidade Técnica", na forma exigida pelo art. 5º do Ato 12/1986 do CREA/DF, pois demanda supervisão e conhecimento técnico. Neste caso, por depender de avaliação de profissional competente e de conhecimento técnico específico, o serviço não pode ser licitado por pregão, diante da literalidade do art. 5º do *Regulamento da Licitação na Modalidade de Pregão*, aprovado pelo Decreto 3.555 – ainda que o serviço de impermeabilização tenha natureza simples, conforme colhe-se do voto (Plenário, Min.-Relator Benjamin Zymler, 13.3.2002). Neste mesmo sentido está a Decisão 557/2002, também do Min.-Relator Benjamin Zymler (Plenário, 22.5.2002), tratando-se de serviço de manutenção de ar condicionado. Pelo argumento, em virtude da exigência de engenheiro (no caso, engenheiro químico) nos quadros da contratada e de o contrato estar sujeito a "Anotação de Responsabilidade Técnica", tal serviço estaria caracterizado como de engenharia. E, independentemente de tratar-se ou não de manutenção de bens, seria inviável a realização de pregão, em razão da vedação do referido art. 5º.

ce do pregão presencial (art. 5º).⁶⁴ Para o Município de São Paulo vale o texto do Decreto municipal 46.662, de 24.12.2005, que não restringiu o conceito aberto de *bens e serviços comuns*, razão pela qual na referida esfera é viável o uso do pregão para obras e serviços de engenharia. Em Curitiba, para ilustrar ainda mais o argumento, foi editado o Decreto 91, de 9.2.2006, que apenas exclui do pregão as locações imobiliárias e alienações em geral (parágrafo único do art. 4º).

O Estado de São Paulo, por sua vez, adotou a seguinte solução: "Excluem-se da modalidade de pregão as contratações de obras, as locações imobiliárias e as alienações em geral" (§ 2º do art. 2º do Decreto 47.297/2002, com redação dada pelo Decreto 49.722, de 24.6.2005). Esta solução, aliás, é a mesma adotada pelo Governo Federal para os pregões eletrônicos, por meio do Decreto 5.450, de 31.5.2005 ("Art. 6º. A licitação na modalidade de pregão, na forma eletrônica, não se aplica às contratações de obras de engenharia, bem como às locações imobiliárias e alienações em geral").

Há, sem dúvidas, perfeita margem de liberdade para a autolimitação federativa. Todas essas soluções são válidas, inclusive a mais restritiva delas, que é a solução federal, para o pregão presencial. Poder-se-ia especular sobre sua *conveniência*, mas não maculá-la de ilegal, uma vez que ela não anula o conteúdo da norma federal (Lei 10.520) que definiu o âmbito de aplicabilidade do pregão com base em conceito indeterminado (bem e serviço comum), apenas consagra uma interpretação restritiva a seu respeito, uniformizando-a em caráter geral e abstrato para toda a Administração

---

64. É útil lembrar que o pregão surgiu no sistema brasileiro na Lei 9.742/1997 (Lei Geral de Telecomunicações – arts. 54 a 59), para ser modalidade de licitação com aplicabilidade restrita à recém-criada ANATEL, com a previsão expressa de que: "A contratação de obras e serviços de engenharia civil está sujeita ao procedimento das licitações previsto em lei geral para a Administração Pública" (art. 54, *caput*). A História ajuda a interpretar a restrição, depois copiada no Decreto federal 3.555/2000. Segundo consta, não houve debate algum sobre a viabilidade do uso da modalidade para obras e serviços de engenharia – nem em sua origem, tampouco por ocasião de sua cópia. A restrição na LGT teve o único objetivo de evitar que a discussão parlamentar, alheia às complexidades próprias daquele texto, interferisse em sua tramitação legislativa; de modo que é importante frisar a ausência, até o momento, de qualquer reflexão significativa sobre o tema.

Pública Federal.[65] O mesmo se deu em todas as esferas que assim procederam.

Mas qual seria o significado da escolha federal de excluir obras e permitir o uso da modalidade de pregão para serviços de engenharia? Como distinguir uma categoria da outra?

Até por conta da própria Lei 8.666 existe uma tendência entre os operadores do Direito e gestores públicos de extrair certas conseqüências do critério de classificação *obras* e *serviços de engenharia*. Uma delas seria a equivocada idéia de que *obras* e *serviços de engenharia* seriam coisas distintas e facilmente categorizáveis, mas nem mesmo as referências técnico-científicas acerca desses conceitos fazem uma separação clara. Outra conseqüência seria a afirmação, não menos difícil de se aceitar, com base na literalidade da lei, de que *obra* não está inserida no conceito de *bens e serviços* comuns.

Além de a lei não distinguir o conceito de *obra* do de *serviços de engenharia*, o critério legal não é claro quanto à sua finalidade. Em outras palavras, a Lei 8.666 distingue *obra* e *serviço* para autorizar a Administração Pública, no caso de contratações complexas, a aumentar o prazo para a entrega das propostas (45 dias, para licitações do tipo técnica e preço, em comparação com a regra geral dos 30 dias, para licitações de menor preço), a solicitar metodologia de execução (art. 30, § 8º) e a determinar o pagamento ao final do período de adimplemento de cada parcela, por meio da chamada "medição" (art. 40, XIV, "a"), etc. Trata-se de qualificativo meramente autorizador da solicitação, no edital, de itens específicos na proposta do licitante.

Hely Lopes Meirelles lembra que a distinção entre obras e serviços na nossa legislação decorre de uma imitação do "velho Direito francês, que fazia essa tripartição" entre obras, trabalhos e serviços.[66]

---

65. O Tribunal de Contas da União, diferentemente, já afirmou que "as normas regulamentares que proíbem a contratação de obras e serviços de engenharia pelo pregão carecem de fundamento de validade, visto que não possuem embasamento na Lei n. 10.520, de 2002. O único condicionamento que a Lei do Pregão estabelece é a configuração do objeto da licitação como bem ou serviço comum" (Acórdão 817/2005, 1ª Câmara, rel. Min. Valmir Campelo).

66. Hely Lopes Meirelles, *Licitação e Contrato Administrativo*, 15ª ed., São Paulo, Malheiros Editores, 2010, p. 70.

A conclusão que nos parece evidente é que não existe um critério claro, tampouco útil, para distinguir *obra* de *serviço de engenharia*. O critério da Lei 8.666 é imprestável quando o objetivo da distinção é o estabelecimento da modalidade de licitação.

Não é possível afirmar, portanto, com base nas definições da Lei 8.666, sobre o cabimento do pregão para *obra e serviço de engenharia*. O cabimento da modalidade para tais itens depende da aferição, em concreto, da adequação do procedimento do pregão e do atendimento do específico interesse público que a Administração pretende atingir com o certame. Assim é que, se a estrutura procedimental do pregão for incompatível com a segurança e certeza que a complexidade do serviço exige no caso concreto, então, não será o caso de licitação por pregão.

É a Administração Pública que deve fazer tal ponderação, pois é dela a *competência* para analisar e decidir, em cada caso concreto, a melhor solução para garantir *eficiência na contratação*.

O critério que deve nortear a Administração, portanto, na concretização do conceito de *bem e serviço comum* da Lei 10.520 é o da garantia de eficiência na contratação. A ponderação entre os prós e contras é dela, não existindo, de antemão, vedação legal à adoção do pregão para obras e serviços de engenharia. Os *comuns*, aliás, não podem ser excluídos do conceito. Apenas os *complexos* é que podem. Por isso a validade das variadas opções regulamentares sobre o pregão. O que se questiona é sobre a opção (ruim, diga-se) feita por normas locais (federal, estaduais e municipais) que, em suma, categorizam *obras e serviços de engenharia* como sendo, sempre e em qualquer caso, *itens complexos* e, por isso, proibidos de serem contratados por pregão.

A conclusão a que se chega é no sentido de que é *inútil* indagar sobre a diferença entre *obra* e *serviço de engenharia*. Nem mesmo as normas técnicas dos CREAs e do CONFEA são esclarecedoras. Sua única função é listar atividades que só podem ser contratadas com profissionais ou empresas que atendam às disposições da Lei federal 5.194, de 24.12.1966, e do Decreto 64.345, de 10.4.1969. Em suma, a preocupação de referida normativa é com o estabelecimento da responsabilidade técnica dos profissionais sujeitos à fiscalização técnica pelo órgão profissional.

Além de ser inútil, é equivocada a polarização que coloca *bens e serviços comuns* de um lado e obras e serviços de engenharia de outro, como se eles fossem sinônimos de *bens e serviços complexos*. Não são. Alguns itens de engenharia serão comuns, e outros complexos, a depender da análise do caso concreto.[67]

E qual é o sentido, então, do Decreto federal 5.450/2005, que exclui da modalidade de pregão as contratações de obras e deixa livres as de serviços de engenharia?

Partindo-se das premissas de raciocínio fixadas – quais sejam: (a) a de que tratando-se de licitação do tipo menor preço estaremos diante de uma situação perfeita para o uso do pregão; (b) a de que obras e serviços de engenharia nem sempre envolvem complexidade na sua contratação; e (c) a de que norma local pode uniformizar procedimentos e preferir a regra geral da Lei 8.666/1993 para evitar que a sumariedade do pregão seja fator limitador da segurança e certeza na contratação, entendendo-se *sumariedade* pela exigüidade do prazo necessário para o pregoeiro aferir as condições técnicas mínimas do objeto ofertado, em razão da inversão das fases e da celeridade do procedimento –, então, a resposta não é difícil.

---

67. O Tribunal de Contas da União, sobre o cabimento de pregão para serviço de engenharia, já afirmou que: "5. Quanto à modalidade de licitação adotada – pregão –, verificou-se que as peças editalícias descrevem razoavelmente os requisitos do objeto, as condições de habilitação técnica e as obrigações da contratada. Por outro lado, a 1ª SECEX bem pontuou que a jurisprudência deste Tribunal tem admitido a contratação, mediante pregão, de serviços comuns de engenharia, assim considerados aqueles que possuam padrões de desempenho e qualidade objetivamente definidos no edital, por meio de especificações usuais no mercado. 6. Dentre os muitos precedentes que abraçam essa tese, cito: Decisões ns. 557/2002 e 674/2002, Plenário; Acórdãos 1.329/2006, 1.557/2007 e 2.079/2007, do Plenário; Acórdãos 817/2005 e 286/2007, 1ª Câmara; Acórdão 1.458/2008, 2ª Câmara, entre outros. Oportuno transcrever excerto da ementa do Acórdão 2.079/2007-Plenário, que tratou de questionamento similar ao analisado nesta representação: 'A Lei n. 10.520/2002 não exclui previamente o uso do pregão para contratação de serviços de engenharia, determinando, tão-somente, que o objeto a ser licitado se caracterize como bem ou serviço comum; as normas regulamentares que proíbem a contratação de serviços de engenharia pelo pregão *[Decreto 3.555/2000]* carecem de fundamento de validade, visto que não possuem embasamento na Lei n. 10.520/2002'. 7. Os argumentos acima apresentados elidem também o segundo ponto questionado, relativo à alegada obrigatoriedade do tipo técnica e preço, que não se aplica à modalidade de pregão" (Acórdão 2.285/2009, Plenário, rel. Min. Raimundo Carreiro).

Desde logo é bom reafirmar que a dificuldade não está na análise da capacidade técnica do licitante, cuja comprovação de experiência anterior, quando solicitada no edital, é feita por meio de atestados. Sua análise não é incompatível com a estrutura procedimental célere do pregão.

A dificuldade pode surgir no exame da aceitabilidade das propostas. Não, obviamente, naqueles casos em que o edital descreve com clareza e objetividade o objeto licitado, sendo aceitável a proposta com o compromisso de execução nos moldes descritos no instrumento convocatório. Nestes casos a verificação da conformidade do objeto ofertado com o estatuído no edital é feita por meio de declaração do licitante ou por meio de análise de documentos técnicos, descritivos do produto ou serviço, ou, ainda, por meio das já referidas amostras. O problema não está em situações assim, em que o cabimento do pregão é indiscutível. A dificuldade pode vir a existir no exame da aceitabilidade das propostas quando a contratação envolver *bens e serviços complexos*, em razão da diversidade de concepções técnicas para sua execução.

A pergunta, então, para a solução do problema, precisa ser refeita: o que são *bens e serviços complexos*? Para focar na questão da obra e serviço de engenharia: quando estes itens deixarão de ser comuns, uma vez que, sendo *comuns*, estão inseridos no contexto da Lei 10.520?

Quando a análise dos requisitos mínimos de técnica ou de qualidade do objeto licitado demandar verificação mais cuidadosa por parte do gestor público licitante. Noutras palavras, quando o edital requerer a apresentação, pelo licitante, de *metodologia de execução* (art. 30, § 8º, da Lei 8.666/1993), cuja função é, exatamente, *permitir uma melhor e mais acurada análise da compatibilidade da proposta com o edital*.

Não está se falando, aqui, de licitação do tipo melhor técnica, tampouco de técnica e preço, mas de licitação do tipo menor preço com peculiaridades técnicas que demandam especial atenção quanto à qualidade mínima essencial que os bens e serviços a serem obtidos devem ter para atender à necessidade administrativa. Carlos Ari Sundfeld descreveu este ponto ao analisar o tema e, assim como Marçal

Justen Filho,[68] afirma que o art. 30, § 8º, está indevidamente encartado em dispositivo relativo à habilitação. É evidente, segundo o primeiro autor, que o preceito autoriza, em licitação de menor preço, um exame de técnica e qualidade quando se tratar de bens e serviços altamente especializados, em contraposição aos chamados bens comuns.[69]

---

68. *Comentários à Lei de Licitações e Contratos Administrativos*, 11ª ed., São Paulo, Dialética, 2005, p. 338.
69. Nas exatas palavras do autor:
"*8.* A admissibilidade da proposta depende de sua compatibilidade com o edital.
"Verifica-se, inicialmente, se o objeto oferecido (o bem, o serviço, a obra etc.) tem as características e qualidades exigidas. Se a Administração pretende, por exemplo, adquirir mesas de escritório, nem por isso estará obrigada a aceitar quaisquer mesas. Através do ato convocatório, descreverá as características essenciais do bem buscado (medidas, durabilidade mínima, material de acabamento etc.), que deverão ser atendidas pelo licitante, sob pena de desclassificação de sua oferta.
"O fato de uma licitação ser de menor preço não impede a fixação de *requisitos mínimos* de técnica ou de qualidade, a serem atendidos pelo objeto proposto. Isso não desnatura o tipo de licitação, transmudando-a em licitação de melhor técnica; apenas assegura que os bens a serem obtidos tenham a qualidade mínima essencial para atender à necessidade administrativa.
"O art. 30, § 8º, indevidamente encartado em dispositivo relativo à habilitação, dispõe: (...).
"É evidente que o preceito está a autorizar, em licitação de menor preço, um exame de técnica e qualidade, nos moldes do que está sendo tratado neste trabalho. Mas o problema por ele proposto é o de saber se tal exame é permitido apenas nos contratos de grande vulto e de alta complexidade técnica ou também em outros casos.
"Parece-nos correta a segunda hipótese. Até por razões lógicas, não se pode impedir a Administração de, em contratos de vulto menor ou sem grande complexidade, fixar padrões mínimos de qualidade fora dos quais o objeto será imprestável. Mas estabelecer estas pautas não se confunde com exigir certa *metodologia de execução*, o que de fato só tem sentido em situações mais sofisticadas, demarcadas pelo art. 30, §§ 8º e 9º.
"Na compra de bens comuns, canetas esferográficas por hipótese, é lícito exigir padrão mínimo de qualidade, como certa durabilidade, o que inclusive poderá ensejar testes, como condição de aceitação da proposta. Não é viável pedir do licitante a metodologia de fabricação do bem, que no entanto tem sentido quando se quer adquirir reatores atômicos ainda por produzir. Na contratação de meros serviços de limpeza o edital poderá descrever a abrangência e periodicidade de cada serviço e a espécie de material a ser empregado, sendo aceitável a proposta com o compromisso de execução nos moldes descritos e inaceitável a que contenha ressalvas. Mas, para serviços tais, não-especializados, despropositado e excessivo pedir que o limpador conceba uma metodologia de execução, a ser analisada no juízo de aceitabilidade da proposta, coisa, porém, admissível na contratação de serviços altamente especializados.

Confira-se o que diz exatamente a Lei de Licitações sobre o tema:
"Art. 30. A documentação relativa à qualificação técnica limitar-se-á a:

"(...).

"§ 8º. No caso de obras, serviços e compras de grande vulto, de alta complexidade técnica, poderá a Administração exigir dos licitantes a metodologia de execução, cuja avaliação, para efeito de sua aceitação ou não, antecederá sempre à análise dos preços e será efetuada exclusivamente por critérios objetivos.

"§ 9º. Entende-se por licitação de alta complexidade técnica aquela que envolva alta especialização, como fator de extrema relevância para garantir a execução do objeto a ser contratado, ou que possa comprometer a continuidade da prestação de serviços públicos essenciais."[70]

Assim, toda licitação de menor preço deixará de ser *comum*, e compatível com o pregão, quando seu objeto for especial – pode-se dizer *complexo* –, por demandar análise mais detida, sofisticada, portanto, da proposta apresentada. Esta definição é feita pela Administração Pública antes da abertura da licitação, ao definir o objeto do certame, de modo que, se a licitação for do tipo menor preço e o edital solicitar a apresentação de *metodologia de execução*, então, o objeto é daqueles que requerem verificação detalhada entre o fixado no instrumento convocatório e na proposta a ser apresentada.

Tal conclusão só é possível porque a *metodologia de execução* é o único mecanismo previsto na Lei de Licitações que altera o procedimento da licitação de menor preço. Ora, dado o procedimento do pregão, sempre que a Administração Pública necessite de maior segurança na contratação, em razão da especialidade do objeto ofertado e da admissão da adoção de diversas concepções técnicas para sua exe-

---

"Ademais, para ser compatível com o ato convocatório, a oferta deverá ajustar-se a ele no que tange à quantidade, ao prazo de execução e de pagamento etc." (Carlos Ari Sundfeld, *Licitação e Contrato Administrativo*, 2ª ed., São Paulo, Malheiros Editores, 1995, pp. 144-146).

70. O conceito de obras, serviços e compras de grande vulto está no art. 6º, V, da Lei de Licitações, segundo o qual são "aquelas cujo valor estimado seja superior a 25 (vinte e cinco) vezes o limite estabelecido na alínea 'c' do inciso I do art. 23 desta Lei" – qual seja, de R$ 37,5 milhões.

cução, a alternativa possível (isto, claro, se o caso não se enquadrar na hipótese de licitação por técnica ou por técnica e preço, do art. 46) é sofisticar o procedimento licitatório, afastando-o da celeridade e da inversão de fases do pregão, para seguir aquele previsto no § 8º do art. 30 da Lei 8.666. Neste caso, a licitação não se inicia com a abertura das propostas financeiras, mas com a análise da metodologia de execução, que *antecederá* sempre a fase dos preços.

Não fosse essa evidente incompatibilidade de procedimentos entre o pregão e a metodologia de execução, cabe ainda referir que, apesar de a lei pretender que a análise da proposta técnica seja "efetuada exclusivamente por critérios objetivos" e que ela seja avaliada segundo sua aceitabilidade, não devendo ser objeto de pontuação para fins de definição do vencedor (como acontece nas licitações com julgamento por técnica), é sabido que muitas vezes os itens propostos nos editais para elaboração da *metodologia de execução* geram certa subjetividade no julgamento. Em outras palavras, quando se exige, por exemplo, que a licitante descreva o empreendimento, apresente plano de trabalho e faça um planejamento das obras, com a descrição do método executivo a ser adotado, das medidas que minimizarão impactos ambientais, do plano de construção de canteiros e dos procedimentos de acompanhamento e controle de qualidade da obra, segurança e medicina do trabalho, está-se abrindo margem para que a Administração faça uma avaliação pessoal acerca da capacidade de a licitante assumir a execução de objeto complexo. Ainda que o órgão só tenha a opção binária classificar/desclassificar a proposta, sua avaliação envolve aspectos subjetivos.

Tal reflexão sobre a *metodologia de execução* tem o único objetivo de demonstrar que este é um critério útil na demarcação do âmbito de aplicabilidade do pregão na esfera federal.[71]

---

71. O prazo de oito dias úteis para a apresentação das propostas, previsto na Lei 10.520/2002, não é fator limitador, por si só, do uso do pregão para objetos complexos. Em situações assim, poderia a Administração – e é até mesmo recomendável – conceder prazo maior, podendo utilizar-se, analogamente, dos estabelecidos na Lei 8.666/1993. Tampouco é útil a regra do art. 40, XIV, "a", da Lei 8.666/1993, que determina o pagamento do privado ao final do período de adimplemento de cada parcela, quando o objeto assim determinar. A licitação por pregão (ou por qualquer outra modalidade da Lei de Licitações) não garante a futura execução do contrato, como afirmado alhures.

É preciso interpretar inteligentemente o decreto federal que excluiu o pregão eletrônico para as obras. Se, como visto, o critério que opõe as obras aos serviços de engenharia é inconclusivo e não dá segurança ao gestor público, a única interpretação plausível para o referido decreto, a partir de todo o exposto, é que se excluem da modalidade de pregão (eletrônico e presencial) as contratações de *objeto complexo*, entendendo-se por *objetos complexos* aqueles que, pela sua natureza, são licitados pelo critério do menor preço, admitem diversas concepções técnicas para sua execução e, por essa razão, demandam – para que se tenha a garantia de segurança na contratação e futura exeqüibilidade do contrato – a apresentação de *metodologia de execução* por parte do licitante, que nada mais é que o envelope que será analisado antes do de preços, e cuja função é fornecer à Administração o conforto que ela precisa para contratar alguém que conhece os detalhes de execução de um *objeto complexo*. É assim que pretendemos apartar os serviços de engenharia das obras, para compreensão do decreto estadual.

Se não é possível identificar o limiar entre estas duas categorias (obras e serviços de engenharia), a exclusão promovida pelo decreto deve ser lida no sentido de que *objetos complexos* foram alijados do procedimento do pregão, assim entendidos aqueles que pedem a formulação de metodologia de execução pelo particular que irá executar o futuro contrato.

Disse-se que a conclusão é válida para as modalidades de pregão presencial e eletrônico porque o art. 6º do Decreto 5.450/2005, por ser posterior ao Decreto 3.555/2000, alterou a regra de seu art. 5º, para permitir o uso do pregão na forma acima descrita, tendo dado prioridade à forma eletrônica em detrimento da forma presencial.

2.1.2.2 Bens e serviços de informática

Outra dúvida de interpretação do conceito de *bem e serviço comum* diz respeito aos *bens e serviços de informática*, já que há uma grande quantidade desses bens encontráveis em escala industrial, prontos para serem consumidos. A questão decorre da Lei 8.666, que, no seu art. 45, § 4º, estabelece que as licitações para aquisição de bens e serviços de informática serão sempre julgadas pelo critério de técnica e preço – o que tornaria incompatível o uso do pregão. Assim como se disse com relação às obras e serviços de engenharia, os bens e serviços de informática categorizáveis como comuns, em contraposição aos complexos, podem ser licitados por meio de pregão.[72]

Jessé Torres Pereira Jr. lembra que nem tudo que serve à informática é bem ou serviço de informática. Ao contrário, há uma infinidade de insumos que não podem ser classificados como tais para o fim de sua aquisição por licitação do tipo técnica e preço. É o caso de formulários contínuos, fitas e cartuchos de tinta para impressoras, estabilizadores de corrente elétrica, equipamentos e programas de prateleira – entre outros com especificação usual no mercado.[73]

Se, mesmo com todos estes elementos, ainda restar uma zona de dúvida, no caso concreto, na aferição a respeito de um dado bem ou serviço, então caberá à Administração decidir a respeito da aplicabilidade ou não do procedimento. Sua decisão deve ser especificamente motivada, para que seja possível aferir a razoabilidade da decisão, tendo em vista parâmetros de economicidade, realização do melhor negócio para o interesse público e celeridade.[74]

---

72. O Tribunal de Contas da União já decidiu que nas licitações sob a modalidade pregão para aquisição de bens e serviços comuns de informática e automação a participação no certame deve ser franqueada a todos os interessados, independentemente de desenvolverem bens e produtos com tecnologia nacional e de cumprirem o processo produtivo básico (Acórdão 1.707/2005, Plenário, com redação dada pelo Acórdão 2.138/2005, Plenário, rel. Min. Walton Alencar Rodrigues).
73. Jessé Torres Pereira Jr., *Licitações de Informática*, p. 369.
74. Neste contexto, cabe afirmar a falta de fundamentação legal para o disposto nos §§ 3º, 4º e 5º do art. 3º do *Regulamento da Licitação na Modalidade de Pregão* (Anexo I do Decreto 3.555/2000). V. o conteúdo dos dispositivos, que tratam, especificamente, da aquisição de bens e serviços de informática na esfera federal:
"§ 3º. Os bens de informática adquiridos nesta modalidade, referidos no item 2.5 do Anexo II, deverão ser fabricados no país, com significativo valor agregado local, conforme disposto no art. 3º da Lei n. 8.248, de 23 de outubro de 1991, e regulamentado pelo Decreto n. 1.070, de 2 de março de 1994. *(parágrafo incluído pelo Decreto 3.693, de 20.12.2000)*
"§ 4º. Para efeito de comprovação do requisito referido no parágrafo anterior, o produto deverá estar habilitado a usufruir do incentivo de isenção do imposto sobre produtos industrializados – IPI, de que trata o art. 4º da Lei n. 8.248, de 1991, nos termos da regulamentação estabelecida pelo Ministério da Ciência e Tecnologia. *(parágrafo incluído pelo Decreto 3.693, de 20.12.2000)*
"§ 5º. Alternativamente ao disposto no § 4º, o Ministério da Ciência e Tecnologia poderá reconhecer, mediante requerimento do fabricante, a conformidade do

O Tribunal de Contas da União já teve a oportunidade de afirmar que: "1. Se o objeto do certame de tecnologia da informação possuir padrões de desempenho e qualidade que possam ser objetivamente definidos no edital por meio de especificações usuais no mercado, este Tribunal já se posicionou no sentido de que o pregão eletrônico é a modalidade adequada para a efetivação da contratação dos serviços. 2. Especificados no edital os critérios técnicos exigidos para avaliação da amostra objeto do certame, não há que se falar em subjetividade na análise das mesmas por ocasião do julgamento do certame" (Acórdão 1.172/2009, 2ª Câmara, rel. Min. Raimundo Carreiro). Além disso, também já afirmou que em situações tais é indevida a opção por concorrência em detrimento do pregão (Acórdão 1.453/2009, Plenário, rel. Min. Marcos Bemquerer Costa).

2.1.2.3 Maior vantagem para a Administração Pública e concessão de uso de bem público[75]

O que foi dito no presente tópico é que a análise do cabimento do pregão exige, apenas, (1) que o objeto seja enquadrado no conceito de *coisas comuns* e, para isso, (2) que tenha sido minuciosamente descrito no edital (3) por meio de especificações usuais no mercado, evitando, assim, (4) propostas com grau de incerteza em relação ao objeto realmente licitado.

Preenchidos tais requisitos, é viável a licitação por pregão para a concessão de uso de bem público. A não-aplicabilidade do pregão poderia decorrer da existência de norma que determinasse que a con-

produto com o requisito referido no § 3º" *(parágrafo incluído pelo Decreto 3.693, de 20.12.2000).*

Os dispositivos regulamentares pretenderam excluir da modalidade de pregão a aquisição de bens de informática que não sejam fabricados no Brasil, com significativo valor agregado local. Além de a solução normativa não garantir o melhor negócio para a Administração, eventual decisão governamental que pretendesse prestigiar a indústria nacional dependeria de lei formal para ser válida – o que não é o caso, dada a ausência de fundamento legal para os dispositivos.

75. As reflexões deste tópico são resultado de trabalho elaborado pela autora, em conjunto com o professor Carlos Ari Sundfeld, na elaboração de edital de concessão de uso de espaços públicos para implantação e gestão de estacionamento, na modalidade de pregão. O estudo foi elaborado no âmbito dos esforços de implementação da Cidade Administrativa de Minas Gerais (ano de 2009).

tratação fosse feita por outra modalidade licitatória ou, ainda, da incompatibilidade do pregão com o desejo de se obter o maior valor de remuneração pelo uso do espaço público, e não o menor preço.

Com relação ao primeiro tema, não existe tal norma; ou seja: se, historicamente, era comum a contratação de concessão de uso de bem público por meio das modalidades de licitação previstas na Lei 8.666 (concorrência, tomada de preços ou convite, conforme o vulto financeiro envolvido), depois da edição da Lei 10.520, que criou o pregão, abriu-se a possibilidade de uso desta nova modalidade.[76] Isto porque: (1) na Lei 8.666 a realização de concorrência para celebrar contrato de concessão de uso é obrigatória apenas quando houver a transferência de *direito real* (art. 23, § 3º) ao particular, isto é, quando se tratar de concessão de direito real de uso, e não quanto há a transferência de um simples direito pessoal; (2) a modalidade de leilão da Lei 8.666 (art. 22, § 5º) é aplicável somente para alguns tipos de bens, quais sejam: os móveis inservíveis para a Administração, os produtos legalmente apreendidos ou penhorados, e para alienação de bens imóveis cuja aquisição haja derivado de procedimentos judiciais ou de dação em pagamento; e (3) a concessão de uso de bem público em favor de terceiros não se confunde com a concessão de serviço público da Lei 8.987/1995, para a qual ela impõe a modalidade de concorrência.

Quanto à possibilidade de uso do pregão quando se quer como resultado da licitação a obtenção do maior valor de remuneração pago pelo uso do bem público, e não o menor preço, diga-se que o critério

---

76. A título exemplificativo, mencione-se que alguns órgãos públicos já promoveram licitação na modalidade de pregão para concessão de uso de bem público. É o caso da Câmara dos Deputados (Edital de Pregão Eletrônico 22/2009 – Objeto: prestação de serviços, mediante exploração comercial de fornecimento de alimentação, incluindo eventuais organizações e fornecimentos de lanches, coquetéis, almoços, jantares e outros para eventos, com concessão administrativa de uso pela contratante, a título oneroso, das dependências do restaurante e da lanchonete – Critério de julgamento: maior valor); da Faculdade de Direito de Cachoeiro de Itapemirim, no Estado do Espírito Santo (Edital de Pregão Presencial 01/2008 – Objeto: concessão de direito de exploração de serviços de fornecimento de cópias xérox, com instalação de máquinas na sede desta Faculdade, por conta e risco da contratada, sem qualquer ônus para a contratante – Critério de julgamento: maior valor); e da Prefeitura Municipal de Lagoa Formosa, no Estado de Minas Gerais (Edital de Pregão Presencial 002/2008 – Objeto: concessão de espaço público para a exploração de camarotes durante o carnaval de rua 2008 - Critério de julgamento: maior valor).

legal de julgamento pelo menor preço não impede que a Administração faça uso da licitação por pregão para aquisição de bens ou serviços que, por qualquer razão, adotam lógica própria de comparação de propostas distintas do menor preço. Desde que possam ser objetivamente comparadas, nada impede que o pregão seja utilizado para fins de se conseguir a *proposta econômica mais vantajosa*.

É o que acontece, por exemplo, para a aquisição de passagens aéreas, caso em que o critério de julgamento não costuma ser o de menor preço, mas o de maior percentual de desconto oferecido pelas agências de viagens sobre o valor do volume de vendas. É o caso, ainda, dos pregões realizados pelos vários Estados para alienar o processamento de suas folhas de pagamento. O próprio Tribunal de Contas da União já teve oportunidade de julgar adequado o pregão do tipo maior preço feito pelo Ministério da Previdência Social para fins de alienar a folha de pagamento aos beneficiários da Previdência (Acórdão 3.042/2008, Plenário, rel. Min. Augusto Nardes), onde foi utilizado o critério da maior oferta.

2.2 *Estrutura procedimental do pregão*

A identidade jurídica da modalidade de pregão completa-se, no sistema brasileiro, com a caracterização de sua *norma geral de processo*. Isto é, o procedimento da licitação na modalidade de pregão deverá observar um regramento mínimo para a garantia da competição, igualdade de tratamento entre os licitantes e contratação nas melhores condições para o Poder Público, com o atingimento do melhor resultado possível ao interesse público.

A *estrutura procedimental* da licitação por pregão que a seguir será apresentada faz parte de sua *norma geral*, na medida em que ela assegura a identidade da modalidade em todo o território nacional, com o atendimento dos princípios aplicáveis ao processo licitatório. O desatendimento ao regramento a seguir explicitado implica descumprimento da norma regedora da matéria e, por via reflexa, também dos princípios constitucionais do processo administrativo licitatório.

A estrutura procedimental do pregão é composta por uma fase preparatória e uma fase licitatória. Estudaremos esse procedimento tendo em vista (a) a eventual incidência de regras procedimentais gerais da Lei 8.666 e (b) a verificação de sua compatibilidade com a principiologia constitucional aplicável.

2.2.1 Aplicação das normas procedimentais gerais da Lei 8.666/1993

A primeira observação importante a ser feita a respeito da *estrutura procedimental* do pregão é sobre a aplicabilidade da Lei 8.666 ao seu procedimento.

Já afirmamos que ambas as Leis 8.666 e 10.520 contêm *normas gerais* em matéria de licitação, assim entendidas aquelas necessárias para estruturar e viabilizar as modalidades licitatórias por elas criadas. Comparativamente, a Lei 8.666 é mais detalhada que a Lei 10.520, porque o legislador de então objetivou estruturar, com ânimo de completude, o arcabouço legislativo aplicável às licitações em geral; o que acabou gerando, como visto, uma dificuldade de separação, no texto legal, das normas gerais e das normas aplicáveis apenas ao âmbito federal – isto é, das normas não-gerais.

Na prática, a Lei 8.666 traz soluções para uma grande gama de questões procedimentais relacionadas às licitações públicas, as quais, por significarem soluções compatíveis com os princípios constitucionais aplicáveis, têm servido para disciplinar as licitações em todo o país. Cremos que muitas dessas soluções compõem um conjunto de *normas procedimentais gerais* aplicável à licitação na modalidade de pregão.

Com efeito, a Lei 10.520 é singela e não traz todas as soluções – especialmente de cunho procedimental – necessárias para a dinâmica da nova modalidade; sendo-lhe aplicável tal conjunto de *normas gerais* definidas na Lei 8.666. Assim, são aplicáveis à nova modalidade as *normas gerais procedimentais* da Lei 8.666, a título de complementação, que sejam compatíveis com o novo regime fixado na Lei 10.520.

Não é tarefa fácil a identificação pontual de tais *normas procedimentais gerais* na Lei 8.666. Também não é o propósito deste trabalho fazê-lo; mas, na medida em que a complementação do sistema do pregão seja necessário, será feita a remissão ao regime da Lei 8.666, tendo em vista a conceituação de *norma geral* em matéria de

ESTRUTURA FUNDAMENTAL DO PREGÃO

licitação que procedemos no item 1.1 deste capítulo. Lá, afirmamos a utilidade da uniformidade promovida pela Lei 8.666, que em muitos casos apresenta soluções procedimentais únicas, em decorrência da aplicação dos princípios constitucionais do processo licitatório; tendo concluído que tal uniformização não é incompatível com a noção de *norma geral*.

Por esse raciocínio, à falta de solução procedimental específica na Lei 10.520, deve ser aplicado o *regime geral* da Lei 8.666, o qual passa a compor, em conjunto com a Lei do Pregão, a *norma geral procedimental* da nova modalidade. O papel das normas gerais da Lei 8.666 no pregão é preencher eventuais lacunas procedimentais da *norma geral do pregão*. O objetivo dos itens seguintes é exatamente identificar tais normas, que, aplicadas ao pregão, darão segurança e certeza jurídicas no campo das licitações públicas.

Esta função colmatadora de lacunas no procedimento do pregão, aqui proposta para as normas gerais procedimentais da Lei 8.666, não se confunde com a aplicação *subsidiária* da Lei 8.666 na modalidade de pregão, prevista no art. 9º da Lei 10.520.[77]

Expliquemos. O art. 9º da lei refere-se à aplicação subsidiária ao pregão das normas não-gerais da Lei 8.666 que forem compatíveis à nova modalidade (portanto, de caráter federal e aplicação restrita à esfera da União).

Assim, Estados e Municípios somente estarão obrigados a aplicar as normas não-gerais da Lei 8.666 *subsidiariamente* à modalidade de pregão no caso de norma local (ou o edital) assim determinar. Por exemplo, na hipótese de licitação por pregão em um dado Município que *tenha* lei própria em matéria de licitação (exemplo: Município de São Paulo), a realização do certame em tal localidade será regida, necessariamente, pela *norma geral do pregão* (extraída da Lei 10.520, da Constituição e das normas gerais da Lei 8.666 aplicáveis à nova modalidade) e *subsidiariamente* pela lei local editada para reger as licitações em geral naquela esfera administrativa (ou, possivelmente, pela Lei 8.666). A norma a ser aplicada em caráter subsidiário deve

---

77. O art. 9º da Lei 10.520 tem a seguinte redação: "Aplicam-se subsidiariamente, para a modalidade de pregão, as normas da Lei n. 8.666, de 21 de junho de 1993".

estar indicada em lei local editada a respeito do pregão ou, então, no caso de ela não existir, no edital.[78-79]

Portanto, a *subsidiariedade* referida na lei (art. 9º) para fins de viabilizar o pregão na prática deve ser entendida como a aplicação subsidiária de lei ou decreto (federal, estadual ou municipal), definido no edital de licitação por pregão, para o fim específico de complementar, quando necessário, a *norma geral do pregão* (formada pelo conjunto de normas gerais da Lei 10.520, da principiologia constitucional e também da Lei 8.666 – esta última naquilo que for compatível com o espírito do pregão). Neste sentido, não há impedimento para que um edital de pregão, em dado Município, determine a aplicabilidade da Lei 8.666 e também do decreto federal editado para reger os pregões naquela esfera de forma *subsidiária* à *norma geral* do pregão.[80]

2.2.2 Principiologia do procedimento licitatório do pregão

A rapidez e a oralidade na sessão de lances da licitação por pregão poderiam fazer crer na existência de uma principiologia própria aplicável a esta modalidade licitatória.

Ocorre que licitação por pregão é processo administrativo competitivo, realizado pela Administração Pública para a escolha da melhor proposta que atenda aos interesses públicos, tal qual qualquer outra modalidade licitatória. Não seria possível imaginar que o pregão teria incorporado princípios ou valores distintos daqueles que norteiam toda e qualquer licitação.[81]

---

78. Se se tratar de Município inserido em Estado que tenha lei própria de licitação (ou lei própria de pregão) será possível – até mesmo mais adequado – que a subsidiariedade se dê em relação à lei de licitações estadual, e não à Lei 8.666. Pois, pelo princípio federativo, os Municípios estão mais próximos da esfera estadual do que da federal.

79. O tema da necessidade ou não de lei local para a aplicação do pregão em Estados e Municípios será tratado no próximo capítulo.

80. A título de exemplo, mencione-se o Provimento 56/2003, que "estabelece normas e procedimento para licitação na modalidade pregão" no âmbito do Tribunal de Justiça do Estado de São Paulo. Seu art. 18 determina que "aplicam-se subsidiariamente, para licitação na modalidade pregão, as normas das Leis federais n. 8.666/1993 e n. 10.520/2002, do Decreto n. 3.555/2000 e do Provimento n. 55/2003 do Tribunal de Justiça".

81. Neste sentido: Marçal Justen Filho, *Pregão* ..., 1ª ed., p. 28.

As características procedimentais da nova modalidade, que têm o condão de diferenciá-la das outras regidas pela Lei 8.666, são decorrência direta dos mesmos princípios aplicáveis a qualquer processo administrativo de competição para a ampliação da esfera jurídica dos particulares. Assim, o dever de *celeridade* nos atos procedimentais é, da mesma forma, válido para concorrência, tomada de preços e convite; e a possibilidade de realização de lances verbais não significa que o procedimento do pregão seja informal, no sentido de assemelhar-se a uma negociação da vida privada, pois, tratando-se de procedimento administrativo realizado pela Administração Pública, é imprescindível que todos os atos do pregão estejam consignados no processo respectivo. A transparência e publicidade dos atos administrativos, igualdade no trato dos particulares e necessária observância à regra da lei impedem conclusões equivocadas a respeito do pregão. Qualquer solução procedimental pensada para esta nova modalidade deve estar de acordo com a principiologia aplicável ao processo licitatório em geral.

A própria lei determina que os atos essenciais do pregão, inclusive os decorrentes de meios eletrônicos, devem ser documentados no processo respectivo, com vistas à aferição de sua regularidade pelos agentes de controle (art. 8º).[82] Esta medida é imprescindível para o necessário controle das decisões administrativas.

Não são objeto deste estudo os princípios próprios da licitação. A esse respeito importantes trabalhos já foram produzidos.[83] Mas é relevante, entretanto, que se consigne que são aplicáveis à licitação na modalidade de pregão todos os princípios que a doutrina, tradicionalmente, atribui ao processo licitatório, quais sejam: *isonomia*, *competitividade* ou *ampliação da disputa*, *publicidade e trans-*

---

82. O art. 8º da lei faz remissão a um "regulamento previsto no art. 2º" – o que não tem significado importante para o procedimento do pregão. A imposição de documentação de todo o ocorrido na licitação em processo próprio decorre da necessária publicidade, transparência e controle dos atos da Administração Pública. É preciso, no entanto, esclarecer a confusão da referida redação. Originalmente o parágrafo único do art. 2º da medida provisória dizia que um regulamento disporia sobre *bens e serviços comuns*. Norma com conteúdo semelhante foi incluída no *caput* do art. 2º, o qual restou vetado pelo Presidente da República.

83. Por exemplo, v. Carlos Ari Sundfeld, "Procedimentos administrativos de competição", *RDP* 83/114-119.

parência, respeito às condições prefixadas no edital e fiscalização do procedimento.[84-85]

84. Neste sentido, v. Celso Antônio Bandeira de Mello, *Curso* ..., 27ª ed., pp. 532-536.
85. Em Portugal a norma que trata do regime de contratação de bens e serviços (Decreto-lei 197, de 8.6.1999) arrola os seguintes princípios aplicáveis ao procedimento, na Seção II de seu Capítulo I:
"Art. 7º. *Princípios da legalidade e da prossecução do interesse público.* 1 – Na formação e execução dos contratos, as entidades públicas e privadas devem observar as regras e princípios previstos no presente diploma, não podendo, designadamente, ser adoptados procedimentos diferentes dos nele tipificados, excepto quando previstos na lei. 2 – Na formação e execução dos contratos, as entidades adjudicantes devem optimizar a satisfação das necessidades colectivas que a lei define como suas atribuições.
"Art. 8º. *Princípios da transparência e da publicidade.* 1 – O critério de adjudicação e as condições essenciais do contrato que se pretende celebrar devem estar definidos previamente à abertura do procedimento e ser dados a conhecer a todos os interessados a partir da data daquela abertura. 2 – As entidades públicas devem garantir uma adequada publicidade da sua intenção de contratar 3 – A escolha de propostas deve ser sempre fundamentada.
"Art. 9º. *Princípio da igualdade.* 1 – Na formação dos contratos públicos devem proporcionar-se iguais condições de acesso e de participação dos interessados em contratar, segundo critérios que traduzam juízos de valor dos aspectos decisivos para contratar, coordenados com o objecto específico do contrato. 2 – Iniciado o procedimento, não pode ser feita discriminação de qualquer natureza entre os interessados em contratar nem admitir-se qualquer interpretação das regras que disciplinam a contratação que seja susceptível de determinar uma discriminação entre os concorrentes e aqueles que não apresentaram candidaturas ou propostas.
"Art. 10º. *Princípio da concorrência.* Na formação dos contratos deve garantir-se o mais amplo acesso aos procedimentos dos interessados em contratar, e em cada procedimento deve ser consultado o maior número de interessados, no respeito pelo número mínimo que a lei imponha.
"Art. 11º. *Princípio da imparcialidade.* 1 – Nos procedimentos devem ser ponderados todos os interesses públicos e privados relevantes, uns com os outros e entre si. 2 – Os programas de concurso, cadernos de encargos e outros documentos que servem de base ao procedimento não podem conter qualquer cláusula que vise favorecer ou prejudicar interessados em contratar, nem tão-pouco é permitida, na sua aplicação, qualquer interpretação que contemple tais propósitos.
"Art. 12º. *Princípio da proporcionalidade.* 1 – Observados os limites fixados no presente diploma, deve ser escolhido o procedimento mais adequado ao interesse público a prosseguir, ponderando-se os custos e os benefícios decorrentes da respectiva utilização. 2 – Na tramitação dos procedimentos apenas se devem efectuar as diligências e praticas os actos que se revelem indispensáveis à prossecução dos fins que legitimamente se visam alcançar.
"Art. 13º. *Princípio da boa-fé.* 1 – Na formação e execução dos contratos as entidades públicas e privadas devem agir segundo as exigências da identidade, auten-

Além deles, evidentemente, também são aplicáveis outros princípios regedores de toda atividade desenvolvida pela Administração Pública: *legalidade, impessoalidade, moralidade, razoabilidade, proporcionalidade, motivação* e *probidade administrativa*. Nem poderia ser de outro modo, já que, sendo o procedimento um encadeado de atos e fatos, todas as decisões que a Administração tomar no curso do processo precisam estar de acordo com a lei e ser devidamente motivadas para que seja possível a aferição da isonomia, da razoabilidade e da proporcionalidade do ato que aplicou a lei.[86]

Na verdade, todos os procedimentos licitatórios – entre os quais está o pregão – devem ser pautados por este conjunto de normas, cuja razão última de ser é o atendimento do interesse público no caso concreto. A contratação somente será reputada boa, adequada à Administração, se ela observar tal conjunto de normas decorrente da aplicação dos princípios citados.

O fato de o procedimento do pregão ser pautado pela celeridade, aceitar a oralidade e estar imbuído de um espírito de flexibilidade não permite a afirmação de que somente ele estaria iluminado pelos prin-

---

ticidade e veracidade na comunicação. 2 – Os programas de concurso, cadernos de encargos e outros documentos que servem de base ao procedimento, bem como os contratos, devem conter disposições claras e precisas.
"Art. 14º. *Princípio da estabilidade*. 1 – Os programas de concurso, cadernos de encargos e outros documentos que servem de base ao procedimento devem manter-se inalterados durante a pendência dos respectivos procedimentos. 2 – Nos procedimentos em que não esteja prevista qualquer negociação, as propostas apresentadas pelos concorrentes são inalteráveis até a adjudicação. 3 – Efectuada a adjudicação, podem ser introduzidos, por acordo entre as partes, ajustamentos à proposta escolhida, desde que as alterações digam respeito a condições acessórias e sejam inequivocamente em benefício da entidade adjudicante. 4 – Quando já tenham sido apresentadas propostas, a entidade adjudicante não pode desistir de contratar, salvo nos casos previstos no presente diploma.
"Art. 15º. *Princípio da responsabilidade*. 1 – As entidades, funcionários e agentes podem ser responsabilizados civil, financeira e disciplinariamente pela prática de actos que violem o disposto no presente diploma. 2 – Os serviços públicos com competência para fiscalizar a observância do regime da realização de despesas e da contratação públicas devem, para os efeitos previstos no número anterior, comunicar às entidades competentes as infracções detectadas."
86. A respeito dos princípios do processo administrativo, v. Lúcia Valle Figueiredo, "Princípios constitucionais do processo", *RTDP* 1/118-126. Também Egon Bockmann Moreira, na monografia *Processo Administrativo (Princípios Constitucionais e a Lei 9.784/1999)*, 3ª ed., 2007.

cípios da *eficiência*, *boa administração*, *celeridade* e *formalismo moderado*. Neste sentido, Agustín Gordillo afirma que o apego excessivo à formalidade leva à violação do princípio fundamental da competição ou concorrência, afastando a licitação de sua verdadeira finalidade.[87] Tal afirmação é válida para o pregão e também para os procedimentos da Lei 8.666.

Assim é que tais princípios são aplicáveis ao pregão e também a todas as modalidades da Lei 8.666.[88] Não é apenas no pregão que a Administração deve ser eficiente e usar da melhor maneira possível os seus recursos. Também não é apenas no pregão que se admite sejam sanadas falhas formais em benefício da melhor contratação.[89]

A licitação por pregão, como qualquer outro procedimento licitatório, somente será válida e terá atendido ao melhor interesse público se observar tal conjunto de princípios constitucionais. Em última análise, não há alternativa para o procedimento do pregão, que só poderá estar de acordo com a principiologia constitucional, sob pena de ser inválido.

2.2.3 *Fase preparatória*

Sendo procedimento voltado à realização de despesa pela Administração Pública, toda sua atividade deve estar pautada pela responsabilidade do ente licitante e correlata transparência para o controle da aplicação dos recursos públicos. Isto significa que a Administração deve preparar-se antes de decidir celebrar um contrato administrativo. Deve instaurar o procedimento, com todas as justificativas e indica-

---

87. "A informalidade e a concorrência no procedimento licitatório", *Revista de Direito Administrativo Aplicado* 2/344-347.
88. O Decreto federal 3.555/2000 menciona o "princípio da *seletividade*". Como já aludimos anteriormente, o pregão da Lei 10.520 foi inspirado no procedimento da ANATEL. Na resolução editada por aquele órgão há um dispositivo nos seguintes termos: "Art. 2º. A licitação será juridicamente condicionada pelos princípios da legalidade, celeridade, finalidade, razoabilidade, proporcionalidade, impessoalidade, imparcialidade, igualdade, devido processo legal, publicidade, moralidade, vinculação ao edital, competitividade e justo preço, *bem como pelos da seleção e comparação objetiva de licitantes e propostas*". A inspiração para o inusitado princípio só pode sido esta parte final do dispositivo transcrito, que propõe a competição objetiva e escolha (seleção) da melhor proposta.
89. Sobre o saneamento de falhas no pregão, v. item 2.2.4.8.

ção da fonte de recursos necessárias à aquisição que se realizará; deve preparar o edital e dar-lhe publicidade; escolhendo os servidores que serão os responsáveis pela condução do procedimento. Estará viciado qualquer procedimento que não atender a este rito preparatório.

O que nos interessa, para fins de caracterização da *norma geral do pregão*, é identificar os específicos requisitos que devem ser atendidos pelas entidades licitantes quando abrirem licitações nesta modalidade. Para um estudo analítico dos requisitos internos, preparatórios da licitação por pregão (portanto, anterior à fase licitatória, propriamente dita), procedemos à sua divisão em três etapas, a seguir tratadas em separado: (1) instauração do procedimento; (2) condução do procedimento; (3) publicidade do edital.

2.2.3.1 Instauração do procedimento

Em razão da responsabilidade orçamentária do órgão licitante, é imprescindível que também no pregão se desenvolva uma fase interna da licitação, antes da abertura do certame, culminando com a publicação do aviso para chamamento dos interessados. A Lei do Pregão diz o óbvio tratando-se de Administração Pública submetida ao regime jurídico administrativo desenhado na Constituição: a autoridade competente deve justificar a necessidade de contratação; e nos autos do procedimento devem constar os indispensáveis elementos técnicos sobre os quais a contratação estiver apoiada, neles incluído o orçamento elaborado pelo órgão ou entidade promotora da licitação.[90]

Sobre a obrigatoriedade de inserção do orçamento estimado em planilhas de quantitativos e preços unitários no processo administrativo que fundamenta a contratação, já deliberou o Tribunal de Contas da União sobre a ausência de obrigatoriedade legal de inclusão no edital do pregão do valor estimado da contratação. A exigência é de que tais informações constem do processo administrativo, exclusivamente. Tratando-se de pregão eletrônico, o órgão de controle ainda foi além, afirmando que a obrigatoriedade deve ser observada após a fase de lances, sob pena de tornar inócua a desnecessidade de constar do edital, além de potencialmente ferir o princípio da isonomia, dian-

---

90. Lei 10.520, art. 3º, I e III.

te da possibilidade de acesso ao processo administrativo por licitante presente no mesmo local do órgão, ao contrário de licitante localizado em outras cidades (Acórdão 1.789/2009, Plenário, rel. Min. José Jorge).

Tais deveres são evidentes não apenas porque decorrem da Constituição Federal, mas também porque não houve qualquer modificação deste procedimento em comparação com as imposições da Lei 8.666. A nova lei é sucinta e, sendo o pregão modalidade de licitação cujo objetivo é a escolha de futuro parceiro para a celebração de contrato, é evidente que a Administração deve justificar a contratação e certificar-se da existência de recursos orçamentário para a liquidação da obrigação, por aplicação dos princípios da legalidade, igualdade e transparência dos atos públicos.

O cumprimento dessa e de outras formalidades administrativas anteriores à publicação do edital é tão importante no pregão quanto em qualquer das modalidades da Lei 8.666. Todas as exigências contidas naquele diploma em razão de regras de contabilidade pública e da necessidade de se justificar a celebração do novo contrato devem ser observadas também no pregão. Nelas estão incluídos requisitos de natureza subjetiva (definição do condutor da licitação), procedimentais (exemplo: aprovação da minuta do edital pela assessoria jurídica) e objetivos (existência de recursos orçamentários e, quando for o caso, inclusão no Plano Plurianual).[91]

2.2.3.2 Condução do procedimento

A *norma geral* do pregão impõe que condução da licitação seja feita por pessoa capaz de cumprir com os objetivos desse procedimento. O que analisaremos a seguir são as características que o condutor do pregão necessariamente deve ter, por determinação de sua norma geral.

2.2.3.2.1 Pregoeiro – O pregoeiro e sua equipe de apoio são duas figuras novas criadas na Lei 10.520. Comecemos com o *pregoeiro*.

---

91. Sobre os "requisitos para instauração de licitação", v. Carlos Ari Sundfeld, *Licitação* ..., 2ª ed., pp. 92-97.

Ele é o responsável pela condução da licitação na modalidade de pregão. Diferentemente da Lei 8.666/1993, onde a responsabilidade pelo procedimento é de um grupo de servidores que compõem a chamada "comissão de licitação", há um novo conceito no pregão.

É evidente que a lei criou uma figura nova, distinta da comissão de licitação. Apesar de ambos desenvolverem atividades comuns – como o recebimento, exame e julgamento das propostas –, o *pregoeiro* é um único representante da Administração (e não um grupo formador de uma comissão), escolhido dentre os servidores do órgão ou entidade promotora da licitação com atribuições especiais em função do procedimento que lhe cabe cuidar.

A celebração de contratos adequados ao interesse público via pregão depende da condução precisa do procedimento pelo pregoeiro. Sua atividade não é tipicamente burocrática, pois a ele foram outorgadas competências decisórias importantes ao longo do procedimento. Além das atribuições administrativas, propriamente ditas – como proceder ao credenciamento dos participantes, receber e abrir os envelopes e confeccionar a ata de todo o ocorrido –, cabe-lhe decidir quem será o eleito para contratar com a Administração Pública.

Diferentemente da Lei 8.666, onde os membros da comissão de licitação deliberam em conjunto, assumindo solidariamente as responsabilidades pelos atos praticados, o pregoeiro é a única autoridade responsável durante a sessão pública do pregão. Cabe-lhe verificar a aceitabilidade das propostas apresentadas pelos proponentes, proceder à sua classificação, conduzir os lances verbais e analisar os requisitos subjetivos do vencedor. Sem esquecer do ato de adjudicação, exame e decisão sobre recursos interpostos; bem como recebimento e decisão das impugnações eventualmente oferecidas.

A dinâmica propriamente do pregão será objeto de análise em tópico próprio. No entanto, adiantemos que é impensável um pregoeiro assumir o papel de condutor das atividades relacionadas ao pregão se não possuir as habilidades para tanto. Ser conhecedor das leis é apenas um dos itens que precisam ser preenchidos pelo pregoeiro.

Ao pregoeiro foi dado o encargo de tomar decisões rápidas e firmes ao longo da sessão pública do pregão. A dinâmica da modalidade impõe-lhe o dever de conhecer o mercado fornecedor e ter informações suficientes dos custos envolvidos na contratação.

Tais habilidades não são exigíveis por acaso. Ao pregoeiro foi dada a incumbência de negociar com o licitante, tendo em vista a busca do melhor contrato. Isto significa dizer que para o cumprimento deste desiderato o pregoeiro deve conhecer técnicas de negociação, ter liderança na condução das atividades. Não é demais reconhecer que o pregoeiro precisa passar segurança nas suas decisões, motivar e ser transparente nas escolhas que fizer ao longo da sessão, ter equilíbrio emocional, raciocínio lógico, comunicação clara, bom senso, estar comprometido com a atividade que desempenha e, finalmente, ter credibilidade.

A razão de ser dessas aptidões decorre do fato de a principal fase do pregão ser a sessão pública onde se realizam os atos. É o momento em que o procedimento se desenvolve e o licitante que possui o melhor conjunto de ofertas ao Poder Público é escolhido. O pregoeiro, nesta dinâmica, não tem a oportunidade de suspender os trabalhos para refletir e ponderar. Apenas excepcionalmente a sessão poderá ser suspensa, como será visto oportunamente. A regra é seu início e fim no mesmo dia, sem interrupções. A concentração dos atos aí praticados não tem paralelo na Lei 8.666.

O pregoeiro sem o conjunto de habilidades descritas corre o risco de não desempenhar adequadamente seu papel e, com isso, desvirtuar a *racionalidade* do pregão. Por isso, o servidor designado pode recusar-se a ser pregoeiro, pois, caso contrário, o desempenho da função estará seriamente comprometido.

Segundo a Lei 10.520, a cada novo procedimento haverá a designação específica de um servidor do órgão ou entidade promotora da licitação para atuar como pregoeiro responsável pela condução das atividades.

Muito já se discutiu sobre a composição da comissão de licitação nas licitações realizadas com base na Lei 8.666. Acreditamos ser possível a transposição de algumas reflexões de lá para o pregão. Mesmo que a lógica da lei tenha sido de substituição da comissão de licitação pelo pregoeiro, está-se tratando do agente público que será o responsável por todos os procedimentos relacionados ao pregão.

Dada a semelhança entre o papel do pregoeiro e o da comissão de licitação, poder-se-ia imaginar que, nos moldes da Lei 8.666, também o pregoeiro deveria ser nomeado para mandato com prazo predeterminado de, no máximo, um ano. O art. 51 da Lei 8.666 estabelece que o procedimento da licitação fica sob responsabilidade de uma comissão, permanente ou especial, composta de, pelo menos, três membros, sendo pelo menos dois deles servidores qualificados pertencentes aos quadros permanentes dos órgãos da Administração responsáveis pela licitação. Apenas no caso de convite, e somente quando se tratar de pequena unidade administrativa em que a exigüidade de pessoal disponível justifique a medida, a comissão pode ser substituída por servidor formalmente designado pela autoridade competente. O mandato da comissão é de até um ano, vedada a recondução da totalidade de seus membros para a mesma comissão no período subseqüente.

A figura do pregoeiro é muito próxima à da comissão de licitação – já que ambos são responsáveis pela condução do procedimento licitatório –, mas com ela não se confunde.

Além de a Lei 10.520 tratar explicitamente do pregoeiro, ela não determina – como faz a Lei 8.666 relativamente à comissão de licitação – que haja nomeação genérica de um ou vários pregoeiros no órgão; tampouco foi-lhes atribuído mandato fixo de até um ano (na forma do art. 51 da Lei 8.666). Isto porque a *racionalidade* da Lei do Pregão é distinta, ou seja, sua lógica é a da designação de um servidor para cada novo procedimento, independentemente de mandato, pois o que se quer é um servidor envolvido no processo e conhecedor do objeto licitado, tendo em vista a concentração dos atos na sessão pública.

É fato que o legislador da Lei 8.666 quis evitar que a manutenção da mesma comissão por períodos subseqüentes acabasse facilitando e perpetuando as fraudes comuns no procedimento licitatório.[92] Por isso a adoção da sistemática de nomeações, o exercício da atividade por meio de mandato e a ausência de uma carreira funcional própria para este tipo de atividade na Administração Pública.

Aplicando-se estas diretrizes, é evidente que a escolha do pregoeiro deve pautar-se pela transparência, publicidade e probidade ad-

---

92. Maria Sylvia Zanella Di Pietro afirma que o ideal é que se mude sempre parcialmente a comissão, porque o procedimento é complexo e exige certo preparo por parte de seus membros (*Direito Administrativo*, 13ª ed., p. 323).

ministrativa. A autoridade que designa o pregoeiro pode ser responsabilizada pela eleição de servidor reconhecidamente inadequado para o exercício da função. Também os pregoeiros – como qualquer agente público – estão sujeitos a sanções disciplinares e da Lei de Improbidade por desvios na sua conduta. A inexistência de mandato fixo não impede o controle de seus atos.

Tanto a autoridade que designa o servidor quanto aquele que assume o encargo de ser pregoeiro devem ter consciência da função pública que desempenham. Neste sentido, servidores sem treinamento e que reconhecidamente não preenchem as características próprias para o exercício deste *munus* público não podem ser nomeados para o exercício da função. E, se o forem, a autoridade superior tem o dever de rever os atos inadequados que nestas condições forem realizados. É o exercício do poder hierárquico no controle dos atos administrativos.

Assim, podem existir nos órgãos e entidades licitantes tantos pregoeiros quantos sejam os servidores com aptidão específica para tanto. Podem ser ocupantes de cargo efetivo ou podem ser empregados, no caso das empresas estatais.

Quanto aos ocupantes de cargo em comissão, trata-se de uma questão que tem gerado discussão na doutrina e que não foi resolvida expressamente na Lei 10.520, tampouco na Lei 8.666. A este respeito concordamos com Diógenes Gasparini, que afirma que a função de pregoeiro pode ser ocupada por qualquer servidor – seja ele estatutário, celetista, efetivo, em comissão –, uma vez que a própria legislação não restringiu a categoria deste funcionário.[93]

Em última análise, o que realmente importa na figura do pregoeiro é que ele tenha os atributos acima descritos. Se, por tradição, as Administrações locais optarem por manter suas comissões de licitação e nos pregões chamarem seus presidentes de pregoeiros, não há qualquer impedimento, desde que a lógica acima descrita seja preservada – o que implica dizer que, sendo o presidente da comissão o pregoeiro, e possuidor das habilidades acima descritas, seus outros

---

93. "Pregão. Medida Provisória n. 2.026, de 4 de maio de 2000", *Boletim de Licitações e Contratos*, julho/2000, pp. 365-377.

membros poderão auxiliá-lo no cumprimento da tarefa, fazendo o papel de *equipe de apoio*.[94]

2.2.3.2.2 Equipe de apoio – Aqui está outra novidade da Lei 10.520 e que compõe a norma geral do pregão. Trata-se da chamada *equipe de apoio*.

Sua função é auxiliar o pregoeiro na condução dos atos do pregão. A Lei 10.520 não diz, explicitamente, seu papel e atribuições. Mas, inequivocamente, ela foi pensada para prestar assistência ao pregoeiro.

Sua função é de extrema importância porque, na dinâmica do pregão, os atos decisórios em sua maior parte são tomados durante a sessão pública, e a necessidade de consenso entre os membros de uma eventual comissão poderia levar a um retardamento desnecessário do andamento da licitação.

Não cremos que esta mudança tenha significado perda na qualidade dos atos decisórios relacionados à condução do procedimento licitatório, pela mera razão de o consenso de três agentes públicos ter sido substituído pelo convencimento de um só, na figura do pregoeiro. Isto porque, conforme já se disse, além de o pregoeiro dever ser alguém devidamente preparado para o exercício da função, possuidor de um conjunto de atribuições importantes para tanto, ele não está só neste trabalho. A lei garantiu-lhe o auxílio da equipe de apoio.

A equipe de apoio não se confunde o pregoeiro. Ela não tem qualquer competência decisória, tampouco poderes para a condução

---

94. Nada impede que em certo Município ou Estado os pregões sejam processados por comissões permanentes ou especiais de licitação, cabendo a função de pregoeiro ao respectivo presidente. Isto não significa dizer, no entanto, que o presidente destas comissões não tenha o dever de conhecer adequadamente o procedimento para o desempenho de sua função. Aliás, o fato de os pregoeiros serem os presidentes de comissões de licitação não modifica o conjunto de aptidões que eles devem ter para o desempenho da função; tampouco faz com que sua responsabilidade fique diluída com os demais membros da comissão, cuja função, à luz da Lei federal do Pregão, só pode ser de auxiliar o pregoeiro na consecução dos atos materiais ou na tomada de decisões próprias da dinâmica do procedimento. O trabalho conjunto dos membros da comissão não transfere a responsabilidade para a equipe, permanecendo na figura do pregoeiro.

das atividades relativas à sessão do pregão. Sua função é prestar o necessário apoio – como seu próprio nome indica – ao pregoeiro.

Mas qual deve ser a composição desta equipe para o cumprimento deste desiderato?

O § 1º do art. 3º da Lei 10.520 diz que ela será integrada "em sua maioria por servidores ocupantes de cargo efetivo ou emprego da Administração, preferencialmente pertencentes ao quadro permanente do órgão ou entidade promotora do evento". A lei não se atém ao número de participantes, tampouco à qualificação profissional de seus integrantes. A regra evidente é que os participantes da equipe de apoio devem ser, na sua maioria, servidores públicos, ocupantes de cargo efetivo quando se tratar de licitação promovida pela Administração direta, ou ocupantes de emprego público quando se tratar de licitação promovida pela Administração indireta. Não há impedimento para participação de agentes ocupantes de cargo em comissão, ou pessoas de fora da Administração que não ocupem posto na esfera pública.

Parece-nos que a lei foi intencional ao permitir várias formações para a equipe de apoio. A norma permite uma flexibilidade positiva na sua composição. Deveras, a lei deixa a cargo da Administração licitante – especificamente da mesma autoridade competente que designará o pregoeiro – a designação da equipe de apoio, que será formada tendo em vista as características e necessidades do específico certame que terá inicio.[95]

A lei não exige a designação de uma única equipe para atuar em todos os pregões do órgão. A utilidade da equipe de apoio é servir, com eficiência, ao pregoeiro no momento da sessão. Isto não significa dizer que ela não possa ser consultada após o encerramento da

---

95. A própria Lei 8.666 não veda que terceiro possa auxiliar a comissão de licitação na análise dos documentos dos licitantes. V. o comentário de Marçal Justen Filho ao art. 43 da Lei 8.666: "Se os integrantes da comissão não dispuserem dos conhecimentos técnicos necessários para a apreciação dos documentos, poderão valer-se do concurso de terceiros, integrantes ou não da Administração. Obviamente, não será delegada aos terceiros a competência decisória. Esses terceiros fornecerão pareceres técnicos, para orientar a fundamentar a decisão. A comissão poderá, inclusive, discordar das conclusões dos pareceres técnicos. Porém, a decisão deverá sempre ser fundamentada e vinculada ao edital. Será inválida a decisão que, injustificada ou defeituosamente, afastar conclusões fundadas sobre critérios técnico-científicos" (*Comentários* ..., 9ª ed., p. 398).

sessão do pregão, na fase recursal. Mas seu papel principal é subsidiar o pregoeiro com as informações técnicas relacionadas ao objeto licitado na sessão pública do pregão.

Este seu papel de servir ao pregoeiro, auxiliando-o na compreensão das propostas e na verificação de sua conformidade com o edital, é fundamental no pregão. Como nesta modalidade o pregoeiro recebe as propostas, analisa-as para o fim de classificá-las para a fase de lances e decide pela contratação, tudo em um único momento, é imprescindível que ele conte com o auxílio técnico necessário para compreender os objetos ofertados.

Isto é fundamental para a caracterização do pregão, porque a sessão de lances só tem início depois de as propostas terem sua aceitabilidade aferida pelo pregoeiro. Apenas as propostas consideradas por ele aceitáveis é que serão classificadas e ordenadas para a fase de lances verbais. A razão de ser desta dinâmica é evitar que propostas incompatíveis com o objeto descrito no edital participem da sessão de lances e interfiram indevidamente nas propostas econômicas, induzindo em erro os demais participantes.

É por isso que a equipe de apoio deve ser formada por pessoas com capacidade efetiva para prestar o necessário suporte ao pregoeiro. Será útil a equipe composta por técnicos que conheçam a fundo o objeto licitado e descrito no edital. Não é demais afirmar que a melhor equipe de apoio será aquela composta por pessoal vindo da área que requisitou a abertura do processo licitatório, pois muitas vezes a licitação é coordenada por servidores alheios às necessidades do setor que necessita do suprimento.

O que está por trás deste raciocínio é a importância do relacionamento entre a área que promove a licitação – responsável pela formação do processo e condução dos atos até a declaração do proponente vencedor – e o órgão requisitante do objeto licitado. Nem sempre estas duas áreas têm integração suficiente para garantir satisfação com o objeto a final contratado. Muitas vezes a insatisfação com o bem ou serviço adquirido é injustamente atribuída à complexidade do sistema da Lei 8.666, quando, em verdade, sua origem está na falta de comunicação entre a área de licitação e o setor requisitante da aquisição.

Neste sentido, a Lei do Pregão assevera a importância de se ter o objeto da licitação bem definido no edital. O decreto federal chega a mencionar um "termo de referência" como documento importante na definição do objeto – trata-se do documento que deve conter os elementos para a perfeita e completa definição do objeto e para a avaliação objetiva dos custos, os métodos de execução do objeto, a estratégia de suprimento e as justificativas para todas as decisões que serão tomadas. Mas isto não é novidade no mundo das licitações. O que a Lei 10.520 passou a permitir com a equipe de apoio foi a participação de quem tem interesse específico e direto na aquisição – porque usufruirá diretamente do bem ou serviço contratado – na escolha do objeto licitado.

Quem tem conhecimento específico do que está sendo licitado deve participar como membro da equipe de apoio, auxiliando o pregoeiro em suas decisões. Logo, o número de componentes da equipe é variável, podendo ser formada por dois, três ou mais membros. Mas jamais por apenas um, sob pena de não ser equipe. Serão membros da equipe de apoio tantos quantos bastem para o atendimento do fim a que ela se propõe. Assim, as equipes são variáveis na sua formação e também no número de participantes. Será adequada a equipe de apoio que tiver conhecimento específico para auxiliar o pregoeiro na tarefa de verificação da compatibilidade das propostas ofertadas com o objeto descrito no edital.

Não teria sentido prático a nomeação de uma única equipe por prazo determinado para atuar em variados e indistintos pregões no órgão. Não é esta a racionalidade da lei. E isto por duas razões principais. Uma é o fato de a lei federal ter abolido a figura da comissão de licitação e tê-la substituído pelo pregoeiro e respectiva equipe de apoio, os quais serão designados pela autoridade competente na fase preparatória de cada pregão. E outra porque a dinâmica do pregão exige do pregoeiro análise e decisão rápida a respeito das propostas e preços ofertados. Não se pode exigir do pregoeiro conhecimento específico e técnico com relação a todo tipo de objeto por ele licitado. A função da equipe de apoio é justamente suprir o pregoeiro com as informações de índole técnica necessárias para o bom desempenho de sua função e, conseqüentemente, para que o resultado final da licitação seja verdadeiramente satisfatório.

Depois de tudo quanto se disse sobre a lógica da Lei 10.520, se alguma norma local optar pela manutenção da comissão de licitação, atribuindo ao seu presidente a função de pregoeiro e aos seus outros membros a de equipe de apoio, tal postura administrativa não será incompatível com a *norma geral* do pregão. O que efetivamente poderá ser objeto de questionamento é a aferição, em concreto, das aptidões necessárias para o cumprimento da atividade que se descreveu.

2.2.3.3 Publicidade do edital

Por aplicação dos princípios da publicidade, da competitividade e da ampliação da participação no processo licitatório, a regra vinculante para as diversas esferas federativas é a necessidade de que seja dada ampla divulgação ao certame. Isto se aplica às modalidades da Lei 8.666 e também ao pregão.

Com efeito, assim dispõe a lei federal sobre a convocação dos interessados e publicidade do certame (Lei 10.520/2002): "Art. 4º. A fase externa do pregão será iniciada com a convocação dos interessados e observará as seguintes regras: I – a convocação dos interessados será efetuada por meio de publicação de aviso em *Diário Oficial* do respectivo ente federado ou, não existindo, em jornal de circulação local, e facultativamente, por meios eletrônicos e conforme o vulto da licitação, em jornal de grande circulação, *nos termos do regulamento de que trata o art. 2º*; II – do aviso constarão a definição do objeto da licitação, a indicação do local, dias e horários em que poderá ser lida ou obtida a íntegra do edital; III – do edital constarão todos os elementos definidos na forma do inciso I do art. 3º, as normas que disciplinarem o procedimento e a minuta do contrato, quando for o caso; IV – cópias do edital e do respectivo aviso serão colocadas à disposição de qualquer pessoa para consulta e divulgadas na forma da Lei n. 9.755, de 16 de dezembro de 1998; V – o prazo fixado para a apresentação das propostas, contado a partir da publicação do aviso, não será inferior a oito dias úteis; (...)".

Tais regras definem o veículo em que se dará a publicidade do aviso, seu conteúdo e o do edital, bem como seu prazo de divulgação. Questão importante a ser enfrentada é saber se a Lei 10.520 pode impor aos outros entes da Federação regras específicas a respeito de tais temas.

Com relação ao conteúdo do aviso e edital, estes são elementos garantidores da uniformidade e segurança aos fornecedores, que saberão de antemão que eles são a lei interna da licitação, deles constando as informações importantes para a aferição do interesse em participação do certame – que, de resto, são as mesmas estabelecidas na Lei 8.666. Assim, compõem a norma geral do pregão.

Quanto ao prazo para a apresentação de propostas no pregão, ele não pode ser inferior a oito dias úteis, contados a partir da publicação do aviso de licitação. Esta regra é vinculante para toda a Administração Pública. O edital pode fixar prazo maior se a complexidade da licitação o exigir, mas nunca inferior, sob pena de restringir o número de participantes.[96]

No que diz respeito ao meio em que será feita a publicidade do aviso de pregão há uma dificuldade que se capta logo na leitura do art. 4º da lei. Já mencionamos que a lei de conversão da medida provisória teve um dispositivo vetado. O Presidente da República vetou o *caput* do art. 2º da lei, o qual dizia que "pregão é a modalidade de licitação para aquisição de bens e serviços comuns pela União, Estados, Distrito Federal e Municípios, *conforme disposto em regulamento* (...)".

Ocorre que as razões do veto – como será visto no item 1 do próximo capítulo – não têm qualquer relação com a extensão da nova modalidade às unidades federativas, tampouco com a existência de

---

96. Neste sentido, Hely Lopes Meirelles, ao tratar das normas gerais em matéria de licitação, escreveu, referindo-se às normas locais, que:
"(...). O essencial é que não quebrem os princípios regedores da licitação, nem retirem o seu caráter competitivo, nem discriminem os interessados, nem falseiem o seu julgamento, razão pela qual as exigências mínimas podem ser aumentadas no âmbito estadual e municipal, mas não podem ser relegadas, nem dispensada a licitação fora dos casos enumerados na lei federal.
"A Lei 8.666, de 1993, manteve essa orientação, embora mais restritivamente. Não obstante, podem os Estados, Municípios, Distrito Federal e Territórios, atendidas as normas gerais de cunho nacional, elaborar suas normas específicas, como já o fizeram anteriormente, respeitando sempre os prazos mínimos de convocação, de interposição e decisão de recursos, bem como os limites máximos de valor fixados para as modalidades licitatórias, e não ampliando os casos de dispensa, inexigibilidade e vedação de licitação (arts. 1º, parágrafo único, e 118)" (*Licitação e Contrato Administrativo*, 15ª ed., p. 59).

"decreto regulamentador" da nova modalidade. Tal dispositivo foi vetado por ausência de razoabilidade no comando que impedia o uso da nova modalidade na contratação de serviços de vigilância, proposta que foi incluída durante a tramitação da lei no Congresso.

Com o veto esperava-se que o texto da lei fosse integralmente adaptado, com a retirada da menção ao tal "decreto regulamentador" em outras passagens. No entanto, por absoluta falta de técnica legislativa, tal referência ainda existe no art. 4º, I, que trata da convocação dos interessados (e também no art. 8º da lei, que se refere aos atos essenciais do pregão), tendo gerado uma incongruência interna na lei.

Duas interpretações são possíveis: ou se afirma que o art. 4º, I, depende de regulamentação para ser aplicado (federal, no caso da União; local, no caso de Estados e Municípios), ou ele é auto-aplicável, sendo válido independentemente de norma regulamentadora.

A hipótese leva em consideração a literalidade do inciso I do art. 4º da lei. Com relação à União o Decreto federal 3.555/2000 encerra a dúvida, ao tratar especificamente do tema.[97]

E com relação a Estados, Distrito Federal e Municípios?

Alice Gonzalez Borges e Carlos Ari Sundfeld, analisando dispositivos semelhantes no Decreto-lei 2.300 e na Lei 8.666, manifestaram-se pela restrição da aplicabilidade dos arts. 19 do Decreto-lei 2.300 e 21, II, da Lei 8.666 à esfera federal. Nos dispositivos está

---

97. O *Regulamento da Licitação na Modalidade de Pregão*, anexo ao Decreto federal 3.555, estabelece em seu art. 11, I, limite de valor a partir do qual será necessária a publicação em jornal de grande circulação. Celso Antônio Bandeira de Mello afirma que não é de alçada regulamentar, mas de lei, a fixação de tal limite. Segundo o autor, "para que o pregão não se ressinta de inconstitucionalidade atacável por ação popular ou por qualquer interessado, a solução será efetuar sua divulgação por jornal de grande circulação nos casos em que esta seria obrigatória em função dos limites de valor estabelecidos pela Lei 8.666" (*Curso ...*, 27ª ed., p. 564). Para nós, diferentemente da Lei de Licitações, a Lei do Pregão não impõe a obrigatoriedade de publicidade do aviso em jornal de grande circulação. Nesta modalidade a publicidade obrigatória é feita pelo *Diário Oficial*, sendo facultativas a via eletrônica (*Internet*) e também a via do jornal de grande circulação, exigíveis apenas quando norma local (ou regulamentar) assim determinar – o que será feito na forma que ela expressamente fixar.

consignado o dever de publicidade via *Diário Oficial*.[98-99] Os autores afirmaram tratar-se de assunto próprio às regras suplementares de Estados e Municípios, não sendo possível seu regramento por norma geral.

No entanto, dado o volume de licitações, não nos parece adequado deixar que normas locais fixem o veículo de publicidade sem atentar para a necessidade de alguma uniformidade em favor da divulgação e acessibilidade às licitações. Cremos então – por decorrência direta da própria Lei 10.520 – que a publicação do aviso no *Diário Oficial* do respectivo ente federado ou, não existindo, em jornal de circulação local é obrigatória para União, Estados, Distrito Federal e Municípios. Não se pode desconsiderar que é da tradição no campo das licitações a publicidade nos *Diários Oficiais*. A não-manutenção desta regra geraria verdadeiro caos, pois seria impossível acompanhar os pregões realizados nos milhares de entes licitantes existentes no país. Até que tal sistema seja amplamente substituído por outro – quiçá eletrônico –, a manutenção desta regra é positiva para a transparência e garantia de participação nos certames.

Com relação à publicidade via *Internet* e jornal de grande circulação, ela é possível em complementação à realizada pelo *Diário Oficial*. A via eletrônica não é obrigatória, e para ser válida nas diversas esferas deve haver previsão expressa neste sentido em norma local.[100]

Sendo assim, não nos parece que haja prejuízo para a compreensão da regra geral do pregão na referência, no art. 4º, I, da lei, ao "decreto regulamentador".

---

98. Carlos Ari Sundfeld, *Licitação* ..., 2ª ed., p. 30; Alice Gonzalez Borges, *Normas Gerais* ..., p. 30.
99. Este é o conteúdo dos referidos dispositivos: *Decreto-lei 2.300* – "Art. 19. As concorrências e tomadas de preços, embora realizadas no local da repartição interessada, deverão ser publicadas com a antecedência referida no § 5º do art. 32, no *Diário Oficial* local e, contemporaneamente, noticiadas no *Diário Oficial* da União"; *Lei 8.666* – "Art. 21. Os avisos contendo os resumos dos editais das concorrências e das tomadas de preços, dos concursos e dos leilões, embora realizadas no local da repartição interessada, deverão ser publicados com antecedência, no mínimo, por uma vez: (...) II – no *Diário Oficial* do Estado, ou do Distrito Federal, quando se tratar respectivamente de licitação feita por órgão ou entidade da Administração Pública Estadual ou Municipal, ou do Distrito Federal".
100. Na esfera federal o Decreto 3.555/2000 expressamente determina a publicidade pelo meio eletrônico.

Em síntese, quanto à publicidade do edital, o que é vinculante para as diversas esferas da Federação é o conteúdo do aviso, o prazo mínimo de divulgação de oito dias úteis e a via do *Diário Oficial*. A publicidade pela *Internet* e jornal de grande circulação é facultativa, tornado-se obrigatória na medida em que norma local assim estabeleça.

2.2.3.3.1 Impugnação ao edital – A Lei 10.520 não traz regra específica relativamente à impugnação do edital. No entanto, não é possível concluir que, na sua ausência, não seria possível o controle administrativo do ato convocatório da licitação. Conforme afirma Marçal Justen Filho, "os princípios atinentes à atividade administrativa do Estado e garantidores do devido processo administrativo asseguram aos particulares a faculdade de manifestar-se em face de licitação instaurada. Na ausência de solução específica a propósito da questão, aplicar-se-ia o regime do art. 41, §§ 1º e 2º, da Lei 8.666".[101-102]

O regime do art. 41, §§ 1º e 2º, é o seguinte:

"Art. 41. A Administração não pode descumprir as normas e condições do edital, ao qual se acha estritamente vinculada.

"§ 1º. Qualquer cidadão é parte legítima para impugnar edital de licitação por irregularidade na aplicação desta Lei, devendo protocolar o pedido até 5 (cinco) dias úteis ante da data fixada para a abertura dos envelopes de habilitação, devendo a Administração julgar e responder à impugnação em até 3 (três) dias úteis, sem prejuízo da faculdade prevista no § 1º do art. 113.

"§ 2º. Decairá do direito de impugnar os termos do edital de licitação perante a Administração o licitante que não o fizer até o se-

---

101. Marçal Justen Filho, *Pregão* ..., 1ª ed., p. 144.
102. Na esfera federal o *Regulamento da Licitação na Modalidade de Pregão*, aprovado pelo Decreto 3.555/2000, dispõe expressamente sobre o procedimento da impugnação ao edital. V. o dispositivo:
"Art. 12. Até dois dias úteis antes da data fixada para recebimento das propostas, qualquer pessoa poderá solicitar esclarecimentos, providências ou impugnar o ato convocatório do pregão.
"§ 1º. Caberá ao pregoeiro decidir sobre a petição no prazo de vinte e quatro horas.
"§ 2º. Acolhida a petição contra o ato convocatório, será designada nova data para a realização do certame."

gundo dia útil que anteceder a abertura dos envelopes de habilitação em concorrência, a abertura dos envelopes com as propostas em convite, tomada de preços ou concurso, ou a realização de leilão, as falhas ou irregularidades que viciariam esse edital, hipótese em que tal comunicação não terá efeito de recurso."

Assim é que, na ausência de regra específica (em norma local ou no próprio edital), a impugnação ao edital deverá ser feita na forma do art. 41, §§ 1º e 2º, da Lei 8.666, sendo que o prazo para a impugnação deve ser contado tendo em vista a data da sessão pública do pregão, e não a data fixada para a abertura dos envelopes de habilitação.[103]

Há dificuldade de saber, no entanto, em que *momento* a Administração deve decidir quando se tratar de impugnação de licitante. A lógica imporia, tal qual ocorre com a impugnação feita por não-licitante, que a Administração somente iniciasse o procedimento licitatório propriamente dito depois de solucionadas as impugnações, pois uma solução tardia correria o risco de levar à invalidação de todo o procedimento.[104]

No pregão, regra específica poderá assim estabelecer (norma local ou edital); caso contrário, na ausência de decisão, o procedimento terá início e o momento processual máximo para a Administração (leia-se: pregoeiro) decidir a respeito das impugnações interpostas será até o final da sessão pública. Neste caso o pregoeiro não poderá negar a participação do licitante no procedimento que não teve sua impugnação decidida antes do início das atividades.

Contra a decisão tomada pelo pregoeiro a respeito da impugnação feita ao edital caberá recurso, por qualquer interessado. Todavia, considerando o rito procedimental próprio do pregão, o momento correto para sua interposição será ao final da sessão pública, onde está concentrada a fase recursal nesta modalidade licitatória.

---

103. Lembre-se que o não-atendimento desses prazos pelo impugnante não exime a Administração Pública do dever de analisar e decidir a respeito da impugnação apresentada. A impugnação feita fora do prazo vale como uma *denúncia*, e, por aplicação do princípio da legalidade, a Administração tem o dever de agir licitamente sempre.

104. Esta solução, aliás, foi adotada no decreto federal do pregão, como visto (cf. art. 12 do *Regulamento* anexo ao Decreto 3.555/2000).

O acolhimento, pela autoridade superior, de impugnação ao edital importará a invalidação de todos os atos praticados, impondo-se o refazimento da licitação, com nova publicação do aviso.

Há ainda uma outra norma na Lei 8.666 relativa à impugnação ao edital em relação à qual, diante da lacuna deixada pela Lei 10.520, é preciso ver sua pertinência ao procedimento do pregão. Trata-se do § 3º do art. 41, segundo o qual "a impugnação feita tempestivamente pelo licitante não o impedirá de participar do processo licitatório até o trânsito em julgado da decisão a ela pertinente".

Cremos que tal regra não pode ser considerada regra geral de licitação, aplicável ao procedimento do pregão. Trata-se de dispositivo criticado na doutrina, porque por meio dele o impugnante pode paralisar a contratação, pois admite que ele possa dar vazão à sua inconformidade por sucessivos recursos até a autoridade máxima do ente licitador.[105] Esta é uma regra específica que destoa do sistema recursal do pregão.[106]

2.2.4 Fase licitatória

Vista a *fase preparatória* da *norma geral procedimental do pregão*, passaremos à análise da *fase licitatória* que a compõe, em conjunto com aquela.

A fase licitatória do pregão concentra os atos de disputa e escolha da proposta vencedora. Ela se desenvolve, principalmente, na *sessão pública* do pregão; por isso iniciaremos o tópico fazendo considerações gerais a seu respeito.

Dividimos a fase licitatória em seis fases internas, para que a norma procedimental do pregão fique mais clara. São elas:

(1) *Fase inicial* – momento em que é feita a verificação acerca da admissibilidade das propostas para a fase subseqüente de julgamento. Envolve a *comprovação de poderes pelo licitante para prática dos atos inerentes ao certame* e a *entrega de declaração de cumprimento dos requisitos de habilitação*.

---

105. Carlos Ari Sundfeld foi enfático ao criticar o § 3º do art. 41 da Lei 8.666 (*Licitação* ..., 2ª ed., p. 186).
106. Marçal Justen Filho, ainda que por outros fundamentos, também considera inaplicável o dispositivo ao pregão (*Pregão* ..., 1ª ed., p. 146).

(2) *Fase de julgamento* – é a principal fase do pregão, pois é nela que se faz a escolha da melhor proposta. Sua dinâmica envolve uma seqüência complexa de atos, determinada pela *inversão das fases de habilitação e julgamento*. Nela estão incluídas (a) análise da conformidade das propostas aos requisitos do edital; (b) apresentação de amostras no pregão; (c) "regra dos 10%", determinante dos licitantes que participarão da fase de lances; (d) dinâmica da etapa de lances, propriamente dita; (e) aferição da aceitabilidade da proposta vencedora; (f) análise quanto à exeqüibilidade do valor ofertado; e (g) eventual negociação com o licitante vencedor.

(3) *Fase de habilitação* – momento para a análise das condições pessoais necessárias para a celebração do contrato. Anote-se que no pregão esta fase é subseqüente à de julgamento e envolve a verificação da documentação de habilitação apenas do licitante vencedor.

(4) *Fase de recursos* – caracteriza-se pela sua concentração ao final da sessão pública do pregão. Apenas após a declaração do vencedor é que se inicia o momento processual para a apresentação de recursos contra quaisquer atos praticados ao longo da sessão.

(5) *Fase de adjudicação* – momento processual que antecede a homologação do certame, dando por encerrado o trabalho de escolha do licitante com aptidão para a contração.

(6) *Fase de homologação* – é última etapa do procedimento do pregão; envolve a análise de todo o ocorrido pela autoridade superior, e depois dela segue-se a assinatura do contrato.

Passaremos à análise da *sessão pública* do pregão e de cada uma das *fases* acima identificadas. Em decorrência de tudo o que se vem sustentando até aqui, a observância desse *iter* procedimental é fundamental para o atendimento da *norma procedimental geral do pregão*. O tratamento uniforme deste rito em todo o país garante igualdade na aplicação da Lei 10.520 pela União Federal, Estados, Distrito Federal e Municípios, ampliação da participação e preservação da competição.

2.2.4.1 Concentração dos atos na sessão pública e a realização de diligência

A *sessão pública* do pregão é o momento em que se inicia a dinâmica própria da modalidade. No dia e hora marcados no aviso de licitação o procedimento tem início e se desenvolve na chamada *sessão pública* do pregão.

A idéia não é nova. A Lei 8.666 também se refere a ato público onde são entregues os envelopes dos participantes, onde eles são abertos e rubricados pela comissão. À diferença da Lei 8.666, no pregão a *sessão pública* é etapa fundamental do procedimento, pois nela estão concentrados todos os principais atos do pregão relacionados à escolha do particular. É nesta sessão que as propostas são recebidas, analisadas, julgadas e decididas.

Diferentemente do andamento-padrão da Lei de Licitações, onde a análise e a decisão quanto à habilitação dos licitantes e classificação das propostas estão diluídas no tempo – sendo, por isso, muito marcantes na Lei 8666 as chamadas fases do procedimento licitatório (edital, habilitação, julgamento, adjudicação e homologação)[107] –, no pregão o julgamento das propostas e a análise dos documentos de habilitação estão concentrados na sessão pública, o que reduz consideravelmente o tempo entre a publicação do edital e a escolha do particular a ser contratado.

As fases estanques do procedimento licitatório da Lei 8.666 aparecem concentradas e diluídas no pregão, além de estarem invertidos o julgamento e a habilitação.

A sessão pública do pregão inicia-se com o credenciamento dos interessados e recebimento das propostas (a lei também exige que neste momento inicial sejam entregues outros dois documentos, um comprobatório de que o representante tem poderes para praticar atos durante a sessão, inclusive formular lances, e outro declarando que cumpre plenamente os requisitos de habilitação).[108] E termina com a

---

107. Esta é a divisão de fases mais comumente encontrada nos comentadores da Lei 8.666. Lúcia Valle Figueiredo identifica, por exemplo, as fases de abertura, habilitação, exame e classificação das propostas, adjudicação e homologação da licitação (*Curso* ..., 9ª ed., p. 486). Adílson Abreu Dallari tem posicionamento semelhante (*Aspectos* ..., 6ª ed., p. 91). Outros – como Celso Antônio Bandeira de Mello – têm a fase da homologação como sendo anterior à da adjudicação (*Curso* ..., 27ª ed., p. 606).

108. Não se exige que os envelopes de habilitação sejam entregues no início da sessão. O licitante tem o direito de entregar o envelope contendo seus documentos de habilitação apenas quando for especificamente chamado para tanto. Voltaremos ao tema no item 2.2.4.4 deste Capítulo.

declaração do vencedor do certame e adjudicação do objeto a ele – a não ser na hipótese de ser interposto recurso, quando a adjudicação do objeto será feita pela autoridade que o decidir.

É função do pregoeiro conduzir a sessão adequadamente e, preferencialmente, fazer com que ela se inicie e termine no mesmo dia, com a escolha daquele que irá celebrar o contrato com a Administração Pública. A disputa entre os participantes do pregão é feita na sessão pública, momento em que as propostas são analisadas, confrontadas, e é aberta a possibilidade aos licitantes de ofertarem novos preços, tendo em vista os apresentados pelos concorrentes.

A lógica da lei é a concentração dos atos do pregão na sessão. Por isso, a principal característica da sessão pública do pregão é ser una, o que não significa que ela não possa ser suspensa e depois retomada por decisão do pregoeiro. Apesar de a Lei 10.520 não contemplar qualquer hipótese de suspensão do procedimento, nem de sua retomada no futuro, desde que devidamente justificado, não há impedimento. Seria o caso, por exemplo, quando o adiantado da hora não permitir a conclusão dos trabalhos em um único dia, ou quando o pregoeiro se convencer da necessidade de alguma diligência imprescindível para a continuidade dos atos. Em casos como estes é possível a suspensão da sessão.

O pregoeiro é o responsável pela sessão e, no exercício desta função, tem competência para, no cumprimento dos ditames legais, manter a ordem e o bom andamento dos trabalhos, determinar sua interrupção, quando for o caso, ou, mesmo, sua suspensão, com a retomada das atividades em novo horário e dia, quando forem solucionadas as questões que o levaram a suspender seu andamento. Em tais casos a motivação da decisão que suspender a sessão é da maior importância, devendo constar da ata que integrará o processo, onde estarão reunidos todos os atos relativos ao pregão. Sem que o pregoeiro a justifique não será possível aferir a regularidade da decisão, confrontando-a com os fatos e circunstâncias próprios daquele procedimento específico.

Na grande maioria dos casos, aliás, a suspensão da sessão é mera conseqüência da decisão do pregoeiro de promover diligência para esclarecer ou complementar a instrução do processo, sendo perfeitamente compatível com o procedimento do pregão a regra do art. 43, § 3º, da Lei 8.666, segundo a qual "é facultada à comissão ou autoridade superior, em qualquer fase da licitação, a promoção de *diligência* destinada a esclarecer ou a complementar a instrução do processo, vedada a inclusão posterior de documento ou informação que deveria constar originariamente da proposta".

Neste ponto, aliás, alteramos posicionamento anterior segundo o qual a realização de diligência no pregão deveria ser aceita apenas em situações excepcionais. Nas palavras utilizadas por Joel de Menezes Niebuhr, as dúvidas do pregoeiro devem ser esclarecidas "sem pudor".[109] Concordamos com o autor em que não há razoabilidade em pretender sacrificar a segurança da contratação futura em nome de suposta celeridade. A diligência é sempre legítima para aferir a verdade material das afirmações contidas nos documentos trazidos pelos licitantes. Assim, sempre que o pregoeiro tiver dúvida quanto ao conteúdo ou à validade dos documentos apresentados pelos licitantes é perfeitamente legítima a realização de diligência para esclarecer ou complementar a instrução do processo, cabendo-lhe zelar para que todos os seus atos, decisões e informações que lhe serviram de suporte estejam documentados nos autos. O Tribunal de Contas da União, por sua vez, tem entendido pelo amplo cabimento de diligência no pregão,[110] sendo recomendável o registro de todos os atos, inclusive das diligências verbais.[111]

Conforme já anunciamos, por razões didáticas procedemos a uma classificação e divisão dos trabalhos envolvidos na sessão do pregão, momento em que se desenvolve a *fase licitatória* da *norma procedimental geral* do pregão (fase inicial, fase de julgamento, fase de habilitação, fase recursal, fase de adjudicação e fase de homologação). Da descrição e análise de cada uma dessas fases é que nos ocuparemos nos próximos itens.

---

109. Joel de Menezes Niebuhr, "A qualidade dos bens contratados por meio da modalidade pregão", *Revista Zênite de Licitação e Contratos* 174/824, agosto/2008.
110. Cite-se, exemplificativamente, o Acórdão 1.889/2008, Plenário, rel. Min. Ubiratan Aguiar.
111. Tribunal de Contas da União, Acórdão 691/2003, Plenário, rel. Min. Marcos Bemquerer Costa.

2.2.4.2 Fase inicial

Na forma da Lei 10.520 (art. 4º, VI), a primeira tarefa do pregoeiro ao iniciar a sessão é proceder ao credenciamento dos presentes e receber os envelopes contendo as propostas com a indicação do objeto e do preço oferecidos. A lei não exige que a entrega dos envelopes de habilitação seja feita no início da sessão, como o faz com relação às propostas e aos documentos comprobatórios de poderes para dar lances. Com relação à habilitação, neste momento inicial a lei exige apenas que o interessado entregue declaração "dando ciência de que cumpre plenamente os requisitos de habilitação" (art. 4º, VII).[112]

Após explicar aos participantes como será a condução dos trabalhos, os envelopes contendo as propostas econômicas devem ser abertos para análise e classificação; seguindo-se a fase de lances verbais até a indicação do licitante vencedor e posterior análise de seus requisitos habilitatórios.

Assim, no dia, hora e local designados tem início a sessão pública do pregão, com o credenciamento dos interessados pelo pregoeiro, que deve organizar a lista de presença dos participantes para o fim de conhecê-los e certificar-se publicamente do recebimento dos envelopes de proposta e das declarações de que atendem aos requisitos de habilitação. É uma segurança sua e também dos participantes, para o controle de todas as atividades que serão desenvolvidas.

O objetivo principal desta fase é o credenciamento dos proponentes para participação da fase subseqüente – qual seja, a de julgamento. Trata-se da análise de atendimento, pelos proponentes, de formalidades essenciais para o início da fase subseqüente.

---

112. Esta é redação dos incisos VI e VII do art. 4º da Lei 10.520: "VI – no dia, hora e local designados, será realizada sessão pública para recebimento das propostas, devendo o interessado, ou seu representante, identificar-se e, se for o caso, comprovar a existência dos necessários poderes para formulação de propostas e para a prática de todos os demais atos inerentes ao certame; VII – aberta a sessão, os interessados ou seus representantes apresentarão declaração dando ciência de que cumprem plenamente os requisitos de habilitação e entregarão os envelopes contendo a indicação do objeto e do preço oferecidos, procedendo-se à sua imediata abertura e à verificação da conformidade das propostas com os requisitos estabelecidos no instrumento convocatório". Sendo assim, parece-nos incompatível com a lei o art. 11, IV, do *Regulamento* anexo ao Decreto federal 3.555/2000, que dispõe que no início da sessão devem ser entregues as propostas e a "documentação de habilitação" do interessado.

Tais formalidades essenciais envolvem a apresentação, pelos interessados, de dois documentos distintos para participar do pregão propriamente dito. Um é a comprovação de que o representante da empresa presente no dia da sessão pública possui poderes necessários para a formulação de propostas e para a prática de todos os demais atos inerentes ao certame. O outro documento é a apresentação de declaração, feita pelo proponente, dando ciência de que cumpre plenamente os requisitos de habilitação.[113]

2.2.4.2.1 Vedações – A Lei 10.520 traz regra que elimina, para o procedimento do pregão, práticas contrárias à competitividade, e, por isso, de observância obrigatória para todas as esferas federativas.

Assim, no pregão são expressamente vedados (1) a garantia de proposta;[114] (2) a aquisição do edital pelos licitantes como condição para participação no certame; e (3) o pagamento de taxas e emolumentos, salvo os referentes a fornecimento do edital, que não serão superiores ao custo de sua reprodução gráfica, e aos custos de utilização de recursos de tecnologia da informação, quando for o caso (cf. art. 5º da lei).

É evidente que tais vedações ampliam a participação de interessados no pregão, sendo importante instrumento de fomento à competição.

---

113. Esta técnica de apresentação de declarações para participação do procedimento, com posterior verificação de sua veracidade, é largamente utilizada no Direito Português. O Decreto-lei 197/1999 (que trata dos procedimentos para aquisição de bens e serviços) expressamente prevê que a entidade adjudicante pode, a qualquer momento, exigir a apresentação de documentos comprobatórios das declarações prestadas pelos concorrentes, sendo que sua não-apresentação, por motivo que lhe seja imputável, determina, além de sua exclusão do procedimento ou da anulação da adjudicação, conforme o caso, o impedimento de participar de outros procedimentos pelo prazo de dois anos (art. 39).
114. Esta garantia, que restou vedada no pregão, tem sua correspondente no art. 31, III, da Lei 8.666 ("Art. 31. A documentação relativa à qualificação econômico-financeira limitar-se-á a: (...) III – garantia, nas mesmas modalidades e critérios previstos no *caput* e § 1º do art. 56 esta Lei, limitada 1% do valor estimado do objeto da contratação."). Tal vedação não extinguiu a garantia contratual, prevista no art. 56 da mesma lei, que em nada restou afetada com o regime do pregão.

2.2.4.2.2 Comprovação de poderes para a prática dos atos inerentes ao pregão – No início da sessão os participantes devem comprovar possuir poderes necessários para atuar durante toda a sessão. Isto porque a dinâmica do pregão exige dos proponentes a tomada de decisões importantes na sessão, sendo a principal delas a formulação oral de propostas e conseqüente assunção de compromissos daí derivados. Se os participantes não tiverem comprometimento com os lances formulados, todo o pregão pode restar frustrado.

Assim, o representante da pessoa jurídica participante deve apresentar procuração ou outro documento, como cópia de estatuto social, para o fim de comprovar a existência de poderes para atuação concreta na sessão pública do pregão.[115]

Quanto à forma e conteúdo deste documento, é o edital que deve definir, indicando se é necessário apresentar procuração pública ou um instrumento particular, com ou sem firma reconhecida; ou, no caso de sócio ou dirigente, o estatuto ou contrato social. O excesso de formalismo não contribui para uma contratação de melhor qualidade.

O objetivo do documento é fazer com que o procedimento se desenvolva com a certeza de que o representante da empresa licitante tem poderes para decidir e assumir obrigações na sessão do pregão.

A conseqüência da ausência de documento comprobatório de poderes para manifestar-se na sessão impede o participante de praticar atos importantes na dinâmica do pregão, como a formulação de lances ou a manifestação do interesse em recorrer relativamente às decisões tomadas durante à sessão. Evidentemente, o licitante cuja representação não tiver sido aceita pelo pregoeiro poderá, ao final da sessão do pregão, recorrer do ato que não a aceitou. Caso o recurso seja provido, toda a sessão do pregão deve ser refeita, para dela constar o licitante que indevidamente foi excluído por suposta ausência de poder de representação.

---

115. Marçal Justen Filho considera possível a *substituição* do representante. Bastaria o substituto exibir documento comprobatório de sua condição de representante para estar autorizada a continuidade da participação. Não seria admissível, no entanto, constituição de representante por via verbal, o que propiciaria sérias dúvidas acerca da regularidade e dos poderes outorgados (Marçal Justen Filho, *Pregão* ..., 1ª ed., p. 89).

Eventuais propostas enviadas pelo Correio ou entregues por portador sem poderes para formular propostas e praticar atos durante a sessão não devem, a despeito da falta de específica representação, ser eliminadas de pronto do pregão. O fato de elas estarem desacompanhadas de um representante específico no dia da sessão pública do pregão não as invalida.

Tais propostas devem ser consideradas e devidamente analisadas na fase de julgamento, com a ressalva de que o autor da proposta não terá chance para dar lances ou praticar qualquer ato em seu favor durante a sessão; mas isto não impede que tais propostas possam ser declaradas vencedoras, porque válidas e em conformidade com os interesses da Administração, e, eventualmente, chamados seus autores a assinar o contrato. É certo que esta situação é de difícil verificação na prática. Mas desconsiderar propostas desacompanhadas de portador não é a solução adequada, em especial porque no pregão, como em todas as modalidades licitatórias, deve-se sempre buscar a ampliação da disputa.[116]

2.2.4.2.3 Declaração de cumprimento dos requisitos de habilitação – Nesta fase inicial, além de entregar ao pregoeiro documento comprovando a existência dos necessários poderes para formulação de propostas e para a prática de todos os demais atos inerentes ao certame, os proponentes também devem apresentar declaração dando ciência de que cumprem plenamente os requisitos da habilitação. Isto não se confunde com a entrega do envelope de habilitação, que deve ser feita pelo licitante apenas quando especificamente solicitado para tanto.

A exigência desta declaração não constava de qualquer versão das diversas medidas provisórias que antecederam a Lei 10.520.[117] Certa-

---

116. Marçal Justen Filho afirma a impossibilidade da remessa de proposta pelo Correio ou sua apresentação no protocolo da repartição (*Pregão* ..., 1ª ed., p. 87).
117. A primeira versão da medida provisória, de 4.5.2000 (n. 2.026), mencionava a necessidade de apresentação de declaração de atendimento dos requisitos habilitatórios. A redação era confusa, especialmente no contexto da medida provisória. O fato é que tal exigência deixou de constar das reedições que se seguiram da medida provisória. A redação do dispositivo era a seguinte: "Art. 4º. (...) VII – a habilitação far-se-á com declaração do próprio licitante de que está em situação regular perante a Fazenda Nacional, a Seguridade Social e o Fundo de Garantia do Tempo de Serviço

mente, a razão de sua inclusão é a necessidade de imprimir seriedade, quanto aos participantes, na fase de lances. Seu objetivo é evitar que participantes sem qualquer condição habilitatória para celebrar o contrato interfiram na formulação de lances, induzindo em erro os demais.

Isto porque no pregão a fase de habilitação sucede a de julgamento e classificação das propostas. Assim, exigir declaração dos proponentes dando ciência de que cumprem plenamente os requisitos da habilitação significa fazer com que assumam seriedade nas suas propostas econômicas. É dizer, tal declaração pretende evitar que interessados se aventurem a participar da fase de lances do pregão com o intuito de tumultuar seu andamento e prejudicar a *performance* dos demais, dando lances descomprometidos com a realidade; pois o proponente, nestas condições, já sabe de antemão que não preenche os requisitos de habilitação e que, oportunamente, com sua inabilitação, não precisará manter sua oferta financeira.

Esta declaração de cumprimento dos requisitos de habilitação está expressamente referida no inciso VII do art. 4º da lei. Para que atenda aos fins acima descritos, é importante que o edital traga sanção pelo seu descumprimento. Assim, o proponente ao final classificado e posteriormente inabilitado deve ser sancionado. Isto significa dizer que todo licitante inabilitado, além de sofrer a conseqüência de sua própria inabilitação – a qual, por si só, já é uma sanção, no sentido de que ele estará alijado do procedimento –, deve ser punido por ter feito uma declaração que ao final não se confirmou.[118]

A declaração falsa só pode ser objeto de sanção, no entanto, no caso de má-fé de seu declarante. O que é importante apurar é a intenção do licitante em tumultuar e fraudar o andamento da sessão do pregão – prática, aliás, absolutamente inadmissível.

– FGTS, bem como de que atende às exigências do edital quanto à habilitação jurídica e qualificações técnica e econômico-financeira".

118. Esta é uma hipótese em que a lei transferiu para o Executivo a criação de sanção por meio de ato administrativo (edital). Isto só é possível em um sistema, como o nosso, guiado pelo princípio da legalidade, em razão de uma relação de supremacia especial existente no caso. Celso Antônio Bandeira de Mello escreveu sobre os condicionantes positivos e negativos deste poder sancionatório. Dentre eles, mencione-se a necessidade de as medidas tomadas manterem-se rigorosamente afinadas com os princípios da razoabilidade e proporcionalidade (Celso Antônio Bandeira de Mello, *Curso ...*, 27ª ed., pp. 827-828).

No caso de o proponente esquecer de trazer a declaração aqui tratada – isto é, comparecer à sessão pública do pregão sem declaração nestes moldes –, não há problemas em ser-lhe dada a chance de suprir tal irregularidade. Não há impedimento para que o representante do interessado em participar do pregão a faça, de próprio punho, nesta fase inicial da sessão pública do pregão. Se o interessado em participar da licitação já atestou possuir poderes necessários para prática dos atos inerentes ao certame, não há qualquer impedimento a que o sujeito que ali está representando os interesses do licitante possa assim proceder. Aliás, permitir que ele faça a declaração no início da sessão, antes da fase competitiva propriamente dita, amplia o número de participantes no pregão – o que é benéfico para a competitividade e para a busca da melhor oferta para o Poder Público.

2.2.4.3 Fase de julgamento

A principal característica do pregão é a ordem de suas fases procedimentais. Ao se comparar o processamento e julgamento do pregão com as modalidades de licitação previstas na Lei 8.666/1993, houve uma modificação estrutural no encaminhamento do processo: trata-se da *inversão* das fases de habilitação e julgamento. Primeiro escolhe-se a melhor proposta, para depois serem analisadas as condições subjetivas do vencedor para a celebração do contrato.

2.2.4.3.1 Inversão das fases de habilitação e julgamento – No pregão a fase de julgamento precede a de habilitação. Na prática, isto significa um considerável ganho de agilidade, eficiência e rapidez no certame. Pois o número de documentos a serem analisados pelo condutor da licitação é significativamente menor, já que são analisados os requisitos habilitatórios apenas do proponente classificado em primeiro lugar. Trata-se de economia de tempo e também de processo.

Na ordem prevista na Lei 8.666 a fase de habilitação precede a de julgamento e é um verdadeiro gargalo na licitação, onde os diversos proponentes aproveitam o momento para tumultuar o processo com a interposição de recursos protelatórios cujo efeito, *ex lege*, é suspender o andamento do procedimento (na forma do art. 109 da Lei 8.666). Somente depois da decisão a respeito de todos os documentos de habilitação relativamente a todos os proponentes (e também dos recursos interpostos) é que o procedimento segue para a fase de julgamento. Apenas os proponentes habilitados é que terão suas propostas consideradas para fins de classificação.

Alice Gonzalez Borges relata que a sugestão que mais causou aceitação da comunidade jurídica em seminário para debater a reforma na Lei Geral de Licitações, e acolhida na nova modalidade de pregão, foi a inversão do procedimento licitatório. Segundo a autora, tal proposta teve inspiração no exemplo das licitações promovidas por agentes financiadores internacionais, cujas *Guidelines* adotam tal simplificação de procedimento, e é uma solução "muito mais simples e racional" que a da atual Lei 8.666, pois desestimula a excessiva competitividade, prejudicial à apreciação da melhor proposta e realização do interesse público.[119-120-121]

119. Sobre as *Guidelines* dos agentes financiadores internacionais e a inversão das fases lá determinada, v. as observações de Rosoléa Miranda Folgosi ao comentar o procedimento das licitações financiadas pelo Banco Mundial: "As *Guidelines* estabelecem a inversão das fases de habilitação e julgamento quando não tiver havido pré-qualificação. Deve-se primeiro analisar as propostas comercial (preço) e técnica dos licitante e selecionar a mais vantajosa, sendo que só depois é que se fará a análise dos documentos de habilitação da licitante vencedora. Caso seja ela inabilitada, proceder-se-á à análise da habilitação da segunda colocada. Esse procedimento é diferente do previsto na Lei 8.666/1993, o que não significa dizer que afronte seus princípios ou os princípios constitucionais respeitantes à licitação. Trata-se de um procedimento interessante, que poderia ser adotado em eventual modificação da Lei 8.666/1993, visto que (a) agiliza o procedimento licitatório. A comissão de licitação só irá analisar os documentos da licitante que tenha ofertado o menor preço; (b) não haverá recursos administrativos, liminares em processos judiciais etc. a respeito da habilitação de licitantes cujas propostas comerciais não os coloquem em boa classificação; (c) dificulta conchavos entre os licitantes, tais como aqueles em que os licitantes vão à sessão de abertura com vários envelopes de preços, optando por um ou outro em face da presença de tais ou quais concorrentes" ("As *Guidelines* do Banco Mundial e a Lei Brasileira de Licitações", in Eduardo A. de Arruda Sampaio (org.), *Licitações nos Empréstimos do Banco Mundial. Uma Abordagem Jurídica*, p. 63).

120. Alice Gonzalez Borges, "O pregão ...", *Informativo de Licitações e Contratos* 77/546-549. Neste sentido, v. Jessé Torres Pereira Jr., *Licitações de Informática*, p. 357.

121. Carlos Pinto Coelho Motta lembra que a inversão das fases de habilitação e julgamento já foi incorporada no *Regulamento de Licitações e Contratos do Sistema "S"*, no seu art. 19, sendo que referido procedimento tem a aprovação do Tribunal de Contas da União (TC 675.330.96, Decisão 249/1998; Decisão 907/1997; e TC 014238/94-2, *BDA* 8/539, 1999) (*Eficácia ...*, 9ª ed., p. 640).

Não obstante a idéia da inversão das fases tenha sido recebida com elogios ao ser incorporada no pregão, muitos autores expuseram ressalvas à novidade. A principal delas seria a perda na transparência do procedimento, uma vez que o condutor da licitação tenderia a ser mais flexível na análise dos documentos habilitatórios do proponente que sabidamente apresenta oferta favorável à Administração Pública. Ou, de outra parte, mais rígido no caso de a proposta classificada em primeiro lugar consignar preço consideravelmente reduzido, tornando a proposta inexeqüível.

É neste sentido o argumento de Celso Antônio Bandeira de Mello, para quem razões de ordem lógica e princípios fundamentais da licitação impediriam o julgamento das propostas antes da sua habilitação. Pelo seu raciocínio, a decisão quanto à habilitação dos proponentes antes da fase de julgamento evita que a classificação das propostas influa na apreciação dos documentos relativos à habilitação, o que comprometeria a objetividade e a isonomia do certame. Estas são suas palavras, primeiro referindo-se às razões de ordem lógica, e depois às decorrentes de princípios fundamentais da licitação:

"117. Razões de *ordem lógica*, de *ordem legal* e até mesmo *princípios fundamentais da licitação* exigem o rigoroso acatamento da seqüência prevista para os diversos estádios do procedimento, sem o quê incidirá em vício irremissível.

"a) *Razões de ordem lógica*

"118. Desde logo, não seria racional nem conseqüente estabelecer-se uma fase *prévia* à fase de exame das propostas e ao depois integrá-las em uma única, até porque tal proceder poderia levar à inversão da seqüência fixada, isto é, redundar em qualificação ou desqualificação do *proponente* em função da proposta, resultado rigorosamente oposto à razão de ser do itinerário seqüencial. Outrossim, a própria classificação das propostas acabaria por influir nos critérios para admissibilidade ou rejeição dos proponentes, frustrando o objetivo essencial, nuclear, da seqüência estatuída.

"Deveras, se a precisa finalidade da sucessividade das fases consiste em evitar que os critérios norteadores das decisões tomadas em uma fase se confundam ou se deixem influenciar pelos critérios que devem presidir os objetivos da outra, a confusão entre ambas põe por terra a razão lógica que estrutura o procedimento licitatório.

"Demais disso, é fácil compreender que inexistiria válvula maior para comprometimento da isenção nos julgamento e da 'probidade administrativa' – valor consagrado constitucionalmente, como retro-observado – do que se admitir o tumulto nas diversas fases, pela concomitância e eventual inversão de sua cronologia.

"Desdenhar a sucessão ordenada das fases do procedimento licitatório equivaleria a torná-lo o mais rúptil e quebradiço dos meios de tutela de bens jurídicos.

"É meridiano, é solar, que se a habilitação compreende unicamente o exame das condições subjetivas com o propósito de determinar *quem pode ser considerado em condições de ofertar*, em hipótese alguma caberá conhecer das ofertas, isto é, das propostas, enquanto não resolvida preliminarmente a questão antecedente, pena de ilogismo, de irracionalidade do próprio procedimento, tal como foi concebido.

"Além destes óbices lógicos cujo desconhecimento, sobre enfermar-lhe a coerência, propiciaria resultados injurídicos, outros obstáculos se antepõem ao desrespeito da ordem sucessiva constitutiva das fases da licitação.

"(...).

"c) *Razões de princípio*

"120. A licitação visa a resguardar, como já foi anotado, quer interesses relativos ao melhor negócio para o Poder Público, quer concernentes à igualdade entre os participantes do certame. O atendimento deles resulta na garantia da probidade administrativa e em última instância protege o próprio interesse público, bem supremo que fundamenta toda a ordem do Estado de Direito – qual seja, a obediência ao sistema normativo.

"Ora, se a sucessão legal das fases fosse inobservada, resultariam facilidades para *tratamento desigual entre os participantes do certame*. O prévio conhecimento do teor das propostas põe em risco o pressuposto de *isonomia na fase de habilitação*, permitindo que o juízo sobre o teor das propostas refluísse sobre o juízo concernente à idoneidade dos participantes da licitação. Se a qualificação puder sofrer influência ditada pelo conhecimento das propostas, obviamente o exame da habilitação não poderá se beneficiar das condições de isenção necessárias à garantia de um tratamento isonômico, violando-se nisto o fundamental princípio da igualdade entre os participantes.

"E mais: se faltar (em momento anterior à abertura dos 'envelopes-proposta') a expressa declaração administrativa de quais os licitantes habilitados, ato que abre ensanchas à via recursal, obstrui-se o caminho revisional a que fazem jus os concorrentes inconformados, no que, igualmente, ficam desigualados em relação aos participantes concordes com a decisão.

"Ora, como uns e outros têm igualmente direito a um reexame da decisão por instância superior, aqueles a quem interessa a medida recursal (seja quando, por inabilitados, postulam habilitação, sejam quando, habilitados, pleiteiam inabilitação do concorrente) vêm sonegadas suas pretensões a reexame tempestivo, efetuado na ocasião em que podem obter uma análise isenta e por isso mesmo isonômica."[122]

Parece-nos que a principal preocupação do autor no referido trecho – escrito antes do Decreto-lei 2.300/1986 – é com a perda de identidade entre as fases de habilitação e julgamento. O autor não admite que tais fases sejam fundidas numa só, com a perda das nuanças próprias de cada uma delas.

No pregão a inversão das fases pretendida pela Lei 10.520 não as torna uma única, tampouco impede os licitantes desclassificados de recorrerem da decisão que não aceitou suas propostas. Apenas há a concentração de atos, não seu desaparecimento, pura e simplesmente.

Cremos que o rigor do rito que se descreverá em seguida permite uma separação absoluta dos objetivos das fases de julgamento e habilitação. A necessária motivação de todos os atos tomados pelo pregoeiro, transparência e publicidade nas suas decisões são fatores suficientes para permitir o controle de eventuais desvios cometidos em quebra ao princípio da igualdade. A análise dos documentos habilitatórios na licitação por pregão deve ser feita com o mesmo rigor quando a habilitação precede o julgamento das propostas.

---

122. Celso Antônio Bandeira de Mello, *Licitação*, p. 52. O autor ainda menciona uma razão de ordem legal que impediria a inversão das fases, relacionada ao art. 34 do Decreto-lei federal 200, que estabelecia – tal qual a Lei 8.666 – a conclusão da fase de habilitação antes do início da etapa de julgamento das propostas.

Sem dúvidas, a inversão das fases é a maior característica estruturante da modalidade de pregão, ao lado da possibilidade de serem feitos novos e sucessivos lances verbais ao longo da sessão. É em razão dela que o procedimento do pregão é mais célere que os demais. E é porque há um confronto direto entre os licitantes que a Administração pode celebrar um melhor negócio.[123]

O que pode ocorrer é a inadequação do procedimento do pregão quando se deseja análise mais minudente acerca das condições subjetivas do proponente. Em casos assim não se justifica o uso desta modalidade, que só pode ser aplicada para os casos em que tais condições possam ser aferidas com facilidade; quando, então, eventuais desvios da autoridade condutora do pregão poderão ser mais facilmente detectados para fins de controle administrativo ou judicial.

Em razão da complexidade e importância de cada uma das etapas envolvidas no julgamento das propostas no pregão, decidimos, para facilitar a compreensão, separar os momentos principais da fase de julgamento, buscando, com isso, fazer estudo analítico de cada um dos pontos nela envolvidos. Assim, são temas incluídos no *iter* da fase de julgamento no pregão: (a) a análise da conformidade das propostas aos requisitos do edital; (b) a apresentação de amostras no pregão; (c) a "regra dos 10%", que determina os licitantes que participarão da fase de lances; (d) a dinâmica da etapa de lances, propria-

---

123. Toshio Mukai considera "ilegal" a inversão de fases no pregão. Para o autor o fato de o pregão poder ser utilizado para contratações de qualquer valor torna esta modalidade licitatória equivalente a uma concorrência pública. Neste caso – continua –, faz parte do conceito da concorrência a habilitação preceder o julgamento (art. 22, § 1º, da Lei de Licitações). São estas as palavras do autor: "O art. 2º da medida provisória reza que a modalidade *pregão* poderá ser utilizada qualquer que seja o valor estimado da contratação. Ora, as modalidades *convite*, *tomada de preços* e *concorrência*, pela Lei 8.666/1993, deverão ser obrigatoriamente utilizadas dentro das faixas de valores previstas no seu art. 23, pelo qual pode-se, sempre, utilizar a modalidade de maior faixa de valor, no lugar de outra com faixa menor. Diz a disposição: em qualquer caso, a concorrência. Portanto, se o art. 2º da medida provisória diz que o pregão pode ser utilizado, qualquer que seja o valor estimado da licitação, ele equivale a uma concorrência pública. E, veja-se, faz parte do conceito desta modalidade licitatória a expressão '(...) quaisquer interessados que, *na fase inicial de habilitação preliminar*, comprovem possuir os requisitos mínimos (...)'. Portanto, a inversão das fases, prevista no inciso XIII do art. 4º da medida provisória, é ilegal" ("A medida provisória do pregões: ...", *RTDP* 29/26-30).

mente dita; (e) a aferição da aceitabilidade da proposta vencedora; f) a análise quanto à exeqüibilidade do valor ofertado; e (g) eventual negociação com o licitante vencedor. É da análise de cada um destes temas envolvidos na fase de julgamento do pregão que nos ocuparemos a seguir.

2.2.4.3.2 Fase de conformidade – Depois de os envelopes de proposta terem sido recebidos e da superação da fase de admissibilidade, não devem ser admitidos novos participantes. Este é o momento para o pregoeiro dar início à fase de julgamento do pregão, podendo dela participar todos os proponentes admitidos na fase precedente.

A primeira atividade relacionada ao julgamento das propostas é a abertura dos envelopes de preço e a verificação, pelo pregoeiro, da conformidade das propostas com o edital, ordenando-as para o início da etapa competitiva. O objetivo desta verificação é assegurar que as ofertas econômicas atendem aos requisitos técnicos de qualidade mínima estabelecidos no instrumento convocatório.[124]

Esta verificação é de suma importância, pois as diversas propostas necessariamente devem referir-se ao mesmo objeto descrito no edital para serem passíveis de comparação. São dois os riscos no caso de elas se referirem a objetos distintos. Um, induzir os demais participantes a formular propostas econômicas, na fase de lances verbais, incompatíveis com o objeto ofertado. E dois, declarar vencedora proposta incompatível com o edital, frustrando, assim, os objetivos da licitação.

Este momento não serve para a análise das propostas econômicas dos participantes, tampouco para a análise de suas condições habilitatórias.

Frise-se que este não é o momento adequado para a aferição da exeqüibilidade econômica das propostas. Em primeiro lugar porque tal análise é complexa, sendo impossível a fixação, pela Administração, de limites mínimos objetivos. O tema será melhor desenvolvido quando tratarmos da etapa final da fase de julgamento; no entanto, adiante-se que a existência de um valor mínimo fixo, ao invés de um *parâmetro*, inviabilizaria qualquer competição, bastando o sorteio en-

---

124. Neste sentido, v. Marçal Justen Filho, *Pregão* ..., 1ª ed., p. 95.

tre os interessados com preço idêntico;[125] depois, porque é economicamente mais interessante para a Administração a inversão do ônus da prova, deixando a cargo do interessado a comprovação da viabilidade de sua proposta. A previsão, no edital, de sanção severa para o caso de descumprimento da proposta assumida moraliza o procedimento e, de alguma forma, minimiza o risco de a licitação restar frustrada.

Nesta primeira fase do julgamento o pregoeiro deve ater-se à verificação da conformidade da qualificação técnica do objeto ofertado pelos proponentes àquela estabelecida no instrumento convocatório. Para tanto, o edital deve exigir do interessado que inclua, no envelope que contém o preço oferecido pelo bem licitado, indicações a respeito do objeto que ele pretende entregar ou executar, se se sagrar vencedor da licitação.

Tais indicações podem variar conforme o objeto licitado. É perfeitamente compatível com o procedimento o edital do pregão que determine ao interessado apresentar, no próprio envelope de preço, declaração de que o objeto ofertado é conforme ao edital e atende às exigências técnicas mínimas ali descritas, inclusive de garantia, prazos de entrega e quantidades. Ou, então, documento contendo as características técnicas do produto ofertado, com a indicação da marca e modelo, quando for o caso.

O que importa é que o pregoeiro, de forma sumária, seja capaz de aferir a compatibilidade do objeto ofertado com o descrito no edital. A natureza do pregão exclui, nesta fase, a realização de diligências, pesquisas ou investigações que demandem tempo ou suspensão do certame.[126]

Não é por outra razão que já afirmamos anteriormente (no item 2.2.3.2 deste capítulo) a importância de a equipe de apoio ser formada por sujeitos que conheçam efetivamente o bem objeto da licitação. A análise prévia da compatibilidade das propostas com o edital é de

---

125. Ainda, neste sentido, Marçal Justen Filho, *Pregão* ..., 1ª ed., p. 110.
126. Marçal Justen Filho afirma expressamente não caber disputa mais aprofundada nessa etapa inicial. Segundo o autor: "Não é oportuno questionar, nesse momento, a compatibilidade real entre o bem ofertado pelo licitante e as exigências editalícias. Disputa dessa ordem apenas poderia resolver-se através de diligência, com ampla oportunidade de produção de prova" (*Pregão* ..., 1ª ed., pp. 93 e 96).

suma importância para o sucesso da fase subseqüente – a de lances –, sob pena de um licitante formular proposta para um bem, e outro licitante formular proposta para outro e, com isso, tumultuar o andamento dos lances verbais. Exemplificando: seria como comprar computadores e comparar preços em uma loja que vende uma máquina antiga, inservível aos fins que se pretende, com outra que vende uma máquina moderna e sofisticada, perfeitamente adequada, mas com preço infinitamente superior àquela.

A sessão de lances verbais só deve ter início depois de o pregoeiro certificar-se da conformidade de todas as propostas com o instrumento convocatório, sob pena de o resultado final, após o encerramento dos lances, ser inútil. Haverá o risco de os proponentes ficarem disputando preço de fornecimento ou entrega de bem ou serviço inservível para as necessidades do órgão licitante.

O pregão é modalidade de licitação em que o único critério admissível para julgamento e classificação das propostas é o de menor preço (Lei 10.520, art. 4º, X). Mas isto não impede a avaliação do objeto sob o ponto de vista técnico. A Administração não é obrigada a aceitar proposta que, sob o prima técnico, não é a mais adequada apenas porque se trata do menor preço apresentado.

Na Lei Geral de Contratações Públicas (Lei 8.666/1993) o tema é tratado no art. 43.[127] Ainda que a Lei 8.666 não seja tão explícita a

---

127. "Art. 43. A licitação será processada e julgada com observância dos seguintes procedimentos:
"I – abertura dos envelopes contendo a documentação relativa à habilitação dos concorrentes, e sua apreciação;
"II – devolução dos envelopes fechados aos concorrentes inabilitados, contendo as respectivas propostas, desde que não tenha havido recurso ou após sua denegação;
"III – abertura dos envelopes contendo as propostas dos concorrentes habilitados, desde que transcorrido o prazo sem interposição de recurso, ou tenha havido desistência expressa, ou após o julgamento dos recursos interpostos;
"IV – verificação da conformidade de cada proposta com os requisitos do edital e, conforme o caso, com os preços correntes no mercado ou fixados por órgão oficial competente, ou ainda com os constantes do sistema de registro de preços, os quais deverão ser devidamente registrados na ata de julgamento, promovendo-se a desclassificação das propostas desconformes ou incompatíveis;
"V – julgamento e classificação das propostas de acordo com os critérios de avaliação constantes do edital;
"VI – deliberação da autoridade competente quanto à homologação e adjudicação do objeto da licitação.

esse respeito (v. art. 43, V), nem mesmo lá se afirma que a Administração tem a obrigatoriedade de aceitar oferta de menor preço mas de qualidade técnica inadequada às suas necessidades.

Tal qual nas licitações julgadas pelo critério de menor preço na Lei 8.666, em que genericamente se tem afirmado que o melhor preço nem sempre é o mais baixo numericamente, também no pregão não há o impedimento de qualquer análise, sob o ponto de vista técnico, pela Administração Pública, do bem ou serviço ofertado.

Maria Sylvia Zanella Di Pietro, ao comentar a Lei 8.666, afirma que o edital deve ser exigente no que se refere à descrição dos requisitos mínimos a serem observados para classificação das propostas, de modo a poder excluir as que, sob o ponto de vista técnico, não sejam as mais adequadas para a Administração, conforme permite o art. 48, I. É também por isso que a descrição do objeto da licitação tem que ser devidamente justificada por órgão técnico, para afastar a idéia de que se trata de licitação dirigida para beneficiar ou prejudicar determinados licitantes. Assim, se a Administração vai adquirir determinado produto que precisa atender a certos requisitos, terá que fazer sua descrição no edital da licitação, mediante prévia justificação do órgão técnico competente, sob pena de não servir adequadamente ao fim a que se destina. E também deverá fazer constar do

---

"§ 1º. A abertura dos envelopes contendo a documentação para habilitação e as propostas será realizada sempre em ato público previamente designado, do qual se lavrará ata circunstanciada, assinada pelos licitantes presentes e pela comissão.

"§ 2º. Todos os documentos e propostas serão rubricados pelos licitantes presentes e pela comissão.

"§ 3º. É facultada à comissão ou autoridade superior, em qualquer fase da licitação, a promoção de diligência destinada a esclarecer ou a complementar a instrução do processo, vedada a inclusão posterior de documento ou informação que deveria constar originariamente da proposta.

"§ 4º. O disposto neste artigo aplica-se à concorrência e, no que couber, ao concurso, ao leilão, à tomada de preços e ao convite.

"§ 5º. Ultrapassada a fase de habilitação dos concorrentes (incisos I e II) e abertas as propostas (inciso III), não cabe desclassificá-los por motivo relacionado com a habilitação, salvo em razão de fatos supervenientes ou só conhecidos após o julgamento.

"§ 6º. Após a fase de habilitação, não cabe desistência de propostas, salvo por motivo justo decorrente de fato superveniente e aceito pela comissão."

edital que a verificação do atendimento das exigências será feita na fase do julgamento.[128]

É pacífico que se pode analisar os aspectos técnicos da proposta ainda que se trate de licitação na modalidade de menor preço, como é o caso do pregão. A própria Lei 10.520 esclarece que, para "julgamento e classificação das propostas, será adotado o critério de menor preço, observados os prazos máximos para fornecimento, as especificações técnicas e parâmetros mínimos de desempenho e qualidade definidos no edital" (art. 4º, X).

Há, no entanto, uma distinção com relação ao momento em que esta verificação de conformidade é feita na Lei 8.666 e na Lei do Pregão. Nas modalidades licitatórias próprias da Lei 8.666 a verificação da conformidade de cada proposta com os requisitos do edital é feita também na fase de julgamento, mas em momento imediatamente anterior à classificação das propostas pela ordem de preço. É um juízo de admissibilidade, prévio à classificação das propostas e indicação do vencedor, depois da habilitação, que se volta unicamente à aferição das condições subjetivas dos contratantes.

Marçal Justen Filho esclarece este ponto, ao notar que a fase de julgamento comporta uma fase preliminar, relacionada ao exame da compatibilidade das propostas com a lei e o ato convocatório (Lei 8.666, art. 48, I), e uma subseqüente, relacionada à análise do preço ofertado e organização das propostas em uma relação de ordem decrescente de vantajosidade.[129]

A Lei 10.520 também refere-se a estes dois momentos: um relacionado à verificação da conformidade das propostas com os requisitos estabelecidos no edital; e outro para a avaliação da vantagem econômica que apresentam. Todavia, à diferença da Lei 8.666, o segundo não é sucessor imediato do primeiro. A análise objetiva quanto ao valor da proposta no pregão somente será feita após a fase competitiva, e não antes dela.

---

128. Cf. Maria Sylvia Zanella Di Pietro, "Julgamento. Critério do menor preço. Avaliação do aspecto técnico. Exame de amostra", in Maria Sylvia Zanella Di Pietro e outras, *Temas Polêmicos sobre Licitações e Contratos*, 5ª ed., 3ª tir., p. 253.
129. *Comentários* ..., 9ª ed., p. 427.

A existência de uma nova fase no pregão – a de lances verbais – ordenou estes dois momentos de forma distinta. As propostas devem ser analisadas quanto à sua conformidade com o instrumento convocatório (art. 4º, IV). Sendo que somente as compatíveis é que seguirão para a fase seguinte, de competição direta entre os licitantes. Encerrada a etapa de lances, a proposta classificada em primeiro lugar deverá ser examinada quanto à sua aceitabilidade, sendo este o momento adequado para a análise da viabilidade do valor ofertado (inciso XI).

Pode acontecer neste momento – isto é, antes do início da fase de lances – de nenhuma proposta apresentar-se em conformidade com os requisitos técnicos mínimos do edital. Em tal situação é perfeitamente compatível com o procedimento do pregão a aplicação subsidiária do art. 48, § 3º, da Lei 8.666, segundo o qual no caso de todas as propostas serem desclassificadas pode a Administração autorizar os licitantes a, no prazo de oito dias úteis, apresentarem novas propostas que atendam às exigências do ato convocatório da licitação. A aplicação do dispositivo é possível porque todos os licitantes estarão na mesma situação – caso em que, na hipótese de reabertura da oportunidade de apresentação de novas propostas, não haverá quebra do princípio da igualdade e será possível a continuidade da competição.[130]

A ressalva que se deve fazer na hipótese cogitada é que o benefício do art. 48, § 3º, da Lei 8.666 é uma faculdade dada à Administração. Isto é, caberá ao pregoeiro ponderar, no caso concreto, a utilidade do aproveitamento da licitação ou da abertura de novo certame. Nas modalidades da Lei 8.666, porque os prazos de divulgação do edital e apresentação das propostas são muito maiores em comparação aos do pregão, a possibilidade de reapresentação das propostas no prazo de oito dias significa, na maior parte das vezes, economia de tempo e de processo. É preciso lembrar que no pregão o prazo para apresentação de propostas será fixado no edital, não podendo ser inferior a oito dias úteis. Por isso, a aplicação do art. 48, § 3º, da Lei de Licitações na modalidade de pregão depende da aferição concreta – isto é, caso a caso – do específico interesse público que será aten-

---

130. Neste mesmo sentido, v. Marçal Justen Filho, *Pregão* ..., 1ª ed., p. 99.

dido pela decisão de prosseguir na mesma licitação, ao invés de declará-la fracassada, reiniciando-a.

Lembre-se que, no caso de se decidir reabrir a licitação anteriormente fracassada a quaisquer interessados – o que é interessante sob o ponto de vista da ampliação da disputa –, a Administração pode aproveitar os atos que já foram praticados na fase interna da licitação, se o interesse público que motivou a nova licitação for o mesmo que a anterior, fracassada por ausência de proponentes com propostas compatíveis com o edital.[131]

2.2.4.3.3 Apresentação de amostras – É na fase do julgamento, isto é, quando se faz a análise da conformidade das propostas ao edital, que está inserido o tema da apresentação das amostras do objeto licitado e da possibilidade de a Administração Pública exigi-las na licitação.

Como visto, nas licitações cujo critério de julgamento é o de menor preço cabe à Administração analisar a compatibilidade das propostas com o edital. Tal análise pode envolver, se o edital assim determinar, a solicitação de apresentação de amostras do objeto ofertado pelos licitantes.

Maria Sylvia Zanella Di Pietro explica que o momento para a análise de amostras na Lei 8.666 é no início da fase de julgamento. Se o edital previu a hipótese de apresentação de amostra, o momento para fazer sua análise é na fase preliminar do julgamento, quando é feita a verificação da conformidade das propostas com os requisitos do edital. A autora lembra que, na prática, muitas vezes a comissão de licitação somente vai fazer a análise da amostra após o término do procedimento, antes da assinatura do contrato. E explica: "Esse não é, contudo, o momento adequado, porque leva a uma inversão das fases do procedimento, já que o não-atendimento das exigências obrigará a comissão de licitação a desclassificar o licitante, depois de

---

131. Lembre-se que muitas vezes a falta de proponentes com propostas compatíveis com o instrumento convocatório decorre de vício existente no próprio edital. Neste caso não há como aproveitar a fase interna da licitação, tendo em vista a necessidade de revisão do edital.

encerrado o julgamento pela declaração do vencedor, o que não encontra fundamento na lei".[132-133]

O fato de o pregão ser célere e de as atividades de análise das propostas dos interessados se desenvolverem em uma única sessão não impede que o edital solicite a apresentação de amostras. O alerta a ser feito é de outra natureza, qual seja, de que a solicitação de amostra não deve ser banalizada. Mas, sendo o caso de a exigência ser feita, ela é compatível com o procedimento do pregão.[134]

Caso a decisão do órgão licitante seja pela solicitação de amostra em pregão, o momento ideal para a entrega e análise dos itens ofertados é no início da fase de julgamento, ou seja, antes da fase de lances verbais. O lógico é que a fase competitiva aconteça entre propostas que previamente demonstraram sua compatibilidade com o disposto no edital.

Mesmo sendo esse o momento ideal para decisão a respeito das amostras entregues, não há impedimento para que o edital adote outro procedimento e determine que somente o primeiro colocado, após a fase competitiva, apresente amostra para análise. Trata-se de decisão que cabe à autoridade que elabora o edital tomar, conforme as características do objeto licitado. Isto porque a análise das amostras antes da fase competitiva do pregão tem dois inconvenientes. O primeiro,

---

132. Maria Sylvia Zanella Di Pietro, "Julgamento. ...", in Maria Sylvia Zanella Di Pietro e outras, *Temas Polêmicos* ..., 5ª ed., 3ª tir., pp. 254-255.

133. Marçal Justen Filho apresenta posicionamento distinto. Para ele não se deve impor a apresentação de amostras com relação a todos os licitantes, afirmando que: "A única alternativa será determinar que o licitante cuja oferta sagrar-se vencedora deverá apresentar a amostra *antes* da assinatura do contrato. Ou seja, os licitantes terão conhecimento de que, se saírem vencedores do certame, terão de encaminhar imediatamente a amostra do objeto ofertado" (*Pregão* ..., 1ª ed., p. 96).

134. No Acórdão 1.182/2007, Plenário, rel. Min. Marcos Bemquerer Costa, foi estabelecido que: "14. No caso do pregão presencial realizado para aquisição de material de consumo, a análise de amostra apresentada pelo vencedor do certame tem o condão de garantir, ao órgão público que efetua a compra, que o produto adquirido tenha adequada qualidade técnica aliada ao melhor preço, sem, contudo, comprometer a rapidez esperada para a efetivação da contratação. 15. Para materiais de consumo que podem ter sua qualidade aferida rapidamente, sem necessidade de emissão de pareceres técnicos de especialistas, a exigência de amostra do vencedor do certame consubstancia-se na prevalência do princípio da eficiência, sem restar constatado prejuízo à celeridade".

porque ela demanda tempo e em muitos casos depende do auxílio de outros órgãos. O segundo inconveniente decorre do primeiro, pois, para superar as dificuldades apontadas, muitas vezes o edital exige que a amostra seja apresentada antes da sessão pública do pregão. Ainda que, do ponto de vista operacional, isso seja possível, o Tribunal de Contas da União prefere que a amostra seja apresentada na própria sessão, sob pena de se onerar demais os participantes (TCU, Decisão 450/2000, Plenário, rel. Min. Adehmar Paladini Ghisi).

É por tal razão que a orientação do Tribunal de Contas da União, inclusive no pregão, é no sentido de que somente o licitante provisoriamente classificado em primeiro lugar deve ter sua amostra analisada (Acórdão 1.165/2009, Plenário, rel. Min. Walton Alencar Rodrigues; Acórdão 1.668/2009, Plenário, rel. Min. Walton Alencar Rodrigues; Acórdão 1.634/2007, Plenário, rel. Min. Ubiratan Aguiar; e Acórdão 1.182/2007, Plenário, rel. Min. Marcos Bemquerer Costa).

Assim, se a referida análise for sumária, é possível que ela seja realizada no início da fase de julgamento, antes da fase de lances, e envolva todos os participantes. Caso contrário, se ela demandar avaliação mais detida, melhor que se restrinja ao licitante classificado em primeiro lugar, quando a sessão de lances ocorrerá com base na presunção de que todos os itens ofertados atendem ao disposto no edital.

De todo modo, sendo sumária ou não a análise da amostra, apesar do entendimento acima exposto do Tribunal de Contas da União, se sua apresentação demandar a confecção de protótipo elaborado sob encomenda para atender às especificidades do objeto, ou caso ela precise ser instalada e testada, não havendo como fazê-lo na própria sessão, dadas a celeridade e a sumariedade do procedimento do pregão, é possível o edital exigir a montagem ou disponibilização prévia das amostras na véspera da sessão, para que todas estejam disponíveis no momento da sessão pública, para serem analisadas na forma fixada no edital (seja no início da fase de julgamento, caso o edital opte por levar à fase de lances somente os licitantes cujas amostras forem aprovadas; seja apenas do primeiro colocado, após a fase de lances). Em casos assim não se estará antecipando a fase de julgamento, mas garantindo maior eficiência ao andamento dos trabalhos na sessão do pregão, caso o primeiro colocado tenha sua amostra rejeitada. Portanto, nos casos em que as amostras demandam montagem ou manufatura, se elas estiverem disponíveis para análise na própria sessão pública do pregão, todos os presentes poderão confrontá-las e controlar o atendimento dos requisitos fixados no edital. A eventual suspensão da sessão do pregão pelos dias necessários para montagem e análise das amostras geraria uma perda da transparência e do controle de todo o procedimento licitatório.

2.2.4.3.4 Fase de lances e a "regra dos 10%" – Verificada a compatibilidade e a conformidade das propostas com os requisitos estabelecidos no instrumento convocatório, a sessão pública do pregão deve seguir, com o início da *fase de lances verbais*. Isto significa o início da competição propriamente dita entre os interessados, a qual tomará por base os preços oferecidos nos envelopes de preço entregues no início da sessão.[135]

---

135. A idéia de realização de lances orais em sessão pública para escolha da melhor oferta é muito próxima – se não idêntica – do leilão utilizado para a alienação de bens móveis e imóveis previsto na Lei 8.666. À diferença desse procedimento, em que o objetivo é o maior lance, no pregão a Administração busca o melhor preço, que será o menor dentre todos os apresentados após a etapa de lances em conformidade com o edital. No Direito Estrangeiro, Massimo Severo Giannini (*Diritto Amministrativo*, 2ª ed., vol. II, p. 815) explica que na Itália há um método de escolha com tal característica que serve para a aquisição e também para a alienação de bens. Trata-se do método da *estinzione di candele vergini* ("extinção das velas virgens"). Ainda que pouco utilizado – como relata o autor –, o método envolve a oferta de lances verbais enquanto algumas velas acesas são consumidas. A utilidade desse sistema é o estabelecimento de um limite para o fim da etapa de lances. O autor ainda explica que existem regras específicas que regulam a relação entre o número de lances, de velas e o tempo de competição entre os participantes. Tal método está previsto no *Regio Decreto* 827, de 23.5.1924, art. 73, "a". Uma busca na *Internet* revela que tal método tem sido utilizado para dois fins. Um, para a venda de bens públicos (equivalendo ao leilão); e outro, como forma de se encontrar um vencedor em caso de empate de propostas. Além disso, em alguns editais é possível encontrar uma cláusula com os seguintes dizeres: "Por motivo de praticidade, ao invés das velas virgens, será usado um cronômetro, e o tempo máximo em que se admite a apresentação de ofertas será de cinco minutos após a última oferta".

Na Argentina, Roberto Dromi (*Licitación Pública*, 2ª ed., p. 133) lembra que um procedimento de "oferta oral em ato público" foi utilizado para a compra de mercadorias de imperiosa necessidade durante o estado de emergência econômico-social na Província de Chubut (Lei 3.382/1989). Para o autor, em uma modalidade de contratação oral em ato público as mercadorias ou bens devem ser detalhados pela Administração com absoluta precisão e claridade, fixando-se um preço-base obtido através do seu valor de mercado. Abertas as propostas, as ofertas são feitas de viva voz, sendo autorizado aos ofertantes melhorá-las em um certo tempo, sendo que as adjudicações se efetuam no mesmo ato.

A Lei 10.520 fixou uma *regra de participação* nesta fase de lances. Não basta a proposta apresentada estar em conformidade com os requisitos estabelecidos no edital. O valor ofertado deve estar contido em uma margem de preço variável de pregão para pregão.

Segundo o inciso VIII do art. 4º da lei, somente valores ofertados dentro da lógica nele estabelecida é que serão considerados, e seus autores estarão autorizados a formular lances verbais. Tal lógica leva em conta um fator externo ao pregão, pois somente participarão desta fase e estarão autorizados a fazer lances os proponentes cujas ofertas estejam contidas no intervalo existente entre a faixa formada pela oferta de valor mais baixo e as ofertas com preços até 10% superiores àquela.

Disse-se que a lógica desta regra leva em conta fatores externos à licitação porque seu ponto de referência é a oferta mais baixa apresentada no pregão. Não é fixada, portanto, tendo em vista o orçamento ou a avaliação feita pela Administração para aquele específico certame. Pela regra, os proponentes cujas ofertas não estejam incluídas neste intervalo não poderão formular lances verbais.

O objetivo do legislador ao criar a "regra dos 10%" foi induzir os interessados a se apresentarem no pregão com preços compatíveis com os de mercado. Foi uma tentativa de evitar acordos de preços que pudessem frustrar a busca pelo menor preço na sessão. A regra assim estabelecida pretendia dificultar a concretização de acordos contrários ao interesse público entre os participantes, na medida em que permite que um terceiro, alheio às combinações, apresente preço abaixo dos demais, alijando aqueles da etapa de lances verbais.

Acreditamos ter sido aleatória a decisão legislativa pelos 10%, e seu objetivo seria evitar o superfaturamento de preços e dificultar o conluio entre proponentes. Em função da "regra dos 10%" os interessados são obrigados a apresentar preços compatíveis com os de mercado, sob pena de restarem excluídos no limiar da competição e terem reduzida a chance de contratar com o Poder Público.

Em tese, a "regra dos 10%" é útil e contribui para a ampliação da competitividade no pregão. Ocorre que a prática tem indicado um caminho diverso. Sua utilidade é mesmo evidente quando, no caso concreto, a competitividade for baixa em razão de os potenciais interessados no pregão formarem um grupo pequeno de licitantes. Em situações assim, a "regra dos 10%" supre a baixa competitividade do mercado no qual a licitação está inserida. Por outro lado, se o número de licitantes interessados for alto e, por isso, a competitividade decorrer da própria estrutura desse mercado, a "regra dos 10%" tem-se mostrado inadequada, pois práticas anticompetitivas têm anulado os efeitos positivos da referida regra. Trata-se da indevida restrição da competição na sessão pública do pregão em razão de prática fraudulenta orquestrada por alguns participantes, que consiste na tentativa, muitas vezes bem-sucedida, de impedir a realização de verdadeira competição entre os licitantes, ao simular supostos concorrentes para fazer número e atender à regra de que deve haver pelo menos três propostas de preços na "regra dos 10%". Tal prática consiste em coordenar preços e a participação de empresas com vínculo societário entre si, ou com vínculo decorrente de representação comercial, exclusivamente para suprir o numerário exigido nas normas do pregão e evitar a real competição. Para impedir tal prática, de duas, uma: ou a lei é alterada, para permitir que a "regra dos 10%" seja um opção do gestor público, que poderá inseri-la no edital, ou, enquanto permanecer a atual redação da Lei 10.520, o edital deve trazer regra segundo a qual se, aplicada a "regra dos 10%", entre as classificadas para a fase de lances existirem licitantes com vínculo societário entre si, ou com vínculo decorrente de representação comercial, serão incluídas na fase de lances tantas licitantes quantas forem necessárias para garantir a existência de pelo menos três licitantes com efetiva autonomia disputando entre si, evitando, assim, que eventual acordo entre as empresas vinculadas frustre o caráter competitivo do procedimento e permita a obtenção de vantagem indevida. Tal regra tem amparo na legislação do pregão e na de licitações públicas, pois garante efetiva competição no certame, sem restringir quaisquer direitos dos licitantes.

De todo modo, enquanto existir a "regra dos 10%", ela não significa que o julgamento das propostas esteja sendo feito com base em fatores alheios às ofertas dos próprios proponentes. Trata-se do estabelecimento de um limite para consideração das propostas. O limite máximo para consideração das ofertas no pregão é 10% acima do menor preço apresentado. Se o parâmetro fosse uma estimativa fixada pela entidade licitante, e não o menor preço ofertado, a variação entre as propostas tenderia a ser muito baixa, em prejuízo à competitividade do certame.

Não são poucos os ataques que este sistema que tende a fomentar a competitividade tem recebido desde sua criação. Diz-se que ele não contribui para a celebração de contratos de qualidade com a Administração Pública. Que esta autofagia entre os licitantes afastaria a seriedade e eficácia do procedimento. Toshio Mukai chegou a afirmar que este sistema seria contrário ao art. 37, XXI, da Constituição Federal, porque não asseguraria a manutenção das condições "efetivas das propostas" ofertadas; e seria ilegal porque a aleatoriedade própria da "regra dos 10%" torna o pregão semelhante a um "jogo de azar" – o que seria inadmissível. O autor chegou a afirmar que o sistema da Lei 10.520 seria equiparável ao critério reconhecidamente inaceitável do preço médio.[136]

Celso Antônio Bandeira de Mello explica com clareza o critério jurídico do "preço médio", por ele considerado inaceitável nas licitações. Por este critério seria vitoriosa a proposta que estivesse mais próxima do preço médio das ofertas apresentadas. Diz o autor que a licitação julgada por tal critério se converte em um jogo de azar, porque o sistema instaura uma álea completa, na medida em que o proponente com algum cálculo e muita sorte torna-se vencedor do certame, sem que isto garanta vantagem para a Administração, asseverando:

---

[136]. Toshio Mukai, por exemplo, critica a disputa entre os licitantes, tendo escrito que: "O inciso IX do art. 4º diz que, no curso da sessão, o autor da oferta de valor mais baixo e os das ofertas com preço até 10% superiores àquela poderão fazer novos lances verbais e sucessivos, até a proclamação do vencedor. Há gritante inconstitucionalidade nessa disposição, pois aquele que lhe oferecer o preço mais baixo não pode ser obrigado a reduzir mais o seu preço, tendo em vista que o inciso XXI do art. 37 da Constituição Federal diz que os editais deverão conter cláusulas que estabeleçam obrigações de pagamento, e que o procedimento licitatório deverá manter as condições *efetivas da proposta*".

Em outro ponto, afirma: "Se a licitação será ultimada com o pregão, dele podendo participar somente aqueles que tenham oferecido preços de até 10% do menor preço obtido nas propostas escritas, ela, na verdade, torna aleatório todo o desfecho do certame, assemelhando-se, em tudo, a um jogo de azar, ao famigerado tipo de licitação que já se praticou no país, denominado de *média-base*, inteiramente condenado, de há muito, pela doutrina. Celso Antônio Bandeira de Mello, a propósito, assevera: 'Por já terem sido utilizados em editais de concorrência, vale mencionar dois critérios juridicamente inaceitáveis. Um deles é o de preço médio. Consistente em atribuir vitória à proposta cujo preço estiver mais próximo do preço médio das ofertas apresentadas. É bem de ver que tal sistema instaura uma álea completa. A licitação se converte em um jogo de azar' (*Licitação*, ob. cit., p. 74)" (Toshio Mukai, "A medida provisória dos pregões: ...", *RTDP* 29/26-30).

"O preço médio por definição não é o melhor, pois outros estarão abaixo dele. Daí que este critério ofende um dos objetivos capitais da licitação: obter em prol do licitador o negócio mais vantajoso. Ademais, não é um critério sério, pois toma o acaso por parâmetro ao invés de pautas concebidas em função de procurar o resultado mais conveniente para a Administração. Critério desta ordem, portanto, é nulo, acarretando a invalidade do certame".[137]

Além do critério do preço médio, citado por Toshio Mukai, Celso Antônio Bandeira de Mello também conclui ser inaceitável nas licitações uma variante sua consistente na fixação de um valor estimado, que permanece *secreto* para os licitantes. O vencedor da disputa seria o que mais se aproximasse desse *quantum* preestabelecido.[138]

De nossa parte, cremos que nenhum desses critérios de julgamento pode ser equiparado à "regra dos 10%". Em primeiro lugar porque referida regra não é um critério de julgamento, mas um *critério de participação* no pregão. Depois porque por meio dele a Administração tende a obter resultado mais vantajoso e não há o perigo de quebra do sigilo, com o favorecimento de um licitante em detrimento dos demais.

A afirmação de que a "regra dos 10%" tornaria aleatório o resultado do certame, apesar de verdadeira, não vicia o procedimento. Ela é tão aleatória quanto o julgamento pelo menor preço da Lei 8.666/1993. No pregão, ou o proponente oferta preço compatível com o de mercado, ou ele não é autorizado a participar da fase de lances. No julgamento pelo menor preço nas modalidades da Lei de Licitações, ou o proponente oferta o menor preço, ou não será o vencedor. Na licitação por pregão há ainda uma vantagem extra para o proponente, relacionada à possibilidade de, mesmo não sendo o autor da oferta de menor preço, se estiver dentro da "regra dos 10%", ele ainda estará na disputa pelo primeiro lugar. Na verdade, a "aleatoriedade" da regra serve como fator para se evitar o superfaturamento. Tem finalidade clara neste sentido.

Não há impropriedade na idéia de lançar os participantes do processo licitatório em uma competição direta. Aquele que apresentar

---

137. Celso Antônio Bandeira de Mello, *Licitação*, p. 74.
138. Celso Antônio Bandeira de Mello, idem, ibidem.

melhores condições contratuais para o objeto licitado assinará o contrato. O resultado é benéfico para a Administração e também para os particulares, que competirão abertamente pela realização do negócio. A regra do jogo é clara.

A competição entre os interessados é benéfica para a Administração Pública e também para seus fornecedores de bens e serviços. Licitação pública não pode ser sinônimo de contratos caros, fora da realidade do mercado. A necessidade de realização de procedimento administrativo para a celebração de contratos de parceria entre o Poder Público e a iniciativa privada não pode ser razão de significativa oneração para os cofres públicos.

Em oposição à afirmação de Toshio Mukai, o que a Constituição Federal garante ao particular no art. 37, XXI, é o cumprimento, pela Administração Pública, das condições da proposta a final contratada durante toda a execução do contrato. Não se trata da existência de um direito à manutenção da proposta *originalmente* oferecida. Na licitação por pregão ela será lançada em uma fase específica de disputa e confrontação direta entre os licitantes e, como em qualquer outra modalidade licitatória, será confrontada com as demais no final desta etapa. Os proponentes reduzirão seus preços durante a sessão de lances se desejarem e se tiverem interesse em fazê-lo.

Mas pode ocorrer de a "regra dos 10%" não dar certo – exemplificativamente, no caso de apenas um licitante estar inserido nesta faixa (o que apresentou o menor preço). Todos os outros poderão ter dado preço 10% superior àquele menor. Neste caso, a competição poderia restar frustrada. Para evitar isso é que se concebeu a regra do inciso IX do art. 4º da Lei 10.520, segundo a qual na hipótese de não existirem pelo menos três ofertas após realizada a "regra dos 10%" estarão autorizados a participar da sessão de lances os autores das melhores propostas, até o máximo de três.[139]

Possível dúvida é saber se, neste caso, além do autor da melhor oferta, participarão da sessão de lances outras duas propostas, ou outras três (formando um total de quatro participantes). Vejamos os específicos dispositivos da Lei 10.520 que tratam do assunto: "Art. 4º.

---

139. No caso da existência de eventuais propostas de valor idêntico, ambas devem ser selecionadas para participar da etapa de lances.

(...) VIII – no curso da sessão, o autor da oferta de valor mais baixo e os das ofertas com preços até 10% superiores àquela poderão fazer novos lances verbais e sucessivos, até a proclamação do vencedor; (...) IX – não havendo pelo menos três ofertas nas condições definidas no inciso anterior, poderão os autores das melhores propostas, até o máximo de três, oferecer novos lances verbais e sucessivos, quaisquer que sejam os preços oferecidos".

É perfeitamente possível afirmar que no caso do inciso IX do art. 4º da lei poderão participar quatro proponentes na sessão de lances (o autor da melhor oferta e os três subseqüentes), uma vez que o dispositivo faz remissão à hipótese definida no inciso VIII – qual seja, a dos proponentes com ofertas até 10% superiores à melhor. Aliás, esta é a solução dada pelo *Regulamento da Licitação na Modalidade de Pregão*, aprovado pelo Decreto federal 3.555/2000, que no art. 11, VII, diz que, "quando não forem verificadas, no mínimo, três propostas escritas de preços nas condições definidas no inciso anterior, o pregoeiro classificará as melhores propostas *subseqüentes*, até o máximo de três, para que seus autores participem dos lances verbais, quaisquer que sejam os preços oferecidos nas propostas escritas".

Esta leitura da lei feita pelo decreto federal é perfeitamente compatível com o princípio da ampliação da competição, sendo, por isso, válida a afirmação de que na hipótese do inciso IX do art. 4º da lei participarão da sessão de lances o autor da melhor proposta e os autores das três subseqüentes. Possível dúvida de interpretação do dispositivo deve ser guiada pela ampliação da participação, e não o contrário.

Pela regra, a sessão de lances deve iniciar com a real possibilidade de competição. Assim, quando for possível – porque há propostas aceitáveis mas excluídas pela aplicação da "regra dos 10%" –, o pregoeiro deve determinar o início da sessão de lances considerando o menor preço e as três ofertas imediatamente subseqüentes, formando um grupo de quatro participantes. Esta é a hipótese prevista no inciso VIII e determinante da regra do inciso IX do art. 4º. Propostas empatadas – isto é, que tenham o mesmo valor – devem ser consideradas como sendo uma única oferta para fins de aplicação do dispositivo.

Quando não houver licitantes em número igual a quatro, a Administração, mesmo assim, deve dar seguimento à etapa de lances com os únicos participantes. Ou, então, caso haja apenas um único ofertante, deve proceder à análise da compatibilidade do objeto ofertado com o edital e seu preço.[140]

2.2.4.3.5 A dinâmica da etapa de lances – Compõe a norma geral do pregão a existência de uma fase de confrontação direta entre os licitantes, mediante lances sucessivos até que seja declarado o vencedor. O objetivo desta etapa é a redução do preço do objeto ofertado, com o fomento à competição.

Na dinâmica dos lances, o autor da maior oferta classificada será o primeiro a lançar, e assim sucessivamente, na ordem decrescente, sempre um a um, até que não haja mais interessados em ofertar novos lances, dentre os participantes admitidos nesta fase.[141-142] O objetivo é

---

140. Em sentido contrário, sustentando que o número de quatro não pode prevalecer, v. Marçal Justen Filho, *Pregão* ..., 1ª ed., pp. 101-102. Para o autor "não seria possível fazer prevalecer o número de quatro com o argumento de que o princípio da competitividade impõe a solução que prestigia o maior número possível de competidores. Raciocínio nesse sentido conduziria a impasses invencíveis, facilmente demonstráveis. Se o número de quatro devesse ser escolhido, porque assim o imporia o princípio da competitividade, qual o fundamento jurídico para estabelecer limites ao número de participantes na etapa de lances? O princípio da competitividade deveria acarretar, como conseqüência, o maior número possível de licitantes formulando lances. Assim como seria desejável quatro ao invés de três, também poderia defender-se que a participação de cinco seria mais satisfatória do que a de apenas quatro pessoas. Portanto, ou todos os licitantes teriam direito de participar da fase de lances, ou seria válida a determinação legal acerca de um número máximo. Adotando-se a segunda alternativa, tem de reconhecer-se como válida a solução consagrada no dispositivo legal. Não é possível afastar a regra legal e escolher aquela regulamentar, o que ofende o princípio da legalidade dos regulamentos executivos".

Diferentemente do autor, acreditamos que a lei estabeleceu um limite de participantes para a sessão de lances. Apenas não o fez de maneira clara. Por isso, a melhor solução é interpretar o dispositivo à luz da ampliação da disputa.

141. A existência de eventuais ofertas de valores idênticos antes do início da sessão implica a necessidade de ser realizado sorteio entre os participantes para saber a ordem em que as propostas entrarão na classificação. Cremos que o sorteio é a única forma possível para saber-se a ordem das propostas, sendo que ao proponente que ganha o sorteio deve ser dada a chance de escolher se prefere lançar antes ou depois de seu companheiro de oferta idêntica.

142. Marçal Justen Filho já sustentou que o primeiro lance seria formulado pelo licitante que apresentara a menor proposta. No seu argumento isto significaria uma espécie de prêmio ao sujeito. Mas o autor reviu sua posição, tendo em vista regra expressa em sentido contrário no art. 11, IX, do *Regulamento* anexo ao Decreto 3.555/2000 (*Pregão* ..., 1ª ed., p. 102).

mesmo a competição direta entre os licitantes, sendo possível o pregoeiro fomentá-la e incentivá-la. É impossível o sujeito introduzir qualquer inovação, mesmo que vantajosa, nas condições da proposta apresentada por escrito.[143]

A desistência de um licitante em dar lance não o exclui do certame. Em verdade, sua última oferta deve ser considerada para fins de classificação. A utilidade deste sistema – que veremos a seguir, ao analisarmos a continuidade da sessão – está no fato de que o licitante vencedor pode, apesar de sua oferta econômica, não ter condições habilitatórias para a celebração do contrato. Neste caso, a proposta do licitante que decidiu não continuar na fase de lances pode vir a ser analisada, respeitada a ordem final de classificação.

A Lei 10.520 não é detalhada a respeito da dinâmica da sessão pública do pregão. Nem mesmo com relação à fase competitiva, quando os participantes são chamados a competir entre si por meio de lances. Mas nem por isso deve ser admitida qualquer decisão que restrinja a competição entre os participantes, por aplicação do princípio da ampliação da disputa.[144]

Por isso, é vedado ao edital e também ao pregoeiro limitar o número de lances por participante. A sessão deve seguir até que não haja mais interessados em lançar. Isto significa dizer que o edital pode estabelecer duas dinâmicas para a fase de lances, tendo em vista a necessidade de ser estabelecida alguma regra para o encerramento da sessão, sob pena de a disputa durar indefinidamente. Assim, (a) ou o edital expressamente determina a exclusão da fase de lances do licitante que não lançar, não sendo possível oferecer novo lance na

---

143. Cf. Marçal Justen Filho, *Pregão* ..., 1ª ed., p. 104.

144. A falta de detalhamento da lei e a prática têm deixado transparecer algumas questões interessantes a respeito da dinâmica da etapa de lances. Uma dessas questões está relacionada à possibilidade de o pregoeiro autorizar o participante a telefonar para a empresa para pedir autorização para a formulação de um novo lance. É que no afã da competição pode ocorrer de o representante ficar tentado a ofertar novo lance mais vantajoso mas, para isso, depender de autorização específica na hipótese de o valor transbordar a margem que lhe havia sido autorizada. Marçal Justen Filho afirma não haver qualquer sentido em proibir o ofertante de manter contatos por via de telefone celular ou de obter informações de assessores. O que é inadmissível é a solicitação ao pregoeiro de suspensão do certame por alguns minutos, sob justificativa da necessidade de consulta a terceiros sobre a viabilidade de redução ainda maior do preço (Marçal Justen Filho, *Pregão* ..., 1ª ed., p. 105).

sessão, a qual deve durar até que reste apenas um participante; (b) ou, então, o edital pode permitir aos licitantes, na ordem de classificação, dar novos lances enquanto durar a sessão. Isto significa que a decisão de não lançar não exclui o licitante da dinâmica. Neste último caso será necessário que o edital traga regra determinando a forma como a sessão será encerrada, para que não haja quebra da igualdade entre os participantes (por exemplo, condicionando o encerramento da sessão ao esgotamento de um período de meia hora, a ser determinado pelo pregoeiro no curso da dinâmica, findo o qual encerra-se a sessão).

O pregoeiro jamais pode estabelecer um número máximo de lances por participante ou determinar, aleatoriamente e sem prévia previsão no edital, o encerramento da etapa de lances. Nesta hipótese alguém poderia ser privilegiado em detrimento de outrem – o que não se admite.

Outra situação, derivada da dinâmica do pregão, pode gerar dúvidas quanto à melhor atitude a ser tomada pelo pregoeiro. E se os proponentes fizerem lances extremamente próximos uns dos outros, prolongando demais a sessão, sem que isto signifique real ganho à economicidade do certame?

Cremos ser possível o edital outorgar poderes ao pregoeiro para estabelecer, no caso concreto, valor mínimo entre um lance e outro; ou, então, a estipulação de tal valor já estar fixada de antemão no próprio edital (por exemplo: "na fase de lances somente serão aceitas novas propostas que impliquem uma diferença de pelo menos R$ 10,00 em relação à anterior"). No caso de o pregoeiro estar autorizado pelo edital a estipular valor mínimo entre um lance e outro, este poder só pode ser exercido dentro de um parâmetro de razoabilidade e mediante específica motivação. O estabelecimento de valor alto pode restringir o número de lances e, com isso, a competição.[145]

---

145. Marçal Justen Filho diz que é conveniente e válido que o ato convocatório estabeleça limites mínimos para os lances. V. suas palavras: "O pregão envolve uma sucessão de lances, cada qual de valor mais reduzido do que o anterior. Não seria adequado o edital omitir disciplina acerca da dimensão da redução trazida pelo lance superveniente. Isso autorizaria lances cuja redução seria irrisória, com dimensão de poucos centavos ou Reais a menos do que o anterior. Isso acarretaria desgaste e desperdício de tempo, sem obtenção de maiores vantagens. Por isso, o ato convocatório deve dispor sobre a matéria, estabelecendo o valor mínimo a menor admissível para o lance superveniente. Assim, se um licitante ofereceu R$ 4.000,00, não se pode admitir

Assim, a etapa de lances deve seguir até que não haja mais interessados em lançar, com a indicação da proposta classificada em primeiro lugar. As ofertas apresentadas obrigam seus autores ao seu cumprimento; eventual desistência pode dar ensejo à aplicação de sanção.[146]

Adílson Abreu Dallari lembra que: "Graças à lucidez dos juristas brasileiros, que perceberam em tempo o perigo da exagerada importância do fator *preço*, não vingou entre nós uma prática existente em outros sistemas, qual seja, a da melhoria das propostas. Em síntese, por meio desse expediente, após a classificação das propostas apresentadas, abria-se novamente a licitação, em busca de alguém que 'cobrisse' a melhor proposta classificada, isto é, que oferecesse um preço ainda menor do que o ofertado pelo melhor licitante".[147]

Esta prática da melhoria de propostas – conforme diz o próprio autor – foi bem explicada pelo jurista argentino Marienhoff, para quem ela não deve ser utilizada, apesar de ser admitida pela legislação de seu país, em virtude de sua inconveniência. Invocando o apoio de Alcides Greca, aponta três aspectos negativos: (a) afasta proponentes sérios, por propiciar a concorrência desleal daqueles que à última hora procuram obter vantagens de maneira não muito escrupulosa; (b) desnatura o procedimento da licitação, cujo resultado já não é decisivo, uma vez que assegura aos perdedores uma igualdade de situação com os verdadeiros ganhadores; (c) implica premiar a quem, tendo podido oferecer preço mais baixo, não o fez desde o primeiro momento, para tentar obter um lucro indevido à custa da Administração.[148]

Cremos que a criticada "melhoria de propostas" do Direito Argentino não se confunde com a etapa de apresentação de lances verbais, pois, diferentemente, na licitação por pregão o único efeito das

---

lance posterior consistente em R$ 3.999,99. É necessário definir um mínimo de redução. Como se disse, é impossível determinar valor satisfatório para todos os casos. Mas nada impede que se considere, para a maioria das situações, o valor de R$ 50,00 como redução mínima admissível" (Marçal Justen Filho, *Pregão* ..., 1ª ed., p. 103).

146. A sanção está prevista no art. 7º da Lei 10.520, que traz a regra segundo a qual aquele que for convocado dentro do prazo de validade de sua proposta e não a mantiver poderá ficar impedido de licitar e contratar com a Administração Pública pelo prazo de até cinco anos.

147. *Aspectos* ..., 6ª ed., p. 149.

148. Cf. Adílson Abreu Dallari, *Aspectos* ..., 6ª ed., p. 149.

propostas iniciais escritas é aferir a participação do interessado no certame. Em decorrência da inversão de fases, tais propostas servem para uma primeira classificação preliminar, para então ser aplicada a "regra dos 10%" e ser dado início à sessão de lances entre as propostas em conformidade ao edital. Neste sistema não há o mesmo "prêmio" a quem ofereceu proposta escrita mais barata. A regra de participação, estando previamente estabelecida, coloca os participantes em situação de igualdade, não havendo que se falar em inversão da classificação de vencedores. Tal ordem é preliminar, e o único efeito dela decorrente é permitir a participação na fase de lances.

Tal participação, aliás, não impõe que o licitante deva sempre ofertar lance abaixo da menor oferta. É perfeitamente legítimo que o edital autorize o licitante a disputar outras colocações que não o primeiro lugar. É o que acabou sendo expressamente autorizado para o pregão eletrônico, conforme a regra do art. 24, § 3º, do Decreto federal 5.450/2005, segundo a qual a única limitação é que o licitante ofereça lance inferior ao último por ele ofertado. Não há restrição legal a que regra em tal sentido seja inserida em qualquer edital de pregão, independentemente de previsão em decreto regulamentar.

2.2.4.3.6 Fase de aceitabilidade e análise do valor ofertado – Ultrapassada a fase competitiva entre os interessados, isto é, não havendo mais interesse por parte de qualquer dos participantes em dar novos lances e reduzir sua oferta, a sessão pública do pregão deve ter continuidade com a análise da proposta classificada em primeiro lugar, correspondente ao lance mais baixo apresentado. Trata-se da etapa final da fase de julgamento, quando deve ser identificada a proposta passível de contratação pelo Poder Público.

O critério para julgamento e classificação das propostas é o de menor preço (art. 4º, X).[149] Já afirmamos que o julgamento pelo me-

---

149. O critério de julgamento pelo menor preço não impede que a Administração faça uso da licitação por pregão para aquisição de bens ou serviços que, por qualquer razão, adotam lógica própria de comparação de propostas distintas do menor preço. Desde que possam ser objetivamente comparadas, nada impede que o pregão seja utilizado, por exemplo, para a aquisição de passagens aéreas – caso em que o critério de julgamento não costuma ser o de menor preço, mas de maior percentual de desconto oferecido pelas agências de viagens sobre o valor do volume de vendas (cf. Decreto federal 3.892/2001, atualizado pelo Decreto federal 4.002/2001).

nor preço não impede a verificação da conformidade das propostas com os requisitos técnicos mínimos estabelecidos no edital, sendo que é de extrema importância que esta verificação seja feita, quer antes do início da etapa de lances, quer ao final.

Todas as propostas que participaram da sessão de lances devem ser ordenadas e classificadas com base no preço afinal ofertado, sendo que estará em primeiro lugar a que representar a oferta de menor valor para o objeto licitado.

Ao formular tal lista o pregoeiro estará declarando a ordem de interessados com ofertas passíveis de serem consideradas concretamente pelo órgão licitante. Será quando o pregoeiro iniciará a análise da aceitabilidade da primeira proposta classificada, *quanto ao objeto e valor* (art. 4º, XI). Não sendo aceitável a proposta, ele analisará a segunda classificada, e assim sucessivamente, até que seja encontrada, dentre as propostas classificadas, alguma que seja aceitável para os termos do certame.[150]

Este é o momento adequado para a análise da proposta econômica a final ofertada. A aceitabilidade da proposta quanto a seu *objeto e valor* significa a verificação da compatibilidade entre o valor e objeto ofertados. Trata-se, portanto, da análise econômica da proposta tendo em vista as características específicas do bem ou serviço.

A análise da aceitabilidade do valor da proposta classificada em primeiro lugar não é tarefa fácil. O pregoeiro precisa municiar-se com informações concretas e atuais sobre o mercado do objeto licitado, para poder conduzir adequadamente o pregão e proceder a esta análise, cuja base é o orçamento elaborado pela Administração.

O pregoeiro é responsável pela qualidade da contratação que advier do certame. À Administração Pública não interessa celebrar contrato administrativo acima do preço de mercado, ou com quem não

---

150. Lembremos os incisos X e XI do art. 4º da Lei 10.520: "Art. 4º. A fase externa do pregão será iniciada com a convocação dos interessados e observará as seguintes regras: (...) X – para julgamento e classificação das propostas, será adotado o critério de menor preço, observados os prazos máximos para fornecimento, as especificações técnicas e parâmetros mínimos de desempenho e qualidade definidos no edital; XI – examinada a proposta classificada em primeiro lugar, quanto ao objeto e valor, caberá ao pregoeiro decidir motivadamente a respeito de sua aceitabilidade".

possui condições de executar adequadamente a avença, em razão do baixo preço assumido na sessão do pregão.

Para a análise do valor ofertado supõe-se, então, que o pregoeiro esteja munido com informações atuais e condizentes com a realidade, sob pena de sua aferição restar inútil. A Administração deve conhecer o mercado, a composição de custos e as características pertinentes ao objeto licitado. Mas não há uma relação direta entre o valor orçado pela Administração e a exeqüibilidade do preço ofertado.

2.2.4.3.7 A oferta inexeqüível – A análise da exeqüibilidade econômica da proposta é tarefa complexa. Marçal Justen Filho afirma a impossibilidade de fixação de um limite mínimo de valor no pregão, a partir do qual as propostas não seriam mais aceitas. Em primeiro lugar porque todos os interessados formulariam, desde logo, propostas equivalentes a tal limite. Não haveria competitividade, e a única solução seria o sorteio para identificar o vencedor. Além do quê a apuração da inexeqüibilidade está longe de ser algo simples.[151]

É evidente que a instauração da licitação depende da elaboração de orçamento com base na estimativa de contratação. Tais informações não são sigilosas e devem constar dos autos do processo administrativo, onde estarão a justificativa de abertura da licitação e todos os demais atos inerentes ao certame. Esta é a base para a avaliação da exeqüibilidade da proposta. Mas não há objetividade absoluta na confrontação desta estimativa com a oferta proposta pelo licitante.[152]

Lembre-se que a Lei 8.666/1993 permite ao edital fixar limite máximo de preço, não podendo prever limites mínimos para o efeito de desclassificar as ofertas situadas abaixo dele (art. 40, X). Como afirma Carlos Ari Sundfeld, a partir do arts. 48, II, e 44, § 3º, da referida lei, "nenhuma proposta será, de antemão, *[é dizer: simplesmente por seu valor inferior a certo piso]* considerada inexeqüível, pois essa avaliação será obrigatoriamente feita a partir dos dados ofereci-

---

151. Cf. Marçal Justen Filho, *Pregão* ..., 1ª ed., p. 110.
152. Carlos Ari Sundfeld afirma que o exame da razoabilidade do preço, para a aferição da viabilidade da execução do contrato, não é suscetível de redução à objetividade absoluta. O juízo de aceitabilidade das propostas deve ser aferido caso a caso (*Licitação* ..., 2ª ed., p. 153).

dos pelo próprio licitante, na demonstração de exeqüibilidade anexa à proposta".[153-154-155]

153. Carlos Ari Sundfeld, *Licitação* ..., 2ª ed., p. 157.
154. Para facilitar a compreensão, transcrevemos os artigos citados da Lei 8.666/1993:
"Art. 40. O edital conterá no preâmbulo o número de ordem em série anual, o nome da repartição interessada e de seu setor, a modalidade, o regime de execução e o tipo de licitação, a menção de que será regida por esta Lei, o local, dia e hora para recebimento da documentação e proposta, bem como para início da abertura dos envelopes, e indicará, obrigatoriamente, o seguinte:
"(...);
"X – o critério de aceitabilidade dos preços unitário e global, conforme o caso, permitida a fixação de preços máximos e vedados a fixação de preços mínimos, critérios estatísticos, ou faixas de variação em relação a preços de referência, ressalvado o disposto nos §§ 1º e 2º do art. 48;
"(...)."
"Art. 44. No julgamento das propostas, a comissão levará em consideração os critérios objetivos definidos no edital ou convite, os quais não devem contrariar as normas e princípios estabelecidos por esta Lei.
"(...).
"§ 3º. Não se admitirá proposta que apresente preços global ou unitários simbólicos, irrisórios ou de valor zero, incompatíveis com os preços dos insumos e salários de mercado, acrescidos dos respectivos encargos, ainda que o ato convocatório da licitação não tenha estabelecido limites mínimos, exceto quando se referirem a materiais e instalações de propriedade do próprio licitante, para os quais ele renuncie à parcela ou à totalidade da remuneração."
"Art. 48. Serão desclassificadas:
"(...);
"II – propostas com valor global superior ao limite estabelecido ou com preços manifestamente inexeqüíveis, assim considerados aqueles que não venham a ter demonstrada sua viabilidade através de documentação que comprove que os custos dos insumos são coerentes com os de mercado e que os coeficientes de produtividade são compatíveis com a execução do objeto do contrato, condições estas necessariamente especificadas no ato convocatório da licitação."
155. Lembre-se que nos casos de obras e serviços de engenharia o art. 48, § 1º, da Lei 8.666 traz um critério objetivo de aferição da exeqüibilidade da proposta. De nossa parte, concordamos com Celso Antônio Bandeira de Mello, para quem este dispositivo é incompatível com a Constituição e com a busca pelo melhor negócio pela Administração Pública. Mesmo nos casos de obras e serviços de engenharia a análise deve ser feita caso a caso. Nas palavras do autor:
"(...) inexeqüibilidade é uma questão 'de fato'. Assim, a inexeqüibilidade prevista no § 1º apenas firma uma presunção *juris tantum*, ou seja, que pode ser destruída pela demonstração documentada da exeqüibilidade da proposta. Parece-nos que ao critério aludido só se pode atribuir um valor *indicativo*, *preliminar*, mas que *admite prova em contrário*, seja *em favor da exeqüibilidade* de uma proposta que fique abaixo dos parâmetros concretamente apurados em dada licitação, seja *em favor da*

Conforme afirma o citado autor, o edital pode indicar um valor a partir do qual as propostas são automaticamente entendidas como *exeqüíveis*. Com isso, os licitantes cujas ofertas sejam superiores ficarão dispensados da comprovação da viabilidade de suas propostas. Mas não podem ser *automaticamente* descartadas as propostas inferiores ao mínimo. O que se deve exigir de quem as formulou é a demonstração cabal da exeqüibilidade do preço. Vejam-se suas palavras:

"(...). O edital, de modo totalmente objetivo e transparente, demarcará o que o Poder Público antecipadamente (logo, sem necessidade de qualquer comprovação pelo licitante) considera como a 'faixa de aceitabilidade'. Mas nem por isso se eliminarão de pronto propostas que, conquanto situadas fora dela, sejam efetivamente exeqüíveis. Se o licitante, por razões peculiares (por exemplo: a titularidade exclusiva de um avanço tecnológico diminuindo significativamente os custos; ou o compromisso de fornecimento, pelo produtor, de material por preço abaixo da média, etc.), for de fato capaz de realizar o objeto por preço anormalmente baixo, quando comparado aos vigentes no mercado, poderá com tranqüilidade oferecê-lo, explicando e comprovando as razões da viabilidade de sua proposta.

"O limite mínimo previsto no edital apenas estabelecerá uma presunção de razoabilidade em favor das propostas que observem-no e, ao negar seu conforto às desbordantes, atribuirá ao proponente o ônus da prova da exeqüibilidade."[156]

No mesmo sentido, Marçal Justen Filho lembra que é possível ao particular dispor de instrumentos gerenciais mais eficientes do que a Administração Pública, o que lhe permitiria executar o objeto licitado por preço inferior ao orçado pelas autoridades administrativas.

Segundo este autor não há um padrão, cada situação é peculiar e única, dependendo de circunstâncias impossíveis de definição prévia e exaustiva. Por isso a apuração da inexeqüibilidade deve ser feita caso a caso, com relação a cada uma das propostas. O conhecimento do mercado pela Administração, a composição dos custos envolvidos e as características do objeto licitado são um *indício* do limite da

---

inexeqüibilidade de uma dada proposta que haja se alocado no interior deles" (*Curso ...*, 27ª ed., p. 598).
156. Carlos Ari Sundfeld, *Licitação ...*, 2ª ed., pp. 157-158.

inexeqüibilidade, uma presunção que pode ser quebrada pelo particular que comprovar a viabilidade da execução do objeto nas condições ofertadas.[157]

A diferença entre o valor ofertado e o constante do orçamento obriga a Administração a exigir comprovação por parte do particular acerca da viabilidade da execução do objeto, a qual deverá ser feita documentalmente, através de planilhas de custos e demonstrativos que evidenciem que o valor ofertado é suficiente para cobrir as despesas. O próprio edital deve prever o dever de o licitante portar informações acerca dos custos em que incorrerá para executar a prestação, aptas e satisfatórias para justificar a proposta ou o lance que formular. Trata-se de um ônus do licitante,[158] que poderá ser desonerado de tal dever se a própria sessão de lances do pregão e a alta competitividade que se verificou no caso concreto indicarem que o preço ofertado é compatível com os parâmetros vigentes do mercado.

Nos termos da jurisprudência do Tribunal de Contas da União, não cabe ao pregoeiro declarar a inexeqüibilidade da proposta da licitante, mas facultar aos participantes do certame a possibilidade de comprovarem a exeqüibilidade das suas propostas. Afirmou o órgão de controle que: "10. De fato, assiste razão aos responsáveis quando aduzem que não há regra específica sobre inexeqüibilidade de preços para a aquisição de bens de consumo. A Lei n. 8.666/1993, utilizada de forma subsidiária no pregão, define parâmetros de cálculo para a

---

157. Cf. Marçal Justen Filho, que explica: "Suponha-se que a Administração elabore um orçamento no valor de 100. As informações genéricas acerca do objeto permitem aos agentes administrativos cogitar da possibilidade de um particular executar a prestação por valor de 85. Mas essa não é uma informação precisa e objetiva – se o fosse, a Administração teria de reconhecer o defeito na elaboração do seu próprio orçamento. Imagine-se que, abertas as propostas, verifica-se que todos os licitantes formularam propostas em torno do valor de 75. Tem de reconhecer-se que a pluralidade de propostas distintas e autônomas revela a possibilidade de os particulares executarem a prestação por preço ainda inferior ao que imaginara a Administração. Não existe qualquer defeito jurídico nesse exemplo, relacionado ao que costumeiramente se denomina de *assimetria de informações*. A expressão indica que o particular, que domina o processo econômico, é capaz de obter informações muito mais precisas do que a Administração. É da inerência da atividade econômica a impossibilidade de a Administração conhecer as características e os meandros da atividade produtiva tão bem quanto os particulares" (*Pregão* ..., 1ª ed., pp. 109-110).
158. Cf. Marçal Justen Filho, *Pregão* ..., 1ª ed., pp. 112-113.

verificação da exeqüibilidade somente para obras e serviços de engenharia (art. 48, § 1º). Também na há nos Decretos ns. 3.555/2000 e 5.450/2005, que regem o pregão, dispositivo específico tratando da inexeqüibilidade de preços. 11. Diante desta lacuna, não cabe ao pregoeiro estipular, de maneira subjetiva, critérios de exeqüibilidade de preços, uma vez que não há espaço para subjetivismos na condução dos certames públicos (art. 44, § 1º, da Lei de Licitações). 12. Para essas situações, já decidiu esta Corte que não cabe ao pregoeiro ou à comissão de licitação declarar a inexeqüibilidade da proposta da licitante, mas facultar aos participantes do certame a possibilidade de comprovarem a exeqüibilidade das suas propostas (Acórdão n. 1.100/2008, Plenário)" (Acórdão 559/2009, 1ª Câmara, rel. Min. Augusto Nardes).

Um severo sistema de punição pelo inadimplemento por inexeqüibilidade ajuda a garantir seriedade na participação. A sessão de lances é uma possibilidade de perda desta seriedade, o que pode colocar em risco a própria licitação na modalidade de pregão. Marçal Justen Filho afirma que, se o sujeito não lograr executar sua proposta porque insuficiente, deverá ser excluído dos certames subseqüentes por inidoneidade. O autor chega a propor que a sanção em tais casos deva atingir até as pessoas físicas dos administradores e dos sócios controladores, na medida em que a formulação de proposta inexeqüível caracteriza infração aos limites da gestão adequada do objeto societário. E conclui: "Aquele que formula proposta no pregão tem o dever objetivo de conhecer os limites do custo e lhe é interditado arriscar-se em contratações cujo valor seja tão reduzido que inviabilize sua execução. Quando o sujeito ignorar esses deveres, não poderá ser beneficiado por regimes jurídicos reservados a atividades normais e usuais".[159]

A inexeqüibilidade é, assim, uma presunção. A proposta em desacordo com a estimativa da Administração Pública é um indício de que o contrato a ser celebrado é temerário para o interesse público.[160]

---

159. Idem, p. 113.
160. Eventual prática econômica abusiva, contrária aos ditames da Lei da Concorrência (Lei 8.884/1994), pode ser objeto de questionamento perante os órgãos próprios do sistema de direito da concorrência pelos outros licitantes. Neste mesmo sentido, também Marçal Justen Filho, *Pregão* ..., 1ª ed., p. 113.

Celso Antônio Bandeira de Mello, em comentário a regime anterior ao da Lei 8.666 mas válido para hoje, refere-se à proposta carente de seriedade como sendo de *inexeqüibilidade presumida* e lembra que, como aval de seriedade, a Administração pode exigir dos licitantes que prestem uma garantia. De fato, a legislação atual contempla esta possibilidade e admite que se realize nas seguintes maneiras: (a) *caução* em dinheiro, em títulos da dívida pública; (b) *fiança* bancária; (c) *seguro-garantia*.[161]

Tudo quanto se disse leva-nos à conclusão de que no pregão o sistema de análise da exeqüibilidade das propostas é o mesmo da Lei 8.666, aplicável por compor sua norma geral.

A importância do tema está relacionada à existência da sessão de lances no pregão, o que acentua a possibilidade de oferta de propostas inviáveis. É evidente que a Administração deve sempre buscar o melhor negócio; mas – como ressalva Floriano Azevedo Marques Neto – a Administração não deve correr o risco de firmar contrato que não será adimplido. Pouco importa se a Administração pode executar a caução ou se ressarcir do dano econômico de uma ou outra forma, pois contrato inexeqüível gerará dano à coletividade, consubstanciado na interrupção do serviço e na duplicação dos custos burocráticos derivados da abertura de um novo processo de licitação.[162-163]

Por isso, a análise concreta que o pregoeiro procederá para aferir a aceitabilidade das propostas deve ser cercada de todas as cautelas possíveis, e qualquer decisão sua no sentido de admitir oferta abaixo do preço de mercado ou no sentido contrário, de não admitir, deve ser motivada e constar dos autos do processo. E, como se disse, sendo muito difícil que a própria Administração tenha tais informações, somente com a inversão do ônus da prova a motivação surgirá, ao se

---

161. Cf. Celso Antônio Bandeira de Mello, *Licitação*, pp. 62 e 68. Esta previsão consta do art. 48, § 3º, da Lei 8.666/1993, perfeitamente aplicável.

162. A este respeito, Adílson Dallari afirma que: "A Administração Pública não pode meter-se em contratações aventurosas; não é dado ao agente público arriscar a contratação em condições excepcionalmente vantajosas, pois ele tem o dever de zelar pela segurança e pela regularidade das ações administrativas" (*Aspectos* ..., 6ª ed., p. 135).

163. Floriano Azevedo Marques Neto, "O edital: exigências possíveis e necessárias para licitar", in Maria Garcia (coord.), *Estudos sobre a Lei de Licitações e Contratos*, Capítulo VI, pp. 107-108.

atribuir ao próprio licitante a responsabilidade por demonstrar a exeqüibilidade de seu preço sempre que ela for objeto de questionamento.

2.2.4.3.8 Negociação – Pode acontecer o contrário, ou seja, de a proposta vencedora estar acima das estimativas do órgão. De forma inédita, a Lei 10.520 permite ao pregoeiro negociar com o licitante classificado em primeiro lugar para buscar preço mais adequado à estimativa da Administração. Trata-se de regra expressa, segundo a qual "o pregoeiro poderá negociar diretamente com o proponente para que seja obtido preço melhor" (art. 4º, XVII).[164]

O objetivo desta norma é óbvio: autorizar a negociação pública entre o proponente e o pregoeiro no caso de este último não estar satisfeito com o valor conseguido após a etapa de lances. Estando seguro de que o preço é inadequado, o pregoeiro deve expor ao interessado sua insatisfação, permitindo que o proponente reformule sua proposta. A satisfação do pregoeiro advirá com a assunção, pelo particular, de preço mais compatível com sua estimativa – portanto, com o regularmente praticado no mercado.

O pregoeiro deve ser responsável na negociação. Se não estiver certo quanto à veracidade do preço estimado que lhe está servindo de base, poderá determinar a suspensão da sessão do pregão para o fim de certificar-se da veracidade das informações que tem em mãos, para que ele tenha segurança na rejeição ou aceitação do preço ofertado.

---

164. O direito comunitário introduziu um novo procedimento de competição nos Estados-membros. Trata-se do "procedimento por negociação". Diferentemente da negociação aqui tratada, neste específico procedimento os interessados requerem sua admissão no procedimento para o fim específico de negociar com a Administração Pública, que recebe as propostas e passa a negociar os termos de cada uma delas, até chegar a uma que será objeto de adjudicação. Não se trata de escolher as melhores propostas para depois negociar possíveis melhoramentos com seus autores, mas de negociar com todos os participantes. Sabino Cassese comenta este procedimento na Itália (*Trattato di Diritto Amministrativo*, t. II, pp. 1404 e ss.); e Juan Alfonso Santamaría Pastor o comenta na Espanha, a partir do Real Decreto Legislativo 2, de 16.6.2000 – atual Lei Espanhola de Contratos das Administrações Públicas (*Principios de Derecho Administrativo*, 2ª ed., vol. II, pp. 213 e ss.). Em Portugal tal procedimento está tratado nos arts. 132 a 150 do Decreto-lei 197, de 8.6.1999, que trata da aquisição de bens e serviços naquele país (cf. Mário Bernardino, *Aquisições de Bens e Serviços da Administração Pública*, pp. 374 e ss.).

Se a estimativa de preço da Administração estiver muito abaixo dos valores ofertados, de duas, uma: ou a estimativa está correta, e os proponentes estão supervalorizando a oferta; ou a estimativa está equivocada, e não reflete os valores de mercado. No primeiro caso o pregoeiro deve negociar com o proponente. Poderá certificar-se quanto à veracidade de suas informações e não aceitar proposta que não seja compatível com o parâmetro de valor considerado aceitável. Ou, então, poderá justificar a contratação por valor acima da estimativa feita pelo órgão, expondo nos autos do procedimento a falta de adequação entre tais valores e a realidade do mercado.

O que é importante é a justificativa do pregoeiro a respeito do valor a final aceito para fins de contratação.

A negociação em si, e por si só, entre Administração e particular não é contrária aos princípios da Administração Pública. Não obstante muitos tenham proclamado a falta de amparo em nosso ordenamento jurídico para tanto, acreditamos que a busca pelo melhor negócio é legítima.[165]

Muito pertinentes, no entanto, as observações de Marçal Justen Filho, que, preocupado com desvios éticos e indevidas composições ocultas em sacrifício do interesse público, arrola algumas cautelas para evitar que "o ideal de ampliar benefícios em favor do interesse público seja transformado em um pesadelo de corrupção". São elas:[166]

(1) não se pode admitir negociações privadas, realizadas sem a presença e a fiscalização de terceiros. Qualquer conversação privada entre agentes administrativos e um único licitante deve ser evitada. Se a negociação se fizer ao longo do pregão, o ideal será aproveitar a presença dos interessados como forma de assegurar a transparência

---

165. Toshio Mukai, em texto sobre as inconstitucionalidades e ilegalidades do pregão, afirma que "é da doutrina pacífica que a Administração pode negociar com o vencedor no sentido de que ele abaixe mais o seu preço, uma vez que, como o seu preço já é o menor, tal negociação não trará nenhum prejuízo aos demais licitantes. No presente caso, a negociação será com diversos concorrentes, podendo vir a existir prejuízo para aquele que apresentou o menor preço, posto que, no pregão, ele pode não oferecer um preço que alguém que obteve preço até 10% do seu preço possa oferecê-lo. Então, tal negociação será ilegal" ("A medida provisória dos pregões: ...", *RTDP* 29/26-30).

166. Cf. Marçal Justen Filho, *Pregão* ..., 1ª ed., pp. 115-116.

da conduta dos envolvidos. Se existir um único sujeito privado participando da negociação, deverão ser convocadas testemunhas para acompanhar a evolução dos fatos;

(2) a instauração de negociação deve ser antecedida de justificativa formal pelo pregoeiro, indicando os motivos e fundamentos objetivos pelos quais reputa cabível desenvolver tentativas orientadas para melhoria das condições ofertadas. Não se trata de arbitrariedade do pregoeiro;

(3) o particular deve ter ampla oportunidade de participação, inclusive para enunciar os motivos de eventual recusa à redução dos preços ofertados;

(4) a negociação deve ser documentada e formalizada em todos os seus termos, devendo ser reduzida a escrito, inclusive com a consignação das razões expostas pelos licitantes;

(5) eventual recusa do licitante em reduzir seu preço não pode ter como conseqüência direta a revogação do certame. Não se deve estabelecer uma regra segundo a qual todos os preços são inflacionados e que sem redução a licitação deve ser revogada; e

(6) o controle das atividades de negociação deve ser severo e rigoroso. Licitações com objeto semelhante devem servir para comprovar a coerência das condutas adotadas.

2.2.4.3.9 Ausência de proposta classificada aceitável – Mesmo com a previsão legal de um momento próprio para a negociação, pode acontecer de nenhuma proposta classificada após esta etapa ser considerada aceitável. Seja por estarem acima ou abaixo da estimativa do órgão, seja por não atenderem aos requisitos do objeto descrito no edital.

Uma vez justificada a decisão do pregoeiro de não aceitar quaisquer das propostas classificadas, Joel de Menezes Niebuhr levantou três alternativas.[167] Uma consistiria em verificar as condições de habilitação dos licitantes que não ofereceram lances verbais e a aceitabilidade de suas propostas, em ordem sucessiva, conforme o preço

---

167. Joel de Menezes Niebuhr, "Anotações à modalidade pregão", *RTDP* 29/168-179.

ofertado, determinando-se o vencedor. Neste caso não se conferiria ao vencedor da licitação oportunidade de oferecer lances verbais.

Outra opção seria considerar a proposta apresentada com o menor preço dentre aquelas oferecidas pelos licitantes não convocados a oferecerem lances verbais e, a partir dela, verificar quais as demais propostas não ultrapassam 10% de seu valor ou as três melhores propostas, sucessivamente, e convocar todos estes proponentes a fazer lances verbais, repetindo-se para eles, a partir daí, todo o procedimento.

A terceira opção seria aplicar o 48, § 3º, da Lei 8.666 aos que tiveram suas propostas desclassificadas, conferindo-lhes o prazo de oito dias úteis para apresentarem novas propostas, sob pena de se realizar novo certame.

Quanto à primeira hipótese, e na forma do art. 4º, XVI, da Lei do Pregão, ela procurará dentre os proponentes que não participaram da etapa de lances aquele que ofertou o melhor preço para determinar o vencedor, desde que atendidas as demais condições do edital quanto às especificações do objeto. Apesar de ser a solução legal, ela é ruim, porque a ausência de competição tende a não garantir melhores contratações para a Administração Pública.

Por isso, uma solução melhor seria a realização de nova "regra dos 10%" relativamente àqueles proponentes que não foram inicialmente incluídos na etapa de lances, em razão dos preços apresentados por eles para o certame, pois tal solução teria como conseqüência o refazimento do quadro de classificação, com a reabertura da etapa de lances entre aqueles que não participaram da fase de lances inicial. Desde que expressamente autorizado no edital de licitação, esta solução é legítima e está de acordo com a principiologia do pregão.

De todo modo, se adotado o procedimento acima descrito (com ou sem realização de nova "regra dos 10%") e nenhuma proposta atender aos requisitos do edital, o Tribunal de Contas da União entende possível a aplicação do art. 48, § 3º, da Lei 8.666 (Acórdão 526/2005, Plenário, rel. Min. Adylson Martins Motta). Seu entendimento é no sentido de que a nova proposta dos desclassificados poderá ser ampla, ou seja, não devendo se limitar a corrigir as falhas que ensejaram a desclassificação. Isto porque, se o alcance das modificações se limitar apenas aos itens que deram ensejo à desclassificação, haverá uma quebra no sigilo das propostas, o que poderá ocorrer mesmo quando a desclassificação de alguma das propostas não tiver sido motivada na irregularidade na composição de seu preço, pois eventual ajuste para atender às especificações do objeto definidas no edital poderá implicar a reformulação da proposta financeira do licitante.

De fato, a incidência da regra no pregão envolverá a renovação das propostas, com a sua substituição por outras. Tal substituição implicará a apresentação de novas propostas, que poderão trazer novos preços para o objeto ofertado. Como afirma Marçal Justen Filho,[168] será uma espécie de anulação da fase de lances já desenvolvida, pois a conseqüência será o refazimento do quadro de classificação, tendo em vista as novas propostas apresentadas, seguida de nova fase de lances. Lembre-se que essa nova fase de lances importará realização de uma nova "regra dos 10%", podendo, portanto, envolver licitantes diversos daqueles que participaram da disputa frustrada, pois a hipótese de incidência do art. 48, § 3º, surgirá quando todas as propostas apresentadas no pregão forem desclassificadas, inclusive aquelas que ficaram de fora da "regra dos 10%" inicial.

Assim, se nem com a realização de nova "regra dos 10%" com aqueles que não participaram inicialmente da disputa e nem com a aplicação do art. 48, § 3º, for possível identificar a melhor proposta, então, a hipótese será de licitação fracassada.

Duas observações finais. No caso de desclassificação geral entre aqueles que participaram da etapa de lances, o licitante imediatamente subseqüente tem a obrigação de contratar com a Administração Pública? Sim, caso sua proposta seja aceita, pois, tanto quanto qualquer outro proponente, ele se obriga nos termos da oferta realizada.[169] Deve ser feita a análise da conformidade de sua proposta com o edital, bem como do preço apresentado, e, no caso de ser aceitável, a Administração deve declará-lo vencedor e proceder ao exame de sua habilitação.

E se, mesmo depois de adotado o procedimento acima, a licitação restar fracassada, então será o caso de abertura de novo certame. Se

---

168. Cf. Marçal Justen Filho, *Pregão* ..., 1ª ed., p. 116.
169. O prazo de validade das propostas é de 60 dias se outro não estiver fixado no edital (art. 6º da Lei 10.520).

ainda estiverem presentes todos os supostos de fato que levaram à abertura da licitação, não há qualquer impedimento para que a Administração aproveite os atos internos já praticados, e reinicie o procedimento com a republicação do aviso.

2.2.4.4 Fase de habilitação

Em decorrência da inversão das fases, no pregão somente serão analisados os documentos de habilitação depois de estar definida a classificação das propostas de preço. Na própria sessão, imediatamente após a conclusão da fase de licitação, que se encerra com a classificação das propostas consideradas aceitáveis, deve o pregoeiro proceder à análise da documentação de habilitação do licitante classificado em primeiro lugar, isto é, daquele que ofertou objeto compatível com os parâmetros técnicos mínimos do edital e com o menor preço.

É neste momento que o licitante deve entregar ao pregoeiro seu envelope de habilitação, e não no início da sessão. A Lei 10.520 (art. 4º, VI e VII) não exige que tal documentação seja entregue antes, mas apenas quando ela puder ser útil. Por causa da inversão das fases de julgamento e habilitação, no pregão não tem sentido a entrega antecipada dos envelopes de habilitação no início da sessão. É direito do licitante entregar seu envelope de habilitação apenas quando for especificamente solicitado para tanto, tendo em vista sua classificação e o momento para proceder à análise de suas condições pessoais para contratar.[170]

Dessa forma, entregues os envelopes – e em decorrência da transparência e publicidade dos atos –, o pregoeiro deve abrir o envelope do licitante classificado em primeiro lugar e examinar os do-

---

170. É por tal razão que o Tribunal de Contas da União já decidiu que: "6. No tocante à data de emissão da Certidão Negativa de Débitos Trabalhistas, registro que ela ocorreu em 12.8.2009, ou seja, durante o interregno entre a abertura, em 11.8.2009, e o fechamento, em 14.8.2009, da sessão do pregão eletrônico (fls. 95). A sessão foi suspensa exatamente para o recebimento dos documentos de habilitação e das propostas de preços. Reaberto o pregão, em 14.8.2009, a empresa Planalto Limpeza e Conservação de Ambiente Ltda. apresentou, no momento aprazado, a Certidão requerida. Portanto, não há irregularidade no ponto questionado" (Acórdão 2.284/2009, Plenário, rel. Min. Raimundo Carreiro).

cumentos apresentados, sendo que todos os interessados têm o direito de examiná-los.

Para comprovação da idoneidade do licitante a lei determinou que sua habilitação será feita com a verificação de que está "em situação regular perante a Fazenda Nacional, a Seguridade Social e o Fundo de Garantia do Tempo de Serviço – FGTS, e as Fazendas Estaduais e Municipais, quando for o caso, com a comprovação de que atende às exigências do edital quanto à habilitação jurídica e qualificações técnica e econômico-financeira" (art. 4º, XIII). Também restou autorizado o uso de sistema de cadastro, como forma de substituição da apresentação dos documentos de habilitação semelhantes mantidos no sistema (inciso XIV). Em suma, os documentos passíveis de serem exigidos na habilitação de licitação por pregão coincidem com aqueles previstos no art. 27 da Lei 8.666, os quais podem ser exigidos apenas e tão-somente na medida em que sejam necessários para a aferição da idoneidade do licitante no caso concreto, com a observância dos princípios da legalidade, razoabilidade e proporcionalidade.

Se o licitante desatender às exigências habilitatórias, o pregoeiro examinará as ofertas subseqüentes e a qualificação dos licitantes, na ordem de classificação, e assim sucessivamente, até a apuração de uma que atenda ao edital, sendo o respectivo licitante declarado vencedor (art. 4º, XVI). A lei reafirma a possibilidade de negociação com este novo proponente para que seja obtido preço melhor (inciso XVII). Isto significa dizer que, em situações como esta, a apuração de uma proposta que atenda ao edital envolve a análise da conformidade da proposta e aceitabilidade do valor apresentado. Se aceitável, então o pregoeiro poderá proceder à análise de sua habilitação.

O Tribunal de Contas da União tem considerado possível a inclusão de certidão extraída pela Internet, durante a sessão pública do pregão (Acórdão 1.758/2003, Plenário, rel. Min. Walton Alencar Filho), conforme item 2.2.4.8 deste capítulo.

2.2.4.4.1 Inabilitação de todos os participantes – Pode acontecer de, no conjunto de proponentes classificados após a sessão de lances, nenhum restar habilitado. Neste caso, a Administração Pública terá as mesmas opções indicadas no item 2.2.4.3.9, quais sejam: deverá analisar a aceitabilidade e as condições de habilitação do licitante que ofertou a melhor proposta imediatamente subseqüente à classificação que restou frustrada (art. 4º, XVI, da Lei 10.520), podendo realizar ou não, conforme definido no edital, nova "regra dos 10". Se mesmo assim não for possível encontrar uma proposta válida e com condições subjetivas para ser contratada, poderá o pregoeiro aplicar o disposto no art. 48, § 3º, da Lei 8.666, dando-se a oportunidade de apresentação de nova documentação aos licitantes inabilitados.

2.2.4.5 Fase de recurso

Uma das características procedimentais importantes da licitação por pregão é a existência de uma fase recursal una. Isto significa dizer que na modalidade de pregão não é possível o recurso em separado das interlocutórias.[171] Apenas ao final da sessão, e a partir da decisão que indica o vencedor (ou declara fracassado o procedimento), é que os licitantes poderão manifestar intenção de recorrer.

Este procedimento, apesar de diferente, não importa prejuízo às garantias da ampla defesa e do contraditório, tampouco ao princípio da revisibilidade dos atos administrativos. No pregão as decisões tomadas pelo pregoeiro durante a sessão têm eficácia imediata, sendo mesmo incabível o recurso contra elas fora da fase final da sessão, quando será possível o recurso contra todos os atos ocorridos desde a abertura da sessão.

Segundo a Lei 10.520, "declarado o vencedor, qualquer licitante poderá manifestar imediata e motivadamente a intenção de recorrer, quando lhe será concedido o prazo de três dias para apresentação das razões do recurso, ficando os demais licitantes desde logo intimados para apresentar contra-razões em igual número de dias, que começarão a correr do término do prazo do recorrente, sendo-lhes assegurada vista imediata dos autos" (art. 4º, XVIII).

Ao final da sessão pública, tendo sido identificado um vencedor ou não, estará aberta a possibilidade para os licitantes recorrerem de quaisquer atos ocorridos durante a sessão. Este é o momento para os interessados manifestarem sua intenção de recorrer, sob pena de per-

---

171. Esta expressão é própria do processo civil, mas perfeitamente aplicável à presente hipótese de direito administrativo.

da do direito de fazê-lo em sede administrativa (a lei fala em decadência do direito de recorrer – art. 4º, XX). O licitante que quiser recorrer deve manifestar-se ao final da sessão, oralmente ou por escrito, e indicar o ato impugnado e o motivo de seu descontentamento.

Isto não significa que o recurso deva ser feito oralmente, ou que um advogado deva sempre acompanhar o licitante na sessão do pregão; significa que, se o licitante quiser recorrer de algum ato praticado pelo pregoeiro na sessão, relativamente a qualquer decisão tomada no seu curso, o momento adequado será o final da sessão, devendo motivar sua pretensão. Os descontentamentos deverão ser registrados em ata e será dado o prazo de três dias para a apresentação das razões de recurso.

A fase recursal no pregão é composta, assim, de dois momentos. O primeiro, de interposição do recurso; e o segundo, para providenciar a juntada das razões recursais.

Esta dinâmica distancia-se completamente daquela prevista na Lei 8.666. Tais razões escritas significam a oportunidade para o licitante articular melhor seus argumentos e, eventualmente, requerer a juntada de algum documento que reputar importante para o julgamento do recurso. Deve haver uma vinculação entre aquilo que o licitante indicou como sendo seu descontentamento com o pregão ao final da sessão e suas razões recursais. Somente os recursos que observarem esta regra é que podem ser conhecidos pela Administração. É evidente, no entanto, que eventuais nulidades alegadas nos recursos escritos, ainda que não tenham sido levantadas oralmente na própria sessão, deverão ser levadas em consideração pela Administração, que tem o dever de zelar pela legalidade administrativa, o que lhe impõe a obrigação de apurar os fatos e anular os atos contrários à lei.

Tal regra recursal decorre da concentração dos atos na sessão e da celeridade do procedimento. A interposição de recurso com efeito suspensivo ao longo da sessão inviabilizaria a centralização das principais atividades desta modalidade na sessão pública. Assim é que a intenção de recorrer deve ser manifestada ao final da sessão, sendo concedido o prazo de três dias para a juntada de eventuais razões escritas. A falta delas não pode impedir a análise do recurso interposto oralmente. Sobre a atuação do pregoeiro no momento de recebimento do recurso, já decidiu o Tribunal de Contas da União que, "ao proceder ao juízo de admissibilidade das intenções de recorrer manifestadas pelos licitantes nas sessões públicas na modalidade pregão, deve o referido juízo se limitar à análise acerca da presença dos pressupostos recursais (sucumbência, tempestividade, legitimidade, interesse e motivação), sendo-lhe vedado analisar, de antemão, o próprio mérito recursal, para o qual deve ser concedido o prazo de três dias para apresentação das respectivas razões recursais, nos termos do art. 4º, inciso XVIII, da Lei n. 10.520/2002, c/c o art. 11, inciso XVII, do Decreto n. 3.555/2000 (pregão presencial), e do art. 26, *caput*, do Decreto n. 5.450/2005 (pregão eletrônico)" (Acórdão 2.564/2009, Plenário, rel. Min. Augusto Nardes).

Referido prazo de três dias pode ser alargado por normas locais ou editais de pregão, que poderão estabelecer, por exemplo, que se trata de dias úteis. O prazo para contra-razões deve ser idêntico ao prazo para a apresentação das razões escritas. O que não será possível é a redução deste prazo fixado na lei geral, sob pena de perda da uniformidade que se quer afirmar em benefício dos próprios licitantes. Os direitos garantidos na lei geral podem ser aumentados, jamais restringidos.

A Lei 10.520 não dispõe sobre o procedimento do recurso em si. Cremos ser aplicável a regra geral da Lei de Licitações, segundo a qual os recursos deverão ser interpostos perante a autoridade condutora do certame – no caso, o pregoeiro –, que poderá manter ou reformar sua decisão, hipótese em que encaminhará os autos, devidamente informados, à autoridade superior, para decisão.

Assim é que, na forma do art. 109, § 4º, da Lei de Licitações, "o recurso será dirigido à autoridade superior, por intermédio da que praticou o ato recorrido, a qual poderá reconsiderar sua decisão, no prazo de cinco dias úteis, ou, nesse mesmo prazo, fazê-lo subir, devidamente informado, devendo, neste caso, a decisão ser proferida dentro do prazo de cinco dias úteis, contado do recebimento do recurso, sob pena de responsabilidade".

Marçal Justen Filho sustenta que tais prazos para as diferentes autoridades administrativas se manifestarem no pregão devem ser os mesmo três dias reservados aos particulares.[172] De nossa parte, diante

---

172. *Pregão* ..., 1ª ed., p. 132.

da ausência de norma a respeito, preferimos a segurança da aplicabilidade subsidiária da Lei 8.666 no presente caso, ao invés da criação de norma, ainda que coerente com o espírito do pregão.

Por fim, é preciso consignar que os recursos interpostos ao final da sessão pública de pregão têm o efeito de suspender a contratação enquanto não forem decididos. Assim, enquanto pender decisão a seu respeito não poderá haver adjudicação, homologação e assinatura do contrato.[173]

2.2.4.6 Fase de adjudicação

No pregão a ordem procedimental das fases inerentes ao certame é bastante clara. Restou incorporado o que parcela da doutrina já admitia como sendo aplicável também na Lei de Licitações: a fase de adjudicação precede a de homologação.

Carlos Ari Sundfeld já sustentava esta ordem das fases nas modalidades licitatórias próprias da Lei 8.666.[174] Seu pensamento é no sentido de que a adjudicação é ato imediatamente posterior ao término da fase de julgamento. Diz que serve para a comissão licitatória dar por encerrado seu trabalho, tornando público o resultado final do certame, após superada a decisão dos recursos. Trata-se de ato inteiramente vinculado, na medida em que, tendo sido a proposta considerada aceitável, incluída no rol das classificadas e considerada a melhor após a aplicação do critério de julgamento, ela não pode ser preterida e deve haver a adjudicação.

Já a homologação é ato incluído na fase subseqüente, de aprovação do procedimento. Trata-se de uma das opções – ao lado da anulação e revogação do procedimento – postas à disposição da Admi-

---

173. A regra constante do art. 11, XVIII, do *Regulamento* anexo ao Decreto federal 3.555/2000 ("o recurso contra decisão do pregoeiro não terá efeito suspensivo") deve ser lida neste sentido, isto é, a adjudicação do objeto, homologação e assinatura do contrato ficam suspensas até a decisão dos recursos pela autoridade superior. Não haveria sentido lógico em celebrar-se o contrato e depois, no caso de provimento dos recursos, proceder-se à sua anulação. O que não se suspende é a sessão pública do pregão.
174. Em sentido contrário, sustentando que a homologação antecede a adjudicação na Lei 8.666, v. Celso Antônio Bandeira de Mello, *Curso* ..., 27ª ed., p. 606.

nistração. É dizer: constatadas a regularidade do procedimento e a permanência das condições fáticas que conduziram à decisão de instaurar a licitação, a autoridade deve *homologar* a *adjudicação*.[175-176]

A Lei 10.520 adotou tal lógica, conforme se lê nos incisos XX e XXI de seu art. 4º, segundo os quais: "a falta de manifestação imediata e motivada do licitante importará a decadência do direito de recurso e a adjudicação do objeto da licitação pelo pregoeiro ao vencedor"; "decididos os recursos, a autoridade competente fará a adjudicação do objeto da licitação ao licitante vencedor".[177]

Assim, proclamado o vencedor pelo pregoeiro, qualquer licitante pode manifestar imediata e motivadamente a intenção de recorrer. Se não o fizer, decairá do direito de recurso e a *adjudicação* do objeto ao vencedor será imediata, na própria sessão, e estará a cargo do pregoeiro. No caso de interposição de recursos, a autoridade encarregada de decidi-los também será responsável pela adjudicação, como medida de agilidade.

2.2.4.7 Fase de homologação

A última etapa do procedimento de licitação por pregão é a homologação do resultado final e assinatura do contrato. Há total iden-

---

175. Cf. Carlos Ari Sundfeld, *Licitação* ..., 2ª ed., pp. 168 e ss.

176. Lúcia Valle Figueiredo anota especificamente que no pregão a regra é a adjudicação anteceder a homologação. Para a autora a adjudicação nada mais é do que a conseqüência lógica do julgamento, sendo que após a adjudicação tem a Administração as seguintes opções: poderá (1) *homologar* a licitação, dando, destarte, eficácia ao ato adjudicatório; (2) *anular* a licitação, por ter havido vício insanável em seu procedimento; (3) *revogar* a licitação, por ser inconveniente ou inoportuna a contratação (*Curso* ..., 9ª ed., p. 513). Também se referindo ao pregão e à regra de que nesta modalidade "a adjudicação será homologada pela autoridade competente", v. Celso Antônio Bandeira de Mello, *Curso* ..., 27ª ed., pp. 566-567.

177. Celso Antônio Bandeira de Mello na própria Lei 8.666 aponta a falta de lógica de a adjudicação preceder a homologação. Segundo o autor, se *adjudicar* é o mesmo que *outorgar*, não há sentido em outorgar algo a alguém se a outorga fica condicionada a uma análise posterior de validade e de conveniência e oportunidade. A adjudicação, assim, seria um ato inútil. Por isso, para o autor, por uma razão de lógica, a homologação deveria preceder a adjudicação, e não o contrário (*Curso* ..., 27ª ed., p. 606). Todavia, se a Lei 8.666 não é clara a respeito dessa ordem, dando margem a dúvida, na Lei 10.520, ainda que padeça de lógica a determinação da lei, o debate perde força, uma vez que no pregão é claro que a adjudicação precede a homologação.

tidade entre esta fase nas Leis 10.520 e 8.666. Assim é que, homologada a licitação pela autoridade competente, o adjudicatário será convocado para assinar o contrato no prazo definido em edital (inciso XXII do art. 4º).

2.2.4.7.1 Recusa do adjudicatário em honrar sua proposta – Homologado o procedimento pela autoridade superior, pode ocorrer de o adjudicatário recusar-se a assinar o contrato. Quaisquer que sejam as razões que levaram o adjudicatário a não celebrar o contrato, a Administração poderá convocar os demais licitantes, na ordem de classificação, para que cumpram suas respectivas propostas, que permanecem válidas durante o prazo de 60 dias (ou outro que tenha sido fixado no edital).

Neste caso, o pregoeiro deverá analisar a proposta econômica do licitante melhor classificado, reiniciando-se – agora com relação a este proponente – a etapa de aceitabilidade da fase de julgamento, seguindo-se com a verificação de sua habilitação.[178] Isto não significa que a sessão do pregão será retomada, com reinício da etapa de lances e realização de nova classificação. Significa o reinício das atividades com o dever de publicidade e abertura da possibilidade de acompanhamento dos trabalhos por quaisquer interessados, com o agendamento de nova data para que todos os interessados possam acompanhar eventual negociação de preço e análise da documentação de habilitação. Ao final desta nova sessão abre-se a fase recursal, relativamente às decisões nela tomadas. Não se olvide a necessidade de fazer constar do processo do pregão todos os atos e decisões tomadas nesta etapa.

---

178. Não se deve cogitar da aplicação do art. 64, § 2º, da Lei 8.666/1993 neste caso. Pela Lei de Licitações, quando o convocado não assinar o termo de contrato ou não aceitar ou retirar o instrumento equivalente no prazo e condições estabelecidos, a Administração *poderá* convocar os licitantes remanescentes, na ordem de classificação, para fazê-lo em igual prazo e nas mesmas condições oferecidas pelo primeiro classificado, inclusive quanto aos preços. Na hipótese de licitação por pregão, como tal autorização é apenas uma faculdade, a Administração não deve impor ao licitante subseqüente que assuma proposta que não lhe é própria. Isto porque o disposto no art. 64, § 2º, da Lei de Licitações não é compatível com a dinâmica competitiva da nova modalidade.

2.2.4.8 Saneamento de falhas

O pregão inaugurou uma nova fase nas licitações públicas ao alertar para a necessidade de se mitigar a prática do formalismo exagerado. O tabu dos novos documentos, a idéia de saneamento de falhas e a busca do melhor negócio têm ajudado na conscientização de que a licitação não é um fim em si mesma.

Não é apenas no pregão que a Administração deve ser eficiente e usar da melhor maneira possível os seus recursos. Também não é apenas no pregão que se admite sejam sanadas falhas formais em benefício da melhor contratação. Este é um movimento crescente e válido para todas as modalidades licitatórias.

Odete Medauar, a respeito do formalismo no processo administrativo, escreveu: "Evidente que exigências decorrentes do contraditório e ampla defesa, tais como motivação, prazo para alegações, notificação dos sujeitos, não podem ser consideradas 'filigranas' ou formalidades dispensáveis, como por vezes é invocado ao se pretender ocultar razões pessoais subjacentes. Portanto, o princípio do formalismo moderado não há de ser chamado para sanar nulidades ou para escusar o cumprimento da lei".[179]

Mônica Martins Toscano Simões alerta que a aplicação do formalismo moderado nos processos *concorrenciais* só é pertinente com relação a formalidades não-essenciais, isto é, aquelas que não comprometem sua finalidade. Ao revés, é óbvio que a atenuação das formalidades não pode ser invocada para afastar nulidades. A autora lembra que, embora o princípio em foco não esteja expressamente referido no rol do *caput* do art. 2º da Lei 9.784/1999 (Lei federal de Processo Administrativo), pode ser extraído dos critérios postos nos incisos VIII e IX do parágrafo único do mesmo dispositivo, aplicáveis ao processo de licitação, a saber: "observância das formalidades essenciais à garantia dos direitos dos administrados" e "adoção de formas simples, suficientes para propiciar adequado grau de certeza, segurança e respeito aos direitos dos administrados". Além destes, cita a autora o art. 22, segundo o qual "os atos do processo administrativo não dependem de forma determinada, senão quando a lei a exigir". Tal dispositivo é de suma importância para que se garanta o

---

179. Cf. Odete Medauar, *A Processualidade no Direito Administrativo*, p. 123.

acesso dos cidadãos à Administração, mormente nos casos em que não seja obrigatória a presença de um advogado (art. 3º, IV).[180]

Apesar de a Lei 10.520 não ter tratado expressamente sobre o tema, ao contrário de outras normas que já incorporaram tal racionalidade, como a Lei federal 11.079, de 30.12.2004, que instituiu normas gerais para licitação e contratação de parceria público-privada e admitiu a possibilidade de saneamento de falhas, de complementação de insuficiências ou, ainda, de correções de caráter formal no curso do procedimento para celebração de contratos de parceria público-privada (art. 12, IV), isto não é impedimento para que também no pregão seja seguida a mesma linha.

A ausência de regra específica no pregão não impede a aplicação da principiologia que condena o formalismo exagerado. Neste sentido, o Tribunal de Contas da União já decidiu que "o formalismo exagerado da comissão de licitação configura uma violação a princípios básicos das licitações, que se destinam a selecionar a proposta mais vantajosa para a Administração. (...). O ex-Ministro Extraordinário da Desburocratização, Hélio Beltrão, costumava dizer que a burocracia nasce e se alimenta da desconfiança no cidadão, na crença de que suas declarações são sempre falsas e que válidas são as certidões, de preferência expedidas por cartórios, com os importantíssimos carimbos e os agora insubstituíveis 'selos holográficos de autenticidade', sem os quais nada é verdadeiro" (Decisão 695/1999, Plenário, rel. Min. Marcos Vinicios Rodrigues Vilaça).

O Plenário do Tribunal de Contas da União também já autorizou a inclusão de *certidão extraída pela Internet durante a sessão licitatória*, na forma do voto do Ministro Relator, Walton Alencar Rodrigues, que entendeu ter havido "fiel cumprimento ao citado art. 4º, parágrafo único, do Decreto n. 3.555/2000, no sentido de que 'as normas disciplinadoras da licitação serão sempre interpretadas em favor da ampliação da disputa entre os interessados, desde que não comprometam o interesse da Administração, a finalidade e a segurança da contratação'", tendo decidido que tal ato não configurava "tra-

---

180. Cf. Mônica Martins Toscano Simões, *O Processo Administrativo e a Invalidação de Atos Viciados*, monografia apresentada para a obtenção do título de Mestre na PUC/SP, inédita. Especificamente tratando sobre a questão do formalismo no pregão, v. Ivo Ferreira de Oliveira, *Licitação. Formalismo ou Competição?*, 2002.

tamento diferenciado entre licitantes, ao menos no grave sentido de ação deliberada destinada a favorecer determinada empresa em detrimento de outras, o que constituiria verdadeira afronta aos princípios da isonomia e da impessoalidade. (...). Não se configura, na espécie, qualquer afronta ao interesse público, à finalidade do procedimento licitatório nem à segurança da contratação, uma vez que venceu o certame empresa que, concorrendo em igualdade de condições, ofereceu proposta mais vantajosa e logrou comprovar, na sessão, a aptidão para ser contratada" (Acórdão 1.758/2003, Plenário, rel. Min. Walton Alencar Rodrigues).

O Superior Tribunal de Justiça também já decidiu que "o princípio de vinculação ao edital não é 'absoluto', de tal forma que impeça o Judiciário de interpretar-lhe, buscando-lhe o sentido e a compreensão e escoimando-o de cláusulas desnecessárias ou que extrapolem os ditames da lei de regência e cujo excessivo rigor possa afastar, da concorrência, possíveis proponentes, ou que o transmude de um instrumento de defesa do interesse público em conjunto de regras prejudiciais ao que, com ele, objetiva a Administração. (...). No procedimento, é juridicamente possível a juntada de documento meramente explicativo e complementar de outro preexistente ou para efeito de produzir contraprova e demonstração do equívoco do que foi decidido pela Administração, sem quebra de princípios legais ou constitucionais. (...). O formalismo no procedimento licitatório não significa que se possa desclassificar propostas eivadas de simples omissões ou defeitos irrelevantes" (STJ, 1ª Seção, MS 5.418-DF, Processo 1997/0066093-1, *DJU*. 1.6.1998, p. 24). Neste mesmo sentido o Tribunal Regional Federal da 1ª Região: "Certo que a Administração, em tema de licitação, está vinculada às normas e condições estabelecidas no edital (Lei n. 8.666/1993, art. 41) e, especialmente, ao princípio da legalidade estrita, não deve, contudo (em homenagem ao princípio da razoabilidade), prestigiar de forma tão exacerbada o rigor formal, a ponto de prejudicar o interesse público, que, no caso, afere-se pela proposta mais vantajosa" (TRF-1ª R., 6ª Turma, REO 36000034481/MT, Processo 200036000034481, *DJU* 19.4.2002, p. 211).

Isto explica por que tem sido freqüente o seguinte entendimento do Tribunal de Contas da União: "5. De fato, a Administração não poderia prescindir do menor preço, apresentado pela empresa vencedora, por mera questão formal, considerando que a exigência editalícia foi cumprida, embora de forma oblíqua, sem prejuízo da competitividade do certame. 6. Sendo assim, aplica-se o princípio do formalismo moderado, que prescreve a adoção de formas simples e suficientes para propiciar adequado grau de certeza, segurança e respeito aos direitos dos administrados, promovendo, assim, a prevalência do conteúdo sobre o formalismo extremo, respeitadas ainda as formalidades essenciais à garantia dos direitos dos administrados, tudo de acordo com o art. $2^{\underline{o}}$, parágrafo único, incisos VIII e IX, da Lei federal n. 9.784, de 29.1.1999" (Acórdão 7.334/2009, 1ª Câmara, rel. Min. Augusto Nardes).

Em outra oportunidade o referido órgão de controle, ao analisar planilha de custos de preços ofertadas por licitantes, afirmou não ser adequada a desclassificação quando ela contém falhas formais. Nas palavras do Relator: "Não penso que o procedimento seja simplesmente desclassificar o licitante. Penso sim que deva ser avaliado o impacto financeiro da ocorrência e verificar se a proposta, mesmo com a falha, continuaria a preencher os requisitos da legislação que rege as licitações públicas – preços exeqüíveis e compatíveis com os de mercado. Exemplifico. Digamos que no quesito férias legais, em evidente desacerto com as normas trabalhistas, uma licitante aponha o porcentual de zero por cento. Entretanto, avaliando-se a margem de lucro da empresa, verifica-se que poderia haver uma diminuição dessa margem para cobrir os custos de férias e ainda garantir-se a exeqüibilidade da proposta. Em tendo apresentado essa licitante o menor preço, parece-me que ofenderia os princípios da razoabilidade e da economicidade desclassificar a proposta mais vantajosa e exeqüível por um erro que, além de poder ser caracterizado como formal, também não prejudicou a análise do preço global de acordo com as normas pertinentes. Afirmo que a falha pode ser considerada um erro formal, porque a sua ocorrência não teria trazido nenhuma conseqüência prática sobre o andamento da licitação. Primeiro porque não se pode falar em qualquer benefício para a licitante, pois o que interessa tanto para ela quanto para a Administração é o preço global contratado. Nesse sentido, bastaria observar que a licitante poderia ter preenchido corretamente o campo 'férias' e de forma correspondente ter ajustado o lucro proposto de forma a se obter o mesmo valor global da proposta. Segundo porque o caráter instrumental da planilha de custos não foi prejudicado, pois a Administração pôde dela se utilizar para avaliar o preço proposto sob os vários aspectos legais. Em suma, penso que seria um formalismo exacerbado desclassificar uma empresa em tal situação, além de caracterizar a prática de ato antieconômico. Rememoro ainda que a obrigação da contratada em pagar os devidos encargos trabalhistas advém da norma legal (art. 71 da Lei n. 8.666/1993), pouco importando para tanto o indicado na planilha de custos anexa aos editais de licitação. Raciocínio idêntico aplica-se quando a cotação de item da planilha apresenta valor maior do que o esperado. Ora, o efeito prático de tal erro, mantendo-se o mesmo preço global, seria que o lucro indicado na proposta deveria ser acrescido do equivalente financeiro à redução de valor do referido item da planilha. Da mesma forma, na linha do antes exposto, em sendo essa proposta a mais vantajosa economicamente para a Administração e ainda compatível com os preços de mercado, não vislumbro motivos para desclassificá-la" (Acórdão 4.621/2009, 2ª Câmara, rel. Min. Benjamin Zymler).

2.2.5 Sanções administrativas

O art. 7º da Lei 10.520 estabelece que "quem, convocado dentro do prazo de validade da sua proposta, não celebrar o contrato, deixar de entregar ou apresentar documentação falsa exigida para o certame, ensejar o retardamento da execução de seu objeto, não mantiver a proposta, falhar ou fraudar na execução do contrato, comportar-se de modo inidôneo ou cometer fraude fiscal, *ficará impedido de licitar e contratar* com a União, Estados, Distrito Federal e Municípios e será descredenciado no SICAF, ou nos sistemas de cadastramento de fornecedores a que se refere o inciso XIV do art. 4º desta Lei, *pelo prazo de até cinco anos*, sem prejuízo das multas previstas em edital e no contrato e das demais cominações legais".

Tal regra estabelece uma sanção administrativa gravíssima, de *impedimento de licitar e celebrar qualquer contrato com a Administração*, por prazo de *até cinco anos*, ao licitante que (a) não celebrar o contrato no prazo de validade de sua proposta, (b) deixar de entregar ou apresentar documentação falsa, (c) ensejar o retardamento da execução de seu objeto, (d) não mantiver a proposta, (e) falhar ou fraudar na execução do contrato, (f) comportar-se de modo inidôneo ou (g) cometer fraude fiscal.

Dada a necessidade de manutenção da seriedade e uniformidade de tratamento para a aplicação da modalidade de pregão, tal regra é geral e não pode ser modificada por legislação local. É evidente que quanto ao estabelecimento de outras sanções de menor gravidade bem como ao detalhamento de valores exatos de multas, tal competência cabe à entidade licitante exercer, fixando no próprio edital de licitação as hipóteses e as sanções aplicáveis a cada caso.

Mas, tratando-se de sanção grave, por imposição do princípio da legalidade, é a lei que deve fazê-lo; e, em matéria de licitação, é a lei geral que deve tratar do seu regime.

Importante lembrar que toda sanção depende da realização de procedimento onde se garanta a defesa prévia, devendo-se conceder prazo ao acusado para manifestação, além de se admitir a produção probatória e demais conseqüências dos princípios constitucionais do contraditório e ampla defesa. Assim, é perfeitamente aplicável ao pregão a regra geral do art. 87, § 2º, da Lei 8.666, de forma a permitir a defesa do interessado e a gradação da sanção conforme a gravidade da conduta.[181]

Quanto à abrangência da sanção, já afirmou Carlos Ari Sundfeld, a respeito da mesma sanção prevista na Lei 8.666 (art. 87, III), que a interpretação deve ser restritiva, donde o impedimento de licitar só existe em relação à esfera administrativa que tenha imposto a sanção. "Adotar posição oposta significaria obrigar alguém a deixar de fazer algo sem lei específica que o determine, em confronto com o princípio da legalidade, o qual, especialmente em matéria sancionatória, deve ser entendido como *estrita legalidade*."[182]

De nossa parte, em que pese ao argumento lançado pelo autor, não faz sentido que o impedimento de contratar com a Administração Pública seja válido para uma específica esfera administrativa e para outra não. O licitante que cometer quaisquer das infrações previstas

---

181. A este respeito, sobre a margem de discricionariedade da autoridade administrativa na aplicação da sanção, v. os comentários de Marçal Justen Filho, que também faz um estudo aprofundado das infrações contidas no art. 7º da Lei 10.520 (*Pregão* ..., 1ª ed., pp. 147 e ss.).

182. Cf. Carlos Ari Sundfeld, *Licitação* ..., 2ª ed., p. 117. Em sentido contrário, admitindo a extensão da sanção a toda e qualquer Administração, v. Marçal Justen Filho, *Comentários* ..., 9ª ed., p. 575.

no art. 7º da lei e for sancionado por um dado Município, por exemplo, carrega consigo a sanção para quaisquer outros pregões de que pretenda participar em todas as esferas administrativas.

Por fim, por ausência de previsão expressa na Lei 10.520 e para o fim de colmatar uma lacuna no tema, também é aplicável ao regime sancionatório do pregão o art. 87, § 3º, da Lei 8.666, segundo o qual somente agentes políticos (Ministros, Secretários de Estado ou de Município), com exclusividade, têm competência para imposição de tal sanção. Logo, o impedimento de contratar não pode ser aplicado pelos dirigentes ou servidores de pessoas da Administração indireta, os quais deverão, se apurada falta que a justifique, encaminhar o assunto para decisão aos agentes apontados. Conforme Carlos Ari Sundfeld: "A indicação de agentes políticos como competentes tem dois sentidos. De um lado, reservam-se sanções graves a autoridades de maior porte, com isso protegendo os particulares contratados pela Administração. De outro, viabiliza-se a extensão dos efeitos da sanção a todos os entes da mesma Administração Pública, Federal, Estadual, Distrital ou Municipal, conforme o caso".[183]

3. A escolha administrativa do pregão como modalidade licitatória

O legislador previu as hipóteses em que a Administração pode utilizar-se da modalidade de pregão. Sua identidade jurídica é composta pelas suas *hipóteses de cabimento* e pela sua *estrutura procedimental*. Após a análise desses dois elementos não deve restar margem alguma de dúvida ao agente administrativo responsável pela definição da modalidade no caso concreto.

Tratando-se de certame para a contratação de *bens e serviços comuns*, e sendo compatível a *estrutura procedimental* do pregão com o específico bem licitado, então não haverá dúvida na escolha da modalidade. Como *bem e serviço comum* é conceito plurissignificativo, apenas no caso concreto, e confrontando-o com o procedimento específico do pregão, é que será possível a aferição do cabimento da modalidade. É evidente que, ainda que se trate de *bem e serviço co-*

---

183. *Licitação* ..., 2ª ed., p. 118.

mum, se o *procedimento* do pregão não for adequado para o atingimento do melhor interesse público, então será possível o uso de alguma das modalidades previstas na Lei 8.666. No entanto, sendo *bem e serviço comum*, é um ônus para o agente administrativo a demonstração da inconveniência da aplicação do pregão.

Neste sentido, a definição da modalidade pela Administração Pública deve ser precedida de ato específico, devidamente motivado. Antes da edição da Lei 10.520 não se fazia esta exigência, porquanto na Lei 8.666 a distinção entre as diversas modalidades leva em conta um critério objetivo: o do valor da contratação. No pregão este critério não é útil para a definição da modalidade, que é identificada pelo objeto da contratação e pelo cabimento do procedimento estabelecido em lei. Como tal objeto envolve a compreensão de um conceito jurídico indeterminado – *bem e serviço comum* –, portanto, de aferição em cada caso concreto, é imprescindível a explicitação das razões que levaram a Administração Pública a escolher outra modalidade licitatória que não o pregão. É um ônus para o administrador, que, caso a caso, tratando-se de bem de tal espécie, deverá justificar a não-adoção da modalidade, indicando o específico interesse público que estaria desatendido caso adotado o procedimento do pregão.

Portanto, o agente público não pode escolher livremente entre as diversas modalidades licitatórias quando o objeto licitado puder estar contido no conceito de *bem e serviço comum*. Na dúvida, como se trata de conceito fluido, o agente deve justificar a não-inclusão do específico objeto licitado, para poder fazer uso de outro procedimento licitatório.

Isto tudo porque a modalidade de pregão tem um núcleo específico de aplicabilidade: trata-se de bem e serviço comum adaptável à sua estrutura procedimental. Certamente, se o procedimento do pregão não for o mais adequado para o atendimento do melhor negócio para a Administração, então não se tratará de bem e serviço comum para os fins da Lei 10.520.

O uso de um conceito vago na lei – *bens e serviços comuns* – invoca um tema clássico do direito administrativo: o controle judicial dos atos administrativos e os limites aplicáveis a esse controle.

Com base em tais parâmetros, o Judiciário pode analisar qualquer questão que lhe venha a ser submetida para verificação da sua presença no caso concreto (art. 5º, XXXV, da CF).

4. A norma geral da versão eletrônica do pregão

A forma eletrônica do pregão não equivale a uma nova e distinta modalidade licitatória. Trata-se da mesma modalidade licitatória criada e descrita na Lei 10.520, a qual traz as seguintes regras específicas aplicáveis:

"Art. 2º. (*Vetado*).

"§ 1º. Poderá ser realizado o pregão por meio da utilização de recursos de tecnologia da informação, nos termos de regulamentação específica.

"§ 2º. Será facultado, nos termos de regulamentos próprios da União, Estados, Distrito Federal e Municípios, a participação de Bolsas de Mercadorias no apoio técnico e operacional aos órgãos e entidades promotores da modalidade de pregão, utilizando-se de recursos de tecnologia da informação.

"§ 3º. As Bolsas a que se referem o § 2º deverão estar organizadas sob a forma de sociedades civis sem fins lucrativos e com a participação plural de corretoras que operem sistemas eletrônicos unificados de pregões."

A peculiaridade do pregão eletrônico está na sua realização com o auxílio de recursos de informática, o que transporta a sessão pública do pregão para um ambiente virtual – a *Internet*.

A autorização legal permite que normas complementares sejam editadas para dar formato a esta via eletrônica do pregão, sendo absolutamente vedado qualquer desvio da *norma geral do pregão* exposta neste capítulo. Pois, sendo referida alternativa decorrência direta da Lei 10.520, dos princípios constitucionais aplicáveis à atuação administrativa e das normas gerais da Lei 8.666 que dão completude à modalidade, não há como seus ditames serem desviados quando o pregão se realizar pela *Internet*.

Em verdade, para a realização do pregão via *Internet* é imprescindível a edição de norma específica pela entidade que pretende beneficiar-se desta via, tendo em vista a necessidade de definição de um conjunto de situações que não foram previstas abstratamente na norma, todas relacionadas à adequação do procedimento presencial à via eletrônica. O âmbito próprio dessas normas específicas é apenas a organização do encontro virtual, não sendo possível qualquer inovação da ordem jurídica que importe restrição ao âmbito de participação, à publicidade do certame e ao controle dos atos administrativos pelos interessados. Por isso, tal qual no pregão presencial, fazem-se necessários o registro de todos os atos e a formalização do processo administrativo de escolha do particular até a celebração do contrato.[184]

184. Na esfera federal, o Decreto 3.697/2000 tem uma regra que nos parece incompatível com a norma geral do pregão. Seu art. 7º expressamente exclui algumas regras do pregão presencial, entre elas a "regra dos 10%". Pelas razões já expostas quando tratamos da fase de julgamento do pregão, cremos que tal norma é impositiva também para o pregão eletrônico, e não pode ser afastada. Para comentários a respeito do decreto federal, v. Sidney Bittencourt, *Pregão Eletrônico*, 2003, e *Pregão Passo-a-Passo. Uma Nova Modalidade de Licitação*, 2ª ed., 2002; e Arídio Silva, J. Araújo Ribeiro e Luiz A. Rodrigues, *Desvendando o Pregão Eletrônico (e-gov – Cotação Eletrônica – Registro de Preços – Internet e Administração Pública)*, 2002. O Tribunal de Contas da União já teve oportunidade de afirmar a ilegalidade da citada exclusão, dizendo que os pregões eletrônicos devem atentar para o "que estabelece o art. 4º, incisos VIII e IX, da Lei 10.520/2002, classificando para a fase de lances o autor da oferta de valor mais baixo, e os das ofertas com preços até 10% (dez por cento) superiores àquela poderão fazer novos lances verbais e sucessivos, até a proclamação do vencedor" (Acórdão 1.823/2009, 2ª Câmara, rel. Min. José Jorge).

Capítulo III
O PREGÃO EM ESTADOS, DISTRITO FEDERAL E MUNICÍPIOS

1. O veto ao art. 2º da Lei 10.520/2002: aplicabilidade do pregão em Estados, Distrito Federal e Municípios. 2. Auto-aplicabilidade da "norma geral" do pregão nas esferas federadas. 3. Competência legislativa suplementar de Estados, Distrito Federal e Municípios em matéria de licitação.

1. O veto ao art. 2º da Lei 10.520/2002: aplicabilidade do pregão em Estados, Distrito Federal e Municípios

O texto da medida provisória afinal convertida em lei sofreu modificações se comparado ao texto originalmente submetido ao Congresso. Muitas vezes fruto de barganhas políticas, é prática comum na Casa Legislativa a lei de conversão trazer "novidades" em relação ao texto originário da medida provisória. Tal prática não é por si só inconstitucional, uma vez que a Constituição preservou o poder de emenda também quando se tratar de lei de conversão de medida provisória. A verdade é que nem sempre os tais acréscimos são pertinentes ou compatíveis com o conjunto de regras que estão sendo transformadas em lei.

Com a medida provisória do pregão aconteceu exatamente isto. Algumas alterações relacionadas ao procedimento da nova modalidade licitatória foram feitas no texto da Lei 10.520 quando comparado com o da Medida Provisória 2.128-18. A principal delas foi que a lei de conversão passou a permitir expressamente o uso do pregão por Estados, Distrito Federal e Municípios.

Mas não só. A lei de conversão trouxe outra novidade, a qual foi razão suficiente para justificar o veto ao artigo que a incorporou. O veto presidencial acabou gerando dúvidas de interpretação e aplicabilidade do novo texto. Trata-se do art. 2º da Lei 10.520, na forma aprovada pelo Congresso Nacional, o qual teve seu *caput* posteriormente vetado pelo Presidente da República. Esta é a íntegra do dispositivo:

"Art. 2º. Pregão é a modalidade de licitação para aquisição de bens e serviços comuns pela União, Estados, Distrito Federal e Municípios, conforme disposto em regulamento, qualquer que seja o valor estimado da contratação, na qual a disputa pelo fornecimento é feita por meio de propostas e lances em sessão pública, vedada sua utilização na contratação de serviços de transporte de valores e de segurança privada e bancária.

"§ 1º. Poderá ser realizado o pregão por meio da utilização de recursos de tecnologia da informação, nos termos de regulamentação específica.

"§ 2º. Será facultado, nos termos de regulamentos próprios da União, Estados, Distrito Federal e Municípios, a participação de Bolsas de Mercadorias no apoio técnico e operacional aos órgãos e entidades promotores da modalidade de pregão, utilizando-se de recursos de tecnologia da informação.

"§ 3º. As Bolsas a que se refere o § 2º deverão estar organizadas sob a forma de sociedades civis sem fins lucrativos e com a participação plural de corretoras que operem sistemas eletrônicos unificados de pregões."

A dificuldade de interpretação gerada pelo veto presidencial decorre do fato de que o dispositivo a final vetado era o que estendia a nova modalidade para Estados, Distrito Federal e Municípios. A dúvida surgida é se, com o veto, as outras unidades federativas estarão mesmo autorizadas a fazer uso do pregão.

As razões do veto presidencial são úteis para compreensão dos motivos que levaram a esta situação. Vamos a elas:

"*Mensagem n. 638, de 17 de julho de 2002*
— *Razões de veto* ao *caput* do art. 2º da Lei n. 10.520/2002

"A redação adotada implicará a proibição da contratação de serviços de vigilância por meio do pregão, com impacto indesejável sobre os custos e a agilidade de procedimentos que estão atualmente em plena disseminação. Com efeito, a utilização do pregão na contratação desses serviços é praticada com sucesso desde sua criação, por medida provisória, em agosto de 2000.

"Ressalte-se que os serviços de vigilância são item de expressiva importância nas despesas de custeio da Administração Federal, o que impõe a busca de procedimentos que intensifiquem a competição e possibilitem a redução de custos. No âmbito da Administração direta, autárquica e fundacional, avultam a R$ 295,95 milhões anualmente, conforme dados de 2001.

"Não existe impedimento de ordem técnica à aplicação do pregão, uma vez que há larga experiência de normatização e fixação de padrões de especificação do serviço e de acompanhamento do seu desempenho. A Administração Federal tem regulamentação específica a respeito, por meio da Instrução Normativa MARE n. 18/1997, que orienta as licitações de serviços de vigilância. O Decreto n. 3.555/2000, que regulamentou o pregão, incluiu no rol dos bens e serviços comuns os serviços de vigilância ostensiva.

"Dessa forma, o pregão tem sido opção adotada cada vez mais pelos gestores de compras. Já foram realizados 103 pregões para contratações de serviços de vigilância em 30 órgãos, representando valores de R$ 37,86 milhões. Mesmo a forma mais avançada do pregão eletrônico, que pressupõe o encaminhamento de planilhas e de documentação por meio eletrônico, já tem sido adotada na contratação de vigilância, registrando-se até esta data a realização de 4 certames, pela Advocacia-Geral da União – AGU, Instituto Brasileiro de Geografia e Estatística – IBGE, Ministério dos Transportes e Instituto Nacional do Seguro Social – INSS. Estes dados são consistente evidência da conveniência e viabilidade de aplicação da nova modalidade de licitação aos serviços de vigilância.

"Estas, Sr. Presidente, as razões que me levaram a vetar o dispositivo acima mencionado do Projeto em causa, as quais ora submeto à elevada apreciação dos Srs. Membros do Congresso Nacional.

"Brasília, 17 de julho de 2002."

Como se vê, o veto presidencial não teve qualquer relação com a extensão da nova modalidade às outras esferas federativas. Durante a tramitação no Congresso foi incluída regra no referido dispositivo que, se aprovada, vedaria a aquisição de serviços de vigilância ostensiva por meio do pregão. Como ao Presidente da República só foi autorizado o veto parcial quando abranger texto integral de artigo, parágrafo, inciso ou alínea (na forma do § 2º do art. 66 da CF), pelas razões acima transcritas, a decisão governamental foi de vetar todo o *caput* do dispositivo.

Conforme ficou claro nas razões de veto, não há motivos evidentes para que sejam vedadas contratações de serviços de vigilância por meio de pregão.

Possível questionamento poderia surgir no sentido da aplicabilidade do novo procedimento a Estados, Distrito Federal e Municípios após o veto ao *caput* do art. 2º. Afinal, à exceção da ementa da lei, não há no texto regra nos moldes da que foi vetada dispondo, expressamente, acerca de sua aplicabilidade a tais entes políticos.

Todavia, parece-nos não haver qualquer prejuízo na aplicabilidade da Lei 10.520 aos outros entes federativos. Não apenas porque sua ementa diz, expressamente, instituir a nova modalidade no âmbito da União, Estados, Distrito Federal e Municípios, mas porque a Lei 10.520, diversamente da Medida Provisória 2.128-18, não veda o uso do pregão por outras esferas.

A Medida Provisória 2.182-18 dizia em seu art. 2º que pregão era modalidade de licitação para aquisição de bens e serviços comuns, promovida *exclusivamente* no âmbito da União. Já a Lei 10.520 não traz tal vedação. Neste sentido, o veto acima transcrito não trouxe qualquer prejuízo quanto à possibilidade de uso desta nova modalidade licitatória por Estados, Distrito Federal e Municípios.

Além desses fatores, não é demais afirmar que a Lei 10.520, ao autorizar, expressamente, a realização de pregão eletrônico nas diversas esferas federativas, acabou autorizando, implicitamente, a forma presencial, na medida em que a forma eletrônica é apenas uma variação no ambiente do procedimento presencial regulado na lei (art. 2º, § 2º).

Assim, o único efeito prático do veto presidencial ao *caput* do art. 2º da Lei 10.520 foi ter impedido que as contratações de serviços de vigilância tivessem ficado excluídas, *a priori*, da licitação na modalidade de pregão.

2. Auto-aplicabilidade da "norma geral" do pregão nas esferas federadas

A *norma geral do pregão*, tal qual estabelecida no Capítulo II deste trabalho, permite a conclusão de que a Lei 10.520, complementada, quando necessário, pela Lei 8.666, traz normas suficientes para assegurar a viabilidade e aplicação direta e imediata da modalidade para União, Estados e Municípios.

A auto-aplicabilidade da *norma geral do pregão* decorre da existência de um conjunto de regras que fixem suficientemente sua estrutura fundamental. Já afirmamos que a regra geral do pregão é composta pelas normas gerais da Lei 10.520, complementadas, naquilo que for necessário para a dinâmica da modalidade, pelas normas gerais de licitação da Lei 8.666 que com ela forem compatíveis.

O fato de a Lei 10.520 ter sido regulamentada, na esfera federal, pelo Decreto 3.555/2000, para o pregão presencial, e pelo Decreto 3.697/2000 (depois substituído pelo Decreto 5.450/2005), para o pregão eletrônico, não retira sua aplicabilidade imediata para Estados, Distrito Federal e Municípios.

A questão envolvida nesta hipótese é saber se as esferas federativas precisam editar norma local para se beneficiar da nova modalidade licitatória, ou não – a exemplo do que fez a Administração Pública Federal. Como já se relatou, a União somente abriu licitações na modalidade de pregão depois de editado o decreto regulamentador do pregão presencial.

A própria medida provisória, em quatro momentos distintos, fazia referência à existência de uma "regulamentação específica": uma, para se referir ao pregão eletrônico, e todas as outras com referência ao pregão presencial. Primeiro, ao dizer que "regulamento" disporá sobre os bens e serviços comuns (§ 2º do art. 1º). Depois, para estabelecer que o pregão eletrônico poderia ser realizado "nos termos de regulamentação específica" (parágrafo único do art. 2º). Com relação à publicidade do aviso, dizia que ela seria feita "nos termos do regulamento de que trata o § 2º do art. 1º" (inciso I do art. 4º). E, por último, também os atos essenciais do pregão seriam documentados no processo respectivo, "nos termos do regulamento previsto no § 2º do art. 1º" (art. 8º).

O fato é que relativamente ao pregão presencial o veto aposto ao *caput* do art. 2º da Lei 10.520 criou situação curiosa, pois era lá que estava a referência ao tal "regulamento". Não obstante o dispositivo tenha sido vetado, a lei continua a fazer referência ao "regulamento" quando trata da publicação do aviso e da formação dos autos do processo administrativo da licitação.

As razões de veto, no entanto, não têm qualquer ligação com a necessidade ou não de regulamentação para garantir aplicabilidade à lei. Mas a referência à existência de um regulamento acerca do pregão presencial cria dificuldades de interpretação. Assim, de duas, uma. Ou se afirma que a redação do inciso I do art. 4º e do art. 8º da lei decorre de falta de cuidado do legislador federal, que não revisou o texto após o referido veto. Ou se afirma que os dispositivos precisam de regulamentação, sob pena de não poderem ser aplicados por Estados, Distrito Federal e Municípios.

Afirmar a necessidade de regulamentação significa dizer que a modalidade de pregão não é auto-aplicável para os entes federados, que, para se beneficiarem da nova modalidade, devem editar normas locais.

Parece-nos evidente, depois de todo o exposto no Capítulo II, que a melhor interpretação para a questão é afirmar a total falta de técnica do legislador federal. Com efeito, a estrutura procedimental conseguida com a identificação da *norma geral do pregão* permite a imediata aplicação da nova modalidade por quaisquer entidades públicas.

A identificação de seu campo próprio de incidência e de sua estrutura procedimental basta para que qualquer entidade licitante beneficie-se da nova modalidade, não havendo necessidade de edição de lei ou decreto estadual ou municipal. Para a aplicação da regra geral basta a publicação do edital de licitação, que, formulado nos moldes da *norma geral*, permitirá o uso concreto da nova modalidade pela entidade.

3. Competência legislativa suplementar de Estados, Distrito Federal e Municípios em matéria de licitação

Por decorrência do sistema constitucional de competências, é possível que Estados, Distrito Federal e Municípios legislem *suple-*

mentarmente à norma geral do pregão. A interpretação do Texto Constitucional, no entanto, para que seja feita esta afirmação, não é tão simples.

É que a Constituição Federal, quando outorgou à União competência privativa para a edição de *normas gerais* de licitação (art. 22, XXVII), não inseriu a matéria no art. 24 para indicar que Estados e Distrito Federal também poderiam legislar sobre tais matérias. O que afirmam alguns autores é que, à luz do disposto no § 2º do art. 24, não se pode negar que ambas as esferas federativas têm competência legislativa para *suplementar* as *normas gerais* de competência da União.¹

José Afonso da Silva trata expressamente desta suposta omissão constitucional e esclarece que Estados, Distrito Federal e também Municípios têm competência suplementar em matéria de licitação. Veja-se seu raciocínio:

"(...). Não é, porém, porque não consta na competência comum que Estados e Distrito Federal (...) não podem legislar suplementarmente sobre esses assuntos. Podem e é de sua competência fazê-lo, pois que, nos termos do § 2º do art. 24, a competência da União para legislar sobre *normas gerais* não exclui (na verdade até pressupõe) a competência suplementar dos Estados (e também do Distrito Federal, embora não se diga aí), e isso abrange não apenas as normas gerais referidas no § 1º desse mesmo artigo no tocante à matéria neste relacionada, mas também as *normas gerais* indicadas em outros dispositivos constitucionais, porque justamente a característica da *legislação principiológica* (normas gerais, diretrizes, bases), na repartição de

---

1. Esta é a redação do dispositivo constitucional:
"Art. 24. Compete à União, aos Estados e ao Distrito Federal legislar concorrentemente sobre:
"(...).
"§ 1º. No âmbito da legislação concorrente, a competência da União limitar-se-á a estabelecer normas gerais.
"§ 2º. A competência da União para legislar sobre normas gerais não exclui a competência suplementar dos Estados.
"§ 3º. Inexistindo lei federal sobre normas gerais, os Estados exercerão a competência legislativa plena, para atender a suas peculiaridades.
"§ 4º. A superveniência de lei federal sobre normas gerais suspende a eficácia da lei estadual, no que lhe for contrário."

competências federativas, consiste em sua correlação com competência suplementar (complementar e supletiva) dos Estados.

"Tanto isso é uma técnica de repartição de competência federativa que os §§ 3º e 4º complementam sua normatividade, estabelecendo, em primeiro lugar, que, inexistindo lei federal sobre normas gerais, os Estados exercerão a competência legislativa plena, para atender a suas peculiaridades, e, em segundo lugar, que a superveniência de lei federal sobre normas gerais suspende a eficácia da lei estadual, no que lhe for contrária. Note-se bem, o constituinte foi técnico: a lei federal superveniente não revoga a lei estadual nem a derroga no aspecto contraditório, esta apenas perde sua aplicabilidade, porque fica com sua eficácia suspensa. Quer dizer, também, sendo revogada a lei federal pura e simplesmente, a lei estadual recobra sua eficácia e passa outra vez a incidir.

"Ainda uma observação. A Constituição não situou os Municípios na área de competência concorrente do art. 24, mas lhes outorgou competência para *suplementar a legislação federal e a estadual no que couber*, o que vale possibilitar-lhes disporem especialmente sobre as matérias ali arroladas e aquelas a respeito das quais se reconheceu à União apenas a normatividade geral."[2]

Assim é que a própria União e também Estados, Distrito Federal e Municípios podem pretender estabelecer outros direitos e obrigações, além dos previstos na Lei 10.520, para a modalidade de pregão.

A criação de novos direitos e obrigações bem como a imposição de um regime uniforme para todos os Poderes de cada uma dessas entidades demandariam a edição de lei, como decorrência do princípio da legalidade e da separação dos Poderes. Leis com tal objetivo poderiam ser criadas desde que observassem integralmente a *norma geral do pregão*.[3]

Mas não há necessidade de lei, no seu sentido formal, para o estabelecimento de normas complementares à *norma geral* do pregão.

---

2. *Curso de Direito Constitucional Positivo*, 33ª ed., p. 504.
3. Em razão de decisão do Supremo Tribunal Federal, há o perigo de Estados e Municípios resolverem tratar do tema por medida provisória (Plenário, ADI 425-TO, Min.-Relator Maurício Corrêa, *DJU* 11.9.2002).

Tampouco de decretos ou resoluções, para que o órgão esteja autorizado a promover licitação por pregão. O chefe do Executivo pode editar um decreto regulamentador para a Administração, assim como também podem fazê-lo os chefes do Judiciário e Legislativo, através de normativa própria. Cada um dos Poderes pode editar norma complementadora para os fins de adequar a norma geral às competências locais, sendo que o maior mérito de decretos e resoluções neste sentido é a uniformidade de condutas por eles produzida.[4-5]

Em conformidade com o quanto sustentamos, diante da completude da *norma geral do pregão*, não há óbice para um certo ente licitante realizar licitação por pregão com a simples publicação do ato convocatório do certame, o qual, sendo a lei interna da licitação, determinará a aplicação da regra geral do pregão e fixará as normas administrativas que se mostrem necessárias.[6]

Assim é que norma local ou o próprio edital podem determinar a aplicação integral dos decretos federais (ou, no caso de Municípios,

---

4. A própria Lei 8.666, em dispositivo aplicável, diz que os órgãos da Administração poderão expedir normas relativas aos procedimentos operacionais a serem observados na execução das licitações no âmbito de sua competência, observadas as disposições da lei (art. 115).

5. O *Regulamento da Licitação na Modalidade de Pregão*, aprovado pelo Decreto 3.555/2000, diz que subordinam-se às suas regras, "além dos órgãos da Administração direta, os fundos especiais, as autarquias, as fundações, as empresas públicas, as sociedades de economia mista e as entidades controladas direta e indiretamente pela União" (parágrafo único do art. 1º). Os órgãos do Judiciário Federal e também do Legislativo não estão abrangidos no âmbito de aplicação do decreto. Nem poderia ser diferente, pois o chefe do Executivo não tem competência administrativa sobre os outros Poderes. A solução adotada pelos outros Poderes foi a remissão ao decreto e a extensão de sua aplicabilidade também para a os órgãos do Judiciário e Legislativo Federais. Mas não havia – e não há – qualquer impedimento para que o chefe de cada um desses Poderes edite norma própria, distinta da do Decreto 3.555, para complementar de forma diferente a Lei 10.520 e os pregões por eles realizados. Todavia, neste caso não seria possível qualquer transbordamento dos limites da *norma geral do pregão*.

6. O mesmo raciocínio é válido para o pregão eletrônico, pois trata-se da realização do mesmo pregão presencial em ambiente que se utiliza de recursos de tecnologia da informação. Neste caso, edital, decreto ou resolução deverão atentar em estabelecer regramento específico para as situações e dificuldades derivadas deste elemento, as quais, como visto, não foram previstas na Lei 10.520. Assim, nada impede que uma empresa estatal, querendo realizar pregão eletrônico, assim proceda, com base unicamente na norma geral do pregão, no caso de ausência de norma local.

de lei ou decreto estadual, se existirem). E esta incidência se dará porque o legislador, ou o Executivo, local decidiu livremente adotar tal normativa, não porque Estados e Municípios devam acatamento às normas alheias, mas apenas e tão-somente à *norma geral*.[7]

Com isso, os Decretos federais 3.555/2000 e 3.697/2000 (posteriormente substituído pelo Decreto 5.450/2005), editados pela União Federal para regulamentar o procedimento dos pregões presencial e eletrônico, respectivamente, têm incidência obrigatória apenas para os órgãos da Administração direta e indireta da órbita federal. E, ainda assim, lembre-se que as sociedades de economia mista, empresas e fundações públicas e demais entidades controladas direta e indiretamente pela União podem editar regulamentos próprios, desde que em observância às disposições da legislação (art. 119 da Lei 8.666), caso em que os decretos não teriam incidência obrigatória.

Dessa forma, tais decretos somente têm incidência obrigatória para outros órgãos federais (inclusive os do Judiciário e Legislativo), e para Estados, Distrito Federal e Municípios se houver o acolhimento, em remissão expressa por parte de tais entes, das normas lá estabelecidas.[8]

Carlos Ari Sundfeld, ainda que sob a égide da Lei 8.666, escreveu neste sentido e afirmou que, apesar de as normas gerais incidirem sobre as atividades de Estados, Municípios e Distrito Federal, que lhes devem acatamento, o mesmo não ocorre com os decretos editados pelo Presidente da República a título de regulamentar a Lei de Licitações. E o fundamento para tanto é que o que é *geral* em matéria de licitação decorre de competência *legislativa* da União, e não regulamentar. Não há regra constitucional permitindo ao chefe do Executivo Federal, através de decreto, impor pautas de conduta às demais pessoas políticas. E, de todo modo, isso não seria possível em um sistema federativo, onde há autonomia entre a União, os Estados, o Distrito Federal e os Municípios (art. 18 da CF) e, por isso, um não está sujeito aos atos administrativos regulamentares do outro. Não há hierarquia entre a União, os Estados (ou Distrito Federal) e os Muni-

---

7. Cf. Carlos Ari Sundfeld (ainda que se referindo à Lei 8.666), *Licitação e Contrato Administrativo – De Acordo com as Leis 8.666/1993 e 8.883/1994*, 2ª ed., p. 32.

8. Neste sentido, v. Celso Antônio Bandeira de Mello, *Licitação*, p. 7.

cípios; e todos eles são isônomos, e, por isso, não se submetem às determinações dos demais, ainda mais quando estejam contidas em ato de hierarquia menor, como o administrativo.[9]

A conclusão a que se chega, portanto, é que Estados, Distrito Federal e Municípios somente terão o dever de observar os decretos federais editados para regulamentar o pregão no âmbito federal no caso de editarem normas locais que expressamente façam remissão a tais textos. Tal possibilidade não exclui outra, também viável, de as normas locais terem o modelo federal como inspiração para a edição de seus modelos próprios, sem, contudo, determinar a aplicação integral das normas lá contidas.

---

9. Cf. Carlos Ari Sundfeld, *Licitação* ..., 2ª ed., pp. 33-34. O autor fundamenta seu raciocínio nos ensinamentos de Geraldo Ataliba, para quem "'o regulamento não pode criar obrigações para terceiros, que não os subordinados hierárquicos do chefe do Poder Executivo que o editou' (...)" (*República e Constituição*, Ed. RT, São Paulo, p. 112).

Parte III
O PREGÃO EM OPERAÇÃO

Capítulo IV
A DINÂMICA DO PREGÃO FEDERAL

1. Pregão presencial no Decreto federal 3.555/2000: 1.1 Requisitos específicos de instauração: termo de referência e planilha de custos – 1.2 Publicação do edital – 1.3 A lista de "bens e serviços comuns" anexa ao Decreto federal 3.555/2000. 2. Procedimento do pregão na ANATEL. 3. O Anteprojeto de Lei de Contratações Públicas.

Este Capítulo IV tem dois objetivos. O primeiro é traçar algumas observações a respeito dos regulamentos federais sobre o pregão à luz de sua *norma geral*: (a) o Decreto 3.555/2000, que regulamenta o pregão presencial, editado à época da medida provisória; e (b) o pregão da ANATEL.

Com relação ao Decreto 3.555/2000, focaremos neste capítulo três temas que não foram objeto de análise específica no Capítulo II: trata-se dos requisitos específicos de instauração do pregão na esfera federal, as regras de publicidade do edital e a lista de bens e serviços comuns anexa ao decreto. Ao longo do Capítulo II procedemos a uma análise minudente de diversos dispositivos do decreto, para o fim de verificar sua compatibilidade com a Lei 10.520.

Com relação ao pregão na ANATEL faremos uma análise pontual de seu procedimento, tendo em vista a superveniência da Lei 10.520. Nosso objetivo será checar sua compatibilidade com a *norma geral* da modalidade.

O segundo objetivo deste capítulo é noticiar o Anteprojeto de Lei de Contratações Públicas apresentado pelo Governo Federal no ano de 2002, que incorporou a modalidade do pregão. Ainda que o regime lá apresentado seja semelhante ao da Lei 10.520, com ele não coincide integralmente. A menção ao texto proposto e submetido a consulta pública serve para o relato a respeito de possíveis alternativas procedimentais pensadas para a modalidade.

Comecemos com o pregão presencial no decreto federal.

1. Pregão presencial no Decreto federal 3.555/2000

1.1 Requisitos específicos de instauração: termo de referência e planilha de custos

Tal qual a Lei 8.666, a Lei do Pregão é genérica e não se atém a detalhes de organização interna da Administração quanto à formalização dos aspectos relacionados à definição do objeto a ser licitado e à sua estimativa de custo. O que ambas as leis impõem é o dever ao órgão licitante de definir com cautela o que será licitado, para que a aquisição seja perfeitamente compatível com as necessidades do órgão. Também determinam que dos autos da licitação constem a autorização da despesa e a respectiva fonte de recursos.

O Decreto 3.555, que regulamentou a Lei 10.520 na esfera federal, trouxe uma novidade. Certamente para uniformizar procedimentos e facilitar o relacionamento entre as unidades de compra e os órgãos requisitantes, passou a exigir a inclusão de dois novos documentos dentre aqueles que formam o processo: o *termo de referência* e a *planilha de custos*. A novidade está na exigência expressa feita pelo decreto de inclusão de tais documentos dentre os atos essenciais do pregão e que devem fazer parte do processo licitatório.

A função que o *termo de referência* e a *planilha de custos* desempenham na licitação não é nova. Em verdade, por interpretação da própria Lei 8.666, sempre se afirmou que documentos com o mesmo objetivo fossem produzidos na fase inicial do processo administrativo. O que o decreto federal pretendeu fazer foi a uniformização dos comportamentos administrativos.

Isto porque são comuns o desencontro e a falta de comunicação entre o setor de compras do órgão e a unidade requisitante do bem ou serviço a ser licitado. A má gestão das atividades dentro do órgão administrativo é um dos fatores mais negativos no processo de aquisições governamental.

É por isso que, em razão da dificuldade de administrar o processo de aquisições governamentais, acreditamos tenha o Decreto 3.555 incluído entre os documentos essenciais da licitação o *termo de referência* e a *planilha de custos*, consignando, assim, a necessária participação que o órgão requisitante do bem ou serviço a ser licitado tem na definição e, conseqüentemente, na posterior satisfação com o item que lhe será entregue.

O *termo de referência* é, então – e na forma do *Regulamento da Licitação na Modalidade de Pregão*, aprovado pelo decreto –, "o documento que deverá conter elementos capazes de propiciar a avaliação do custo pela Administração, diante de orçamento detalhado, considerando os preços praticados no mercado, a definição dos métodos, a estratégia de suprimento e o prazo de execução do contrato" (art. 8º, II). É o documento onde devem estar refletidas todas as informações necessárias a respeito do objeto, de forma precisa, suficiente e clara, vedadas especificações que, por excessivas, irrelevantes ou desnecessárias, limitem ou frustrem a competição ou a realização do fornecimento (inciso I).

Isto significa dizer que a Administração deve especificar muito bem o objeto a ser licitado, conforme suas reais necessidades, tendo em mira dois objetivos imediatos. Um é ser útil na avaliação do impacto financeiro que a aquisição terá nas contas públicas. Quanto mais claros a definição do objeto e o planejamento das estratégias de fornecimento, mais fácil será a administração dos recursos. E o segundo é servir de suporte no momento de elaboração do edital.

O *termo de referência* é, assim, uma espécie de "projeto básico", na nomenclatura da Lei 8.666, ou seja, um documento que contém os elementos necessários e suficientes para caracterizar o objeto da licitação. Apenas não é equiparável diretamente ao projeto básico previsto no art. 6º, IX, da Lei de Licitações porque este último foi definido como necessário apenas na caracterização de obras ou serviços. E o *termo de referência* é de exigência obrigatória em todas as licitações federais na modalidade de pregão, de forma que, sendo o objeto licitável por meio desta nova modalidade, tal documento deve ser apresentado na fase preparatória do processo.

E quem é responsável pela sua elaboração? Comumente o edital de licitação é elaborado por órgão distinto daquele que faz a requisição da contratação. Sendo assim, é evidente que a participação deste último órgão no processo de definição do objeto a ser contratado melhora o nível de qualidade técnica e faz com que o item a ser adquirido atenda às expectativas do órgão comprador. Por tais razões, o Decreto 3.555 deixou claro que a responsabilidade pela elaboração do *termo de referência* é do órgão requisitante da licitação. A norma evidenciou a importância da participação efetiva deste ente no processo licitatório. Aí está a novidade.

Quanto à *planilha de custos*, ela recebeu especial relevância no procedimento do pregão porque este documento tem o papel de auxiliar o pregoeiro na verificação da aceitabilidade do preço proposto pelos licitantes no momento da sessão pública do pregão. Como já visto ao analisarmos o procedimento da modalidade, o pregoeiro que conduz o pregão precisa ter em mãos elementos suficientes quanto ao custo do objeto que está sendo licitado, para poder conduzir adequadamente a sessão de lances e analisar o preço que está sendo ofertado pelo participante. Especialmente nos pregões para contratação de serviços, a exposição dos custos do contrato na forma de planilha auxilia o pregoeiro na análise da exeqüibilidade do preço ofertado.

Por fim, uma observação quanto à exigência de *termo de referência* e de *planilha de custos* para a abertura de um pregão em Estados e Municípios. Conforme afirmamos, o papel que ambos os documentos desempenham no processo licitatório é relevantíssimo, na medida em que a qualidade da contratação depende principalmente deles. Assim, não é demais observar que, apesar de não haver referência expressa a estes dois documentos na lei – apenas no Decreto 3.555, o qual, como vimos, não é de aplicabilidade obrigatória em Estados e Municípios –, sua função é vital no sucesso de qualquer licitação, especialmente as realizadas na modalidade de pregão. Isto não significa dizer que Estados e Municípios precisem usar a mesma nomenclatura, mas inequivocamente devem adotar procedimentos que atendem a tal lógica, tendo em vista a melhoria do processo de aquisições públicas.

1.2 Publicação do edital

Na órbita federal, a despeito da redação truncada do dispositivo legal (art. 4º, I, da Lei 10.520), não restam dúvidas de interpretação.

O Decreto 3.555 tem regra específica sobre a forma de convocação dos interessados. Trata-se do art. 11, I a III, do *Regulamento da Licitação na Modalidade de Pregão*, a ele anexo. Nos órgãos da Administração Pública Federal a publicação de aviso é feita em função das faixas monetárias lá estabelecidas. Assim, para bens e serviços de valores estimados em até R$ 160.000,00, no *Diário Oficial da União* e por meio eletrônico (na *Internet*). Para bens e serviços de valores estimados acima de R$ 160.000,00 até R$ 650.000,00, no *Diário Oficial da União*, por meio eletrônico (na *Internet*) e em jornal de grande circulação local. E para bens e serviço de valores estimados superiores a R$ 650.000,00, no *Diário Oficial da União*, por meio eletrônico (na *Internet*) e em jornal de grande circulação regional ou nacional.[1]

Resumidamente, os avisos dos pregões federais serão sempre publicados no *Diário Oficial* e na *Internet*. E em alguns casos, conforme o vulto da licitação, a convocação também será feita por meio de jornal de grande circulação local, regional ou federal.

Dúvida pode surgir quanto ao local na *Internet* em que os avisos podem ser lidos. A lei diz que "cópias do edital e do respectivo aviso serão colocadas à disposição de qualquer pessoa para consulta e divulgadas na forma da Lei n. 9.755, de 16 de dezembro de 1998" (art. 4º, IV). Referida lei trata da *home page* na *Internet* do Tribunal de Contas da União, para divulgação de dados e informações lá especificados. Sendo órgão de controle da Administração Federal, tal lei determina que seja dada publicidade, na forma do art. 16 da Lei 8.666, às relações mensais de todas as compras feitas pela Administração direta ou indireta. Mas, além deste local, o Decreto federal 3.555 ainda determina que, tratando-se de órgão ou entidade integrante do Sistema de Serviços Gerais – SISG, a íntegra do edital deverá estar disponível em meio eletrônico, na *Internet*, no *site www.comprasnet.gov.br*, independentemente do valor estimado (art. 11, I, "d", do *Regulamento* anexo ao Decreto 3.555).

---

1. Já referimos na nota 97 do Capítulo II que a Lei do Pregão não impõe a obrigatoriedade de publicidade do aviso em jornal de grande circulação. Nesta modalidade a publicidade obrigatória é feita pelo *Diário Oficial*, sendo facultativas a via eletrônica (*Internet*) e também a via do jornal de grande circulação, exigíveis apenas quando norma local (ou regulamentar) assim determinar, como fez o decreto federal.

1.3 A lista de "bens e serviços comuns" anexa ao Decreto federal 3.555/2000

A legislação federal fornece alguns elementos que auxiliam o intérprete na tarefa de compreensão do que sejam *bens e serviços comuns*. Editado ainda na época em que o pregão era regulado por medida provisória, o Decreto federal 3.555, de 8.8.2000, traz uma lista de *bens e serviços* considerados *comuns*. Estabelece seu Anexo I (*Regulamento da Licitação na Modalidade de Pregão*), no § 2º do art. 3º: "§ 2º. Consideram-se bens e serviços comuns aqueles cujos padrões de desempenho e qualidade possam ser concisa e objetivamente definidos no objeto do edital, em perfeita conformidade com as especificações usuais praticadas no mercado, *de acordo com o disposto no Anexo II*" (grifos nossos).

O Anexo II referido no dispositivo traz uma *Classificação de Bens e Serviços Comuns*. Trata-se de verdadeira lista, elucidativa, por meio da qual é mais fácil a visão daquilo que pode ser considerado *bens e serviços comuns* para fins de licitação na modalidade do pregão.

Certamente, a razão de ser desta lista em um decreto federal foi incentivar o uso do pregão pelas diversas entidades licitantes naquele âmbito. Seu intento foi evitar questionamentos iniciais e superar eventuais dúvidas que pudessem, de alguma forma, retardar a aplicação do novo instituto. A lista anexa ao decreto promoveu, assim, uma uniformidade de tratamento ao tema.

Não se pode negar que, para este fim, a lista não tenha sido útil, pois ela encorajou os diversos órgãos federais a promover pregões para aquisições dos bens e serviços lá previstos. Neste contexto, é correto afirmar que o decreto foi editado dentro dos limites da competência regulamentar do chefe do Executivo.

Conforme ensina o professor Celso Antônio Bandeira de Mello, um dos usos corretos do regulamento em nosso Direito é a identificação de situações de fato que correspondam aos conceitos indeterminados que a lei utilizou. São estas as suas palavras, com especial atenção a item I-b, abaixo transcrito: "Em síntese: os regulamentos serão compatíveis com o princípio da legalidade quando, no interior das possibilidades comportadas pelo enunciado legal, os preceptivos regulamentares servem a um dos seguintes propósitos: (I) *limitar a discricionariedade administrativa*, seja para (a) dispor sobre o *modus procedendi* da Administração nas relações que necessariamente surdirão entre ela e os administrados por ocasião da execução da lei; (b) *caracterizar fatos, situações ou comportamentos enunciados na lei mediante conceitos vagos* cuja determinação mais precisa deva ser embasada em índices, fatores ou elementos configurados a partir de critérios ou avaliações *técnicas* segundo padrões uniformes, para garantia do princípio da igualdade e da segurança jurídica; (II) *decompor analiticamente o conteúdo de conceitos sintéticos*, mediante simples discriminação integral do que neles se contém".[2]

No caso concreto, como visto, a então Medida Provisória 2.026-3, no § 1º de seu art. 1º (atual parágrafo único do art. 1º da Lei 10.520/ 2002), definiu *bens e serviços comuns* como sendo "aqueles cujos padrões de desempenho e qualidade possam ser objetivamente definidos pelo edital, por meio de especificações usuais no mercado".

O que importa, aqui, destacar é que a medida provisória trouxe no seu bojo um conceito vago, o de *bem e serviço comum*, que a final foi incorporado pela Lei 10.520, cuja determinação mais precisa era aconselhável para uma aplicação uniforme da regra. Neste sentido, o Decreto 3.555 e sua lista constante do Anexo II facilitaram a compreensão da norma e permitiram um uso uniforme do pregão.

O problema, parece-nos, está na forma como isto foi feito. É que, conforme a redação do § 2º do art. 3º do Regulamento aprovado pelo decreto, o rol trazido pela lista anexa à norma pretendeu ser taxativo. Lembre-se a redação do dispositivo: "Consideram-se bens e serviços comuns (...), de acordo com o disposto no Anexo II".[3]

Como já dissemos no Capítulo I, toda a idéia do pregão veio da experiência da ANATEL. Aquele órgão regulamentou os arts. 56 e 57 da LGT por meio da Resolução 5, de 15.1.1998, que estabeleceu o *Regulamento de Contratações da ANATEL*. Tal documento – o qual foi fonte inequívoca de inspiração para a regulamentação do pregão na esfera federal – adotou lógica semelhante à adotada pelo Decreto 3.555, mas distinta neste ponto: o *Regulamento da ANATEL* preferiu

---

2. Celso Antônio Bandeira de Mello, *Curso* ..., 27ª ed., p. 366.
3. O Tribunal de Contas da União já proferiu entendimento contrário, no sentido de que a lista de serviços constante do Anexo II do Decreto 3.555/2000 não é exaustiva. Tal informação consta da análise técnica feita na Decisão 343/2002 (Plenário, rel. Min. Adylson Motta, j. 10.4.2002).

trazer um rol exemplificativo de bens e serviços comuns, tendo autorizado ao órgão promotor da licitação o enquadramento de outros bens à regra legal. Este é o texto do dispositivo do *Regulamento de Contratações da ANATEL* em comento:

"Art. 8º. Pregão é a modalidade de licitação em que a disputa pelo fornecimento de bens ou serviços comuns é feita por meio de propostas e lances em sessão pública.

"Parágrafo único. Consideram-se bens e serviços comuns aqueles cujos padrões de desempenho e qualidade possam ser objetivamente definidos pelo edital por meio de especificações usuais no mercado, tais como peças de reposição de equipamentos, mobiliário padronizado, bens de consumo, combustíveis e material de escritório, bem assim serviços de limpeza, vigilância, conservação, locação e manutenção de equipamentos, agenciamento de viagem, vale-refeição, digitação, transporte, seguro-saúde, *entre outros*."

Note-se o parágrafo único do dispositivo transcrito. A técnica usada pelo órgão regulador foi a de dar exemplos, tendo deixado aberto o rol para preenchimento futuro e conforme as necessidades do órgão. Não que a ANATEL não tenha o dever de fazer uso do pregão apenas e tão-somente quando se tratar de bem ou serviço "cujos padrões de desempenho e qualidade possam ser objetivamente definidos pelo edital por meio de especificações usuais no mercado". O dever de atendimento da regra permanece caso a caso, na fixação de cada novo item a ser licitado.

Neste ponto, o que nos parece oportuno destacar é que, não obstante a competência regulamentar federal pudesse ter sido exercida – como de fato foi – para melhor compreensão do conceito de *bem e serviço comum*, a opção por um rol taxativo de itens passíveis de serem adquiridos por meio do pregão não é a que melhor atende aos ditames do interesse público. Melhor foi a solução adotada no *Regulamento de Contratações da ANATEL*, que, ao fazer a definição, permitiu que o conceito fosse preenchido conforme decisão do administrador público, a partir dos elementos legais.

Concordamos, assim, com Marçal Justen Filho, para quem a relação contida no Anexo II é meramente exemplificativa. No argumento do autor o regulamento federal não poderia inovar o conceito de *bem e serviço comum*, nem lhe caberia a função de fornecer elenco exaustivo dos objetos contratáveis através do pregão.[4] Este entendimento, aliás, já foi assumido expressamente pelo Tribunal de Contas da União, ao afirmar que referido rol é meramente exemplificativo (Acórdão 817/2005, 1ª Câmara).

2. Procedimento do pregão na ANATEL

Em 15.1.1998 o Conselho Diretor da ANATEL aprovou o *Regulamento de Contratações da Agência*, por meio de sua Resolução 5. Por tanto, enquanto ainda tramitava no Supremo Tribunal Federal o julgamento do pedido de medida liminar requerido na ADI 1.668/1997 contra os arts. 22, II, 54, 55, 56, 57, 58 e 59 da LGT, mencionada no Capítulo I.

A decisão, como visto, quanto à suspensão dos dispositivos da LGT pelo Plenário do STF só foi tomada em 20.8.1998, ou seja, depois da edição da norma que regulamentou os dispositivos relativos à aquisição de bens e serviços da LGT pela ANATEL.

Importa destacar que referida ação constitucional, não obstante tenha sido proposta antes da edição do *Regulamento de Contratações da ANATEL*, apenas teve seu pedido de medida cautelar analisado pelo Plenário do Supremo Tribunal Federal depois da entrada em vigor deste novo texto normativo. De fato, o pedido de medida cautelar foi julgado em 20.8.1998, e a Resolução 5 da ANATEL, que veio a regulamentar os dispositivos da lei, foi editada em 15 de janeiro do mesmo ano.

Isto significa que o Supremo Tribunal Federal analisou o pedido de medida cautelar requerido quando já estavam em vigor as normas regulamentadoras dos dispositivos da LGT que tratam do pregão. E, ao analisar a competência da ANATEL para edição de norma sobre licitação (art. 22, II, da LGT),[5] entendeu que a interpretação do dispositivo deveria ser feita em conformidade com a Constituição, "com o objetivo de fixar a exegese segundo a qual a competência do Con-

---

4. Marçal Justen Filho, *Pregão (Comentários à Legislação do Pregão Comum e Eletrônico)*, 2ª ed., p. 53.
5. LGT: "Art. 22. Compete ao Conselho Diretor: (...) II – aprovar normas próprias de licitação e contratação".

selho Diretor fica submetida às normas gerais e específicas de licitação e contratação previstas nas respectivas leis de regência". E, com relação aos arts. 55, VIII, 56 e 57 da LGT, que fixavam as " regras gerais" do novo pregão, sua constitucionalidade acabou sendo reconhecida, ainda que em sede de liminar. O que importa dizer é que o regulamento deve ser entendido como regra de concretização da norma geral do pregão.[6]

O entendimento esposado permitiu que lei federal (LGT) criasse uma nova modalidade de licitação para os procedimentos de licitação de um órgão da Administração Indireta Federal (ANATEL), desde que a principiologia consagrada no sistema, porque derivada da Constituição Federal (art. 37, XI), não fosse deixada de lado. Assim – e como conseqüência da análise feita pelo Supremo Tribunal Federal dos dispositivos da LGT –, restou admitida a criação do pregão na ANATEL, tendo como principal característica a inversão das fases de habilitação e julgamento.

Os dispositivos da LGT que tratam do pregão são singelos, apenas indicam a estrutura da nova modalidade (inversão das fases). As regras procedimentais propriamente ditas do pregão na ANATEL estão na sua Resolução 5/1998, as quais não se distanciam da principio-

---

6. V. os dispositivos da LGT:
"Art. 55. A consulta e o *pregão* serão disciplinados pela Agência, observadas as disposições desta Lei e, especialmente:
"(...);
"VIII – a habilitação e o julgamento das propostas poderão ser decididos em uma única fase, podendo a habilitação, no caso de *pregão*, ser verificada apenas em relação ao licitante vencedor;
"(...).
"Art. 56. A disputa pelo fornecimento de bens e serviços comuns poderá ser feita em licitação na modalidade de *pregão*, restrita aos previamente cadastrados, que serão chamados a formular lances em sessão pública.
"Parágrafo único. Encerrada a etapa competitiva, a comissão examinará a melhor oferta quanto ao objeto, forma e valor.
"Art. 57. Nas seguintes hipóteses, o *pregão* será aberto a quaisquer interessados, independentemente de cadastramento, verificando-se a um só tempo, após a etapa competitiva, a qualificação subjetiva e a aceitabilidade da proposta:
"I – para a contratação de bens e serviços comuns de alto valor, na forma do regulamento;
"II – quando o número de cadastrados na classe for inferior a cinco;
"III – para o registro de preços, que terá validade por até dois anos;
"IV – quando o Conselho Diretor assim o decidir."

logia constitucional em matéria de licitação (CF, art. 37, XXI) e da Lei 8.666/1993. Aliás, como visto, tal diploma serviu como fonte de inspiração para o regime geral do pregão, havendo, portanto, uma semelhança muito grande entre o regime do pregão da ANATEL e o regime da Lei 10.520. As diferenças relativas ao procedimento são pontuais.

Referida resolução está dividida em 11 capítulos, da seguinte forma: "Capítulo I – Das Disposições Gerais"; "Capítulo II – Do Pregão"; "Capítulo III – Da Consulta"; "Capítulo IV – Do Registro de Preços"; "Capítulo V – Da Impugnação do Ato Convocatório"; "Capítulo VI – Da Habilitação"; "Capítulo VII – Do Cadastro"; "Capítulo VIII – Da Invalidação e Revogação da Licitação"; "Capítulo IX – Dos Contratos"; "Capítulo X – Das Sanções"; e "Capítulo XI – Das Disposições Finais".

Na ANATEL – assim como na Lei 10.520 – o pregão tem três principais características: (1) serve apenas para a escolha de bens ou serviços *comuns*, sendo que a resolução traz uma lista exemplificativa;[7] (2) a habilitação e o julgamento das propostas são decididos em uma única fase; e (3) o julgamento das propostas de preço precede a análise dos documentos de habilitação, cuja análise será feita apenas em relação ao licitante vencedor.

As situações excepcionadas do pregão na ANATEL, por meio de sua Resolução 5/1998, são: (a) para as licitações para contratação de obras e serviços de engenharia (art. 4º); (b) para as locações imobiliárias e alienações em geral (art. 4º); e (c) para celebrar contratos sem licitações nas hipóteses de dispensa e inexigibilidade (art. 5º). Da mesma forma, o Decreto federal 3.555/2000 também excepciona obras e serviços de engenharia, locações imobiliárias e alienações em geral. Com relação à dispensa e inexigibilidade de licitação a Resolução 5/1998 foi cautelosa ao vedar a criação de outras hipóteses de

---

7. Trata-se do parágrafo único do art. 8º, segundo o qual: "Consideram-se bens e serviços comuns aqueles cujos padrões de desempenho e qualidade possam ser objetivamente definidos pelo edital por meio de especificações usuais no mercado, tais como peças de reposição de equipamentos, mobiliário padronizado, bens de consumo, combustíveis e material de escritório, bem assim serviços de limpeza, vigilância, conservação, locação e manutenção de equipamentos, agenciamento de viagem, vale-refeição, digitação, transporte, seguro-saúde, entre outros".

contratação direta, evitando eventuais desvios à regra constitucional que impõe o dever de licitar, tendo em vista o amplo rol existente na Lei 8.666.

Quanto ao procedimento, em si, da modalidade são poucas as diferenças em comparação com a Lei 10.520, considerando que na ANATEL, apesar da previsão legal para realização de pregão *restrito*, do qual podem participar apenas as pessoas previamente cadastradas pela Agência, a prática tem demonstrado a opção do órgão pela realização de pregões *amplos*, com a participação de quaisquer interessados.[8]

Pontualmente, são estas as diferenças procedimentais entre a Lei 10.520 e a Resolução 5/1998 da ANATEL:

(1) a impugnação ao edital pode ser feita até a data fixada para recebimento das propostas, inclusive na própria sessão pública, oralmente, quando será reduzida a termo. A petição deve ser decidida antes da celebração do contrato; e, no caso de acolhimento, o certame será refeito desde o início (art. 18). Na Lei 10.520 não há procedimento específico para a impugnação ao edital, sendo aplicáveis os dispositivos da Lei 8.666;

(2) há regra expressa consignando que o desatendimento de exigências formais não-essenciais não importará o afastamento do licitante, desde que sejam possíveis a aferição da sua qualificação e a exata compreensão da sua proposta (art. 2º, § 1º). Todavia, apesar de a Lei 10.520 não trazer regra expressa nesse sentido, não se pode – em razão da principiologia aplicável ao procedimento – negar a incidência de regra de igual conteúdo para os pregões regidos pela norma geral do pregão;

(3) o ato convocatório pode dispensar a apresentação da proposta de preço escrita, quando todos os licitantes poderão formular diretamente lances verbais e sucessivos. Essa hipótese é cabível excepcionalmente, e apenas quando houver mais de 12 cadastrados para fornecimento dos bens ou serviços objeto da licitação, e desde que

---

8. Em tese, o pregão amplo seria adotado para contratações acima de R$ 1.500.000,00 e quando o número de cadastrados na Agência fosse inferior a cinco. Todavia, por ampliar a disputa, a Agência tem optado por realizar seus pregões de forma ampla, já que o procedimento de ambas as modalidades é o mesmo, a não ser pela forma de publicidade do aviso e convocação dos interessados.

eles sejam avisados diretamente, por qualquer meio seguro, com prova de recebimento (art. 10, § 2º). Não há regra semelhante na Lei 10.520; aliás, este procedimento é absolutamente incompatível com o regime da Lei Geral do Pregão, que exige sempre a apresentação de proposta escrita;

(4) a interposição de recursos é feita no final da sessão, com o registro em ata da síntese das suas razões e contra-razões, podendo os interessados juntar memoriais no prazo de três dias úteis. Excepcionalmente, quando complexas as questões debatidas, o pregoeiro poderá conceder, àqueles que manifestarem a intenção de recorrer, prazo diferenciado e suficiente para apresentação das correspondentes razões, ficando os demais intimados para apresentar contra-razões em igual número de dias, que começarão a correr do término do prazo do recorrente, sendo-lhes assegurada vista imediata dos autos (art. 13, XIV e XV). Pelo regime da Lei 10.520 sempre deverá ser concedido o prazo de três dias ao recorrente para apresentar razões, e o mesmo prazo para as contra-razões;

(5) a resolução fala expressamente em "retomada da sessão" no caso de o licitante vencedor recusar-se a assinar o contrato, quando os demais licitantes são chamados, na ordem de classificação, "para fazê-lo nas mesmas condições da proposta vencedora" (art. 13, XXI). A retomada, em si, não é uma diferença com relação ao regime da Lei 10.520; aliás, entendemos que nesta situação a sessão deve mesmo ser retomada (o que não implica a retomada de lances, como visto). Mas o chamamento do licitante subseqüente para assumir nas mesmas condições da proposta vencedora, esta, sim, é uma regra que não foi incorporada no pregão da Lei 10.520. Aliás, cremos que, dadas as características da modalidade, não há como *impor* ao licitante subseqüente que assuma proposta que não lhe é própria, à semelhança do art. 64, § 2º, da Lei 8.666, nem mesmo nos pregões realizados pela ANATEL; e

(6) por fim, quanto às sanções, não há a previsão no regulamento da pena de impedimento de contratar com o órgão "pelo prazo de até cinco anos", na forma da Lei 10.520; o que é correto, tendo em vista que só um lei poderia fixar pena tão grave (art. 35). Todavia, com a superveniência da Lei do Pregão é possível a aplicação de tal penalidade também na ANATEL, tendo em vista a previsão legal da pena.

A dúvida que poderia surgir com a superveniência da Lei 10.520 é a respeito da aplicabilidade de seu regime para os pregões da ANATEL, tendo em vista a existência de lei (LGT) e regra procedimental próprias. Em aplicação ao quanto se vem sustentando até aqui – e sendo a Lei 10.520 a principal fonte na definição da *norma geral* do *pregão* –, não há como negar sua aplicação também para os procedimentos da ANATEL. Trata-se de regra geral, e incide para toda a Administração Pública Federal. Não há razão para sustentar-se a existência de dois regimes de pregão na esfera federal. Se à época da criação da ANATEL argumentou-se com a existência de fundamento suficiente para a restrição da modalidade a esse órgão administrativo, agora não há mais. Além do quê o regime da Lei 10.520 é em tudo compatível com o da LGT.

Tal afirmação, no entanto, não significa que as diferenças procedimentais apontadas devam ser adaptadas. É que, à exceção (a) da participação no certame sem a entrega de lances escritos e (b) da imposição ao licitante subseqüente – no caso de o vencedor não aceitar assinar o contrato – de assumir as mesmas condições da proposta vencedora, todas as outras regras procedimentais da Resolução 5/1998 da ANATEL são absolutamente compatíveis com a Lei Geral do Pregão. Até mesmo a realização de pregão restrito aos cadastrados, tendo em vista a previsão na LGT.

3. O Anteprojeto de Lei de Contratações Públicas

No ano de 2002 o Governo Federal, por meio do Ministério do Planejamento, Orçamento e Gestão, produziu um Anteprojeto de Lei de Contratações Públicas cujo objetivo é substituir a incidência da atual Lei 8.666 nas aquisições em geral. Pretende-se que o âmbito de incidência daquela lei passe a estar restrito às contratações de obras e serviços de engenharia. O Anteprojeto foi submetido a consulta pública e encaminhado à Casa Civil da Presidência da República.[9]

---

9. Os trabalhos que levaram à apresentação desse Anteprojeto de Lei foram coordenados pela Sra. Renata Vilhena no âmbito no Ministério do Planejamento, que o desenvolveu com o auxílio da consultoria jurídica prestada pelos Drs. Benedicto Porto Neto e Jacintho Arruda Câmara, responsáveis pelo desenvolvimento do Projeto. A íntegra do texto pode ser encontrado na *Internet*, no endereço *www.comprasnet.gov.br*.

A menção a referido Anteprojeto é pertinente antes de tudo porque nele foi incluído o pregão como modalidade licitatória.

A diferença do Anteprojeto com relação à Lei 8.666 é a admissão, como regra geral, da fase de julgamento em antecedência à de habilitação. Dessa forma, existem várias regras procedimentais importantes para viabilizar esta nova sistemática, válida não só para o pregão.

No mais, relativamente ao modelo atual da Lei 10.520, são estes os dispositivos que tratam especificamente do pregão, que, transcritos, dão uma visão melhor da procedimentalização de suas fases no regime proposto:

ANTEPROJETO DE LEI DE CONTRATAÇÕES PÚBLICAS

(...)

Seção VI – **Das Fases Classificatória e Habilitatória**

Art. 52. As propostas apresentadas devem ser classificadas de acordo com critérios definidos no instrumento convocatório.

Parágrafo único. Somente devem ser aceitas as propostas que estejam acompanhadas de declaração da proponente de que atende aos requisitos de habilitação.

Art. 53. Sempre que admitido no instrumento convocatório, as participantes podem apresentar novos e sucessivos lances, até a proclamação de um vencedor.

§ 1º. É obrigatória a aceitação de novos e sucessivos lances no Pregão, na Cotação Permanente e no Leilão de Bens.

§ 2º. No instrumento convocatório, destinado a licitação na modalidade de pregão, pode ser previsto que apenas o autor da menor proposta inicial e os das que se situarem em intervalo definido a partir dela, possam apresentar novos e sucessivos lances.

§ 3º. Não havendo pelo menos 3 (três) propostas nas condições previstas no parágrafo anterior, os autores das 3 (três) propostas de menor preço podem formular novos e sucessivos lances, quaisquer que sejam os preços inicialmente ofertados.

§ 4º. Ressalvada a hipótese prevista no § 2º, é vedado estabelecer restrição à apresentação de novos e sucessivos lances, sempre que houver interessados.

§ 5º. O instrumento convocatório pode fixar diferença mínima de valores, a partir da proposta de menor preço, para formulação de lances.

Art. 54. O prazo de validade das propostas, inclusive as apresentadas na forma do art. 53, deve ser definido no instrumento convocatório, não podendo ser superior a 120 (cento e vinte) dias.

Parágrafo único. A critério da licitante vencedora, o prazo de validade da proposta pode ser prorrogado.

Art. 55. No julgamento com base em técnica conjugada a preço, a proposta técnica e a proposta de preço devem ser apresentadas em envelopes distintos e lacrados.

Parágrafo único. As propostas técnicas devem ser avaliadas antes da abertura dos envelopes com as propostas de preço.

Art. 56. A Administração deve aferir a aceitabilidade da melhor proposta.

§ 1º. Deve ser desclassificada a proposta que:

I – desatender às exigências fixadas no instrumento convocatório, desde que não seja cabível o saneamento nas condições admitidas por esta Lei;

II – consignar preço excessivo ou condições abusivas; e

III – consignar preço ou condições inexeqüíveis.

§ 2º. É vedada a estipulação de valor mínimo, quando a Administração pagar o preço, e a de valor máximo, quando ela receber o preço.

Art. 57. A classificação e a desclassificação das propostas devem ser motivada, com indicação das justificativas das avaliações promovidas e da disposição do instrumento convocatório que a fundamenta.

Art. 58. Na licitação ou no procedimento de contratação de fornecimento de bem, o instrumento convocatório pode exigir a entrega de amostra, para que seja submetida a testes e análises, em conformidade com normas técnicas, ou ainda para aferição dos produtos a serem entregues.

§ 1º. É garantido às participantes o direito de acompanhar ou indicar representantes para acompanhamento de testes e análises.

§ 2º. A participante que, mesmo após a fase de saneamento a que se refere o art. 61, tiver sua amostra reprovada, deve ter sua proposta desclassificada.

Art. 59. Encerrada a fase de classificação, a Administração deve examinar a documentação do primeiro classificado para verificação do atendimento das exigências de habilitação.

§ 1º. Se a participante não atender às exigências de habilitação, a Administração deve examinar a documentação da melhor classificada entre as remanescentes, e assim sucessivamente.

§ 2º. O instrumento convocatório pode prever que apenas a participante vencedora deva apresentar a documentação de habilitação, na própria sessão de julgamento das propostas ou em prazo nele definido, que será contado da sua notificação para providenciá-la.

§ 3º. Caso o instrumento convocatório tenha previsto a apresentação de documentos de habilitação apenas pela participante vencedora em prazo nele fixado e esta tenha sido inabilitada, a melhor entre as remanescentes deve ser notificada para apresentá-los em igual prazo.

§ 4º. A participante com a proposta vencedora que atenda às exigências de habilitação pode ser convocada para contratação, nas condições da sua própria proposta.

§ 5º. Quando for admitida a apresentação de novas e sucessivas propostas e a da participante remanescente melhor classificada não tiver se situado no intervalo a que se refere o art. 53, § 4º, a fase de classificação será retomada, abrindo-se oportunidade para que todas as remanescentes dela participem.

Art. 60. A Administração não se limita às informações dos documentos constantes do procedimento, sendo-lhe facultada a promoção de diligências, vistorias e exames técnicos que julgar necessários.

Art. 61. É assegurada nas fases de classificação das propostas e de habilitação, oportunidade para saneamento de falhas, inclusive para correção de cálculos e para apresentação de documentos faltantes, desde que não implique em modificação do preço e das condições da proposta.

§ 1º. O instrumento convocatório definirá o prazo para saneamento, não superior a 2 (dois) dias úteis.

§ 2º. No Pregão e na Cotação Permanente, o instrumento convocatório pode eliminar a fase saneadora, ou fixar-lhe prazo inferior ao referido no parágrafo anterior.

Seção VII – **Das Fases Adjudicatória e Recursal**

Art. 62. Adjudicação é o ato da Autoridade Condutora que indica a vencedora do procedimento, inaugurando a fase recursal.

Parágrafo único. A adjudicação deve ser feita após a classificação das propostas e a verificação do atendimento das exigências de habilitação pelo vencedor.

Art. 63. Cabe recurso contra atos da Autoridade Condutora, praticados nas fases de classificação e habilitação e, observado o disposto no art. 37, § 2º, contra atos do Comitê Técnico.

Parágrafo único. Os recursos devem ser dirigidos à Autoridade Superior, por intermédio da Autoridade Condutora, no prazo de até 3 (três) dias úteis do conhecimento do ato de adjudicação.

Art. 64. As participantes devem ser notificadas dos recursos interpostos, podendo apresentar contra-razões no prazo de até 3 (três) dias úteis, contado da notificação.

Parágrafo único. A falta de contra-razões tempestiva não representa concordância das demais participantes com o recurso.

Art. 65. Decorrido o prazo de apresentação de recursos e contra-razões, a Autoridade Condutora, no prazo máximo de 3 (três) dias úteis, deve encaminhar os autos do procedimento à Autoridade Superior, sempre que necessário.

Parágrafo único. Na fluência do prazo previsto no *caput*, a Autoridade Condutora pode reconsiderar sua decisão, sem prejuízo do encaminhamento dos autos à Autoridade Superior, sempre que necessário.

Art. 66. A Autoridade Superior deve julgar o recurso no prazo de até 3 (três) dias úteis do recebimento dos autos.

Art. 67. Acolhido o recurso, a Autoridade Superior pode determinar a correção da falha ensejadora do recurso, invalidando os atos subseqüentes, sempre que cabível.

Parágrafo único. Na hipótese prevista no *caput*, os autos devem ser encaminhados à Autoridade Condutora, para que o procedimento seja retomado.

Art. 68. A notificação aos interessados decorrente do acolhimento ou não dos recursos deve indicar os seus fundamentos.

§ 1º. As participantes interessadas têm prazo de até 3 (três) dias úteis, contado da notificação, para se manifestar.

§ 2º. Decorrido o prazo fixado no parágrafo anterior e havendo manifestação, a Autoridade Superior deve manter ou reconsiderar sua decisão em até 3 (três) dias úteis.

Art. 69. A Autoridade Superior e a Condutora, ao reconsiderar decisão, e a Autoridade Superior ao julgar recurso, devem examinar todas as questões tratadas nas razões e contra-razões recursais, inclusive aquelas constantes de pareceres que as integrem, desde que pertinentes.

Art. 70. Durante a fluência dos prazos para recurso ou contra-razões, os autos devem permanecer com vista franqueada às participantes.

Art. 71. No Pregão, a participante pode manifestar a intenção de interpor recurso no final da sessão, com indicação resumida das suas razões, vedada a interposição de recurso por razões diversas das indicadas em sessão.

Art. 72. Na Cotação Permanente, cabe recurso contra o ato de adjudicação para cada aquisição de bem ou serviço, no prazo de 1 (um) dia útil da notificação do ato.

Parágrafo único. O autor da melhor oferta tem prazo de 1 (um) dia útil para apresentar contra-razões, contado da notificação da interposição do recurso.

Seção VIII – **Da Fase Homologatória**

Art. 73. Após decisão de eventuais recursos, a Autoridade Superior, verificada a legalidade dos atos praticados, deve homologar o procedimento ou revogá-lo, no todo ou em parte, por razões de interesse público decorrentes de fato superveniente, devidamente justificadas.

Art. 74. Quando pretender anular ou revogar o procedimento de contratação, a Autoridade Superior, indicando as razões de fato e de direito sobre as quais pretende apoiar sua decisão, deve determinar a notificação de todas as participantes.

Art. 75. A anulação do procedimento induz à do contrato dele decorrente.

Art. 76. Homologado o procedimento, a vencedora poderá ser convocada para apresentar certidões comprobatórias das declarações que apresentou, salvo se possível a comprovação de ofício, oportunidade em que deverá assinar o contrato no prazo estipulado no instrumento convocatório.

Parágrafo único. Caso a vencedora não atenda à convocação, o procedimento deve ser retomado, nos termos do art. 59.

(...).

Art. 79. O Pregão, a Cotação Permanente e a Seleção Extraordinária só admitem critério de julgamento de propostas com base no menor preço.

Como se vê, a disciplina do pregão estabelecida neste Anteprojeto é muito semelhante ao regime atual da Lei 10.520, com poucas diferenças.

A primeira é a regra de que caberá ao edital fixar o intervalo para participação na sessão de lances (não há a previsão genérica da "regra dos 10%"). Depois, está expressamente consignada a proibição de qualquer restrição à apresentação de novos e sucessivos lances na sessão, sendo possível o edital fixar diferença mínima de valores, a partir da proposta de menor preço, para formulação de lances. Finalmente, no Anteprojeto prevê-se a possibilidade da retomada dos lances no caso de o primeiro classificado não atender às condições de habilitação e o subseqüente não ter participado da sessão de lances porque sua proposta inicialmente ofertada não se situou no intervalo fixado no edital para participação.

Parte IV
PREMISSAS E CONCLUSÕES

Capítulo V
SÍNTESE DAS PREMISSAS E CONCLUSÕES

1. Da história do pregão. 2. Da estrutura fundamental do pregão. 3. O pregão em Estados, Distrito Federal e Municípios. 4. A dinâmica do pregão federal.

Ao fim do presente estudo, cujo ponto central envolveu a identificação da *norma geral do pregão*, apresentamos as principais premissas e conclusões obtidas no seu transcurso.

Para compreensão e contextualização do tema, tratamos no Capítulo I da história do pregão até a edição da Lei federal 10.520, de 17.7.2002. Depois, para chegarmos à *norma geral do pregão*, iniciamos o Capítulo II com o estudo a respeito do conceito de *norma geral em matéria de licitação*, tendo concluído que a identidade própria da modalidade é formada pela sua *hipótese de cabimento* e pela sua *peculiar estrutura procedimental*. No capítulo seguinte (Capítulo III) procedemos à análise da aplicabilidade da *norma geral do pregão* nas diversas esferas federadas, com o objetivo de aferir a utilidade e o âmbito de incidência de eventual atividade legislativa suplementar. Ao final, tratamos de algumas peculiaridades na dinâmica da modalidade em certas normas federais e também no Anteprojeto de Lei de Contratações Administrativas, que as incorpora (Capítulo IV). O resumo que segue obedece a esse encaminhamento.

1. Da história do pregão

1.1 Para contextualizar o tema do trabalho foi necessário proceder a uma exposição das normas jurídicas e dos fatos que estiveram relacionados à criação da nova modalidade de pregão no Direito Brasileiro. Nesta linha, foi exposto o contexto jurídico e administrativo que levou a Lei Geral de Telecomunicações (LGT, Lei 9.472/1997) a adotar o pregão como modalidade licitatória válida no âmbito da Agência Nacional de Telecomunicações – ANATEL.

1.2 A criação de uma nova modalidade de licitação de aplicabilidade restrita a uma única entidade na esfera federal fez surgir uma série de questionamentos relacionados à conceituação de *norma geral em matéria de licitação*, relevantes para o desenvolvimento deste trabalho. O assunto chegou a ser examinado pelo Supremo Tribunal Federal em sede de ação direta de inconstitucionalidade (ADI 1.668/1997), que admitiu a *constitucionalidade* da norma introdutória de nova modalidade licitatória de aplicabilidade restrita a um órgão federal.

1.3 O passo seguinte na história do pregão foi a edição da Medida Provisória 2.026, de 4.5.2000, por meio da qual se admitiu a aplicabilidade do novo procedimento apenas para a União Federal. Ficaram expressamente excluídos do âmbito de aplicação da nova modalidade Estados, Distrito Federal e Municípios. Tal situação gerou diversos questionamentos de ordem jurídica, entre os quais (a) a ausência dos pressupostos constitucionais para a edição de medida provisória criando nova modalidade licitatória; (b) o problema de sua reedição por 18 meses consecutivos; (c) a superveniência da Emenda Constitucional 32/2001, que deu nova redação ao art. 62 da Constituição Federal; e (d) a restrição de sua aplicabilidade à União Federal.

2. Da estrutura fundamental do pregão

2.1 O tratamento da matéria por medida provisória de aplicação restrita à União Federal gerou perplexidade em Estados e Municípios, alijados do uso da licitação por pregão, o que fez surgir duas correntes de interpretação da norma, ambas para o fim de justificar a aplicação da modalidade para as diversas esferas federadas. De um lado, propôs-se a "interpretação conforme" do dispositivo da medida provisória que restringia seu âmbito de incidência. De outro, argumentou-se no sentido de sua inconstitucionalidade. Ambos os argumentos foram utilizados para justificar a edição de normas locais estendendo a aplicabilidade da nova modalidade. A insegurança gerada pela medida provisória propiciou a edição de um significativo número de normas locais sobre o pregão.

2.2 A conversão da medida provisória na Lei 10.520, em 17.7.2002, apesar de ter ampliado o âmbito de aplicação do pregão para Estados, Distrito Federal e Municípios, não pôs fim às dúvidas de aplicabilidade da norma. Apenas modificou o enfoque do debate. Afinal, o que é vinculante na lei? Quais temas podem ser objeto de complementação? Se houver espaço para o exercício de tal competência, ela é legislativa ou regulamentar? Qual espécie de norma serviria para tais fins? A resposta a essas questões envolveu a prévia compreensão do conteúdo de *norma geral em matéria de licitação* e, conseqüentemente, dos limites para Estados e Municípios editarem normas locais sobre o tema. Envolveu, portanto, uma definição prévia relacionada à identidade da *norma geral do pregão*.

2.3 Para proceder a tal definição estudamos o conceito de *norma geral em matéria de licitação*, tendo constatado que nele a criação de nova modalidade licitatória se enquadra. Em seguida partimos para a identificação da *norma geral* específica da modalidade, estruturadora das características vinculantes da licitação por pregão, de observância obrigatória pela União, Estados, Distrito Federal e Municípios.

2.4 O estudo do conceito de *norma geral em matéria de licitação* revelou a dificuldade do estabelecimento de limites concretos ao exercício de tal competência legislativa pela União Federal. Os critérios elencados pela doutrina envolvem valores, dificultando afirmações peremptórias sobre o que deve ser considerado norma geral e o que não deve.

2.5 Após analisarmos os ensinamentos de vários autores (Celso Antônio Bandeira de Mello, Adílson Abreu Dallari, Lúcia Valle Figueiredo, Diogo de Figueiredo Moreira Neto, Alice Gonzalez Borges, Carlos Ari Sundfeld e Marçal Justen Filho), adotamos as seguintes premissas a respeito de *norma geral em matéria de licitação*:

2.5.1 Somente a União Federal tem competência para legislar sobre tal tema (CF, art. 22, XXVII).

2.5.2 A competência para criação de nova modalidade licitatória deve ser entendida como norma geral de licitação, sendo própria da União, e envolve a definição da *estrutura* da nova modalidade e das regras que lhe são *caracterizadoras*, como garantia dos vetores da *segurança* e *certeza jurídicas*.

2.5.3 A norma geral que cria nova modalidade licitatória deve supor a existência de um campo próprio para o exercício de competência legislativa suplementar pelas esferas federativas.

2.5.4 A Lei 8.666/1993 veicula um grande número de normas – nem todas, a princípio, gerais, mas que acabaram promovendo uma *uniformidade útil* no tema das licitações, pois, em grande parte, suas soluções são as únicas compatíveis com o Texto Constitucional.

2.5.5 Não é contrária à natureza de *norma geral em matéria de licitação* a norma que cria nova modalidade licitatória e possui ampla extensão. É mesmo prudente que haja uniformidade na aplicação das referidas normas – desde que as soluções por elas apresentadas sejam decorrência direta dos princípios constitucionais do processo licitatório.

2.5.6 Estados, Distrito Federal e Municípios, não obstante possam, não devem exercer suas competências legislativas suplementares para inovar na matéria.

2.5.7 A conseqüente diminuição do campo próprio para o exercício das competências legislativas locais que norma de ampla abrangência provoca é compensada pela uniformidade propiciada em matéria de licitação, a qual é medida garantidora de segurança e certeza jurídicas na aplicação dos mesmos princípios, bem como de ampla participação no certame. E:

2.5.8 A *norma geral* veiculadora de nova modalidade deve, necessariamente, ser aplicável indistintamente a todas as esferas federativas. Tal regime decorre do art. 22, XXVII, da Constituição. O tema deve ser analisado sob a ótica da Constituição, e no nosso Texto Constitucional a noção de *norma geral* contrapõe-se à de *norma específica*. Neste sentido, norma geral de licitação deve, necessariamente, ser válida para todas as esferas políticas. Eventuais exceções à regra precisam estar previstas na própria Constituição. É o caso da possibilidade prevista no art. 173, § 1º, III, onde está expressamente autorizada a existência de um regime próprio de licitação para as empresas estatais exploradoras de atividade econômica. Tanto assim que o art. 22, XXVII, foi alterado pela Emenda Constitucional 19 para dele constar, expressamente, a coexistência de um regime paralelo ao *geral* nele previsto.

2.6 A partir de tais considerações teóricas, buscamos apresentar nossa definição de *norma geral do pregão*, cuja fonte normativa é formada pelo conjunto de regras originárias da Lei 10.520/2002 e da Lei 8.666/1993, sempre com os olhos na Constituição Federal.

2.7 Para melhor compreensão e estudo da *norma geral do pregão*, decompusemos o conceito em dois elementos: a *hipótese de cabimento* e a *estrutura procedimental* da nova modalidade. O trabalho desenvolveu-se com a análise de cada um desses dois pilares que, juntos, identificam a *norma geral do pregão*.

2.8 Ao identificarmos a *hipótese de cabimento* do pregão, concluímos que a modalidade possui um âmbito próprio de aplicação – qual seja, o da contratação de *bens e serviços comuns*, qualquer que seja o valor envolvido.

2.8.1 *Bem e serviço comum* é conceito vago, que precisa ser interpretado. O objeto *comum* para fins de cabimento da licitação por pregão não é mero sinônimo de simples, padronizado e de aquisição rotineira. Bens e serviços com tais características estão incluídos na categoria de *comuns* para os fins da Lei 10.520/2002, mas não só. Bens e serviços com complexidade técnica, seja na sua definição ou na sua execução, também são passíveis de serem contratados por meio de pregão. O que se exige é que a técnica neles envolvida seja conhecida no mercado do objeto ofertado, possibilitando, por isso, sua descrição de forma objetiva no edital.

2.8.2 A descrição detalhada e extensa do objeto no edital é medida garantidora de clareza, não se configurando em um fator impeditivo de contratação por meio de pregão. Importa, para o cabimento da modalidade, que as propostas possam ser objetivamente comparadas, tendo em vista o critério de menor preço; bem como a sumariedade do procedimento (sua *estrutura procedimental*), que não pode ser fator limitador da segurança e certeza na contratação. A análise do cabimento do pregão não leva em conta se o universo de fornecedores é pequeno ou grande; mas sim a capacidade de o pregoeiro aferir as condições técnicas mínimas exigidas no edital na sessão pública do pregão.

2.8.3 Neste sentido, não se pode falar em uma proibição genérica para o uso da modalidade para contratações que envolvam obras e serviços de engenharia. A aplicação do pregão é possível desde que as etapas procedimentais da modalidade se mostrem adequadas ao atendimento do específico interesse público que a Administração Pública pretende atingir com o certame. A própria dificuldade de delimitação do conceito de *obra e serviço de engenharia* a partir da legislação atual contribui para que a aferição seja feita caso a caso.

2.9 Compõe a identidade jurídica do pregão, além de sua hipótese própria de cabimento, sua peculiar *estrutura procedimental*, formada por uma *fase preparatória* e uma *fase licitatória*. Estudamos tais desdobramentos procedimentais à luz da Lei 10.520/2002, das regras procedimentais gerais da Lei 8.666/1993 e também da principiologia constitucional. Tal *iter* compõe a *regra geral procedimental* do pregão, de aplicabilidade obrigatória para todos os níveis da Administração Pública, sob o fundamento da ampliação da participação e preservação da competição.

2.10 A *fase preparatória* do procedimento do pregão envolve a instauração do procedimento, a definição do condutor dos atos e a publicidade do edital. A *norma geral* da modalidade impõe à Administração o dever de justificar a contratação e realizar a respectiva reserva orçamentária, a escolha do servidor que será responsável pela condução do pregão, com características pessoais adequadas à dinâmica da modalidade, bem como aqueles outros que o auxiliarão no desempenho de sua função. Quanto ao conteúdo do aviso e edital, deles devem constar todas as informações importantes para a aferição do interesse na participação do certame. O prazo para a apresentação das propostas jamais pode ser inferior a oito dias úteis, contados da publicação do aviso, a qual deve dar-se, obrigatoriamente, em *Diário Oficial* (ou, não existindo, em jornal de grande circulação local) e, facultativamente, pela *Internet* e em jornal de grande circulação. Eventual impugnação ao edital, na ausência de regra específica, será feita na forma do art. 41, §§ 1º e 2º, da Lei 8.666, sendo que o momento processual máximo para a Administração decidir a respeito será o final da sessão pública do pregão.

2.11 A *fase licitatória* do procedimento do pregão concentra os atos de disputa e escolha da proposta vencedora. Desenvolve-se, principalmente, na sessão pública – momento fundamental do procedimento, pois nela estão concentrados todos os atos relacionados à escolha do particular contratante, com o recebimento, análise, julgamento e decisão a respeito das propostas. Procedemos à sua divisão em seis subfases, para um estudo mais completo de cada uma delas: (1) fase inicial; (2) fase de julgamento; (3) fase de habilitação; (4) fase de recursos; (5) fase de adjudicação; e (6) fase de homologação.

2.11.1 Na etapa inicial da fase licitatória é feita a verificação da admissibilidade das propostas para a fase subseqüente de julgamento. Envolve: (a) a comprovação de poderes pelo licitante para prática dos atos inerentes ao certame e (b) a entrega de declaração de cumprimento dos requisitos de habilitação. Não podem ser exigidos do participante, como condição de participação, a realização de garantia de proposta, a prévia aquisição do edital e o pagamento de taxas e emolumentos.

2.11.2 O julgamento é o principal momento da fase licitatória do pregão, pois é nele que se faz a escolha da melhor proposta. Sua dinâmica envolve uma seqüência complexa de atos, determinada pela *inversão das fases de habilitação e julgamento*. Ele se realiza na sessão pública e envolve, nesta ordem: (a) a análise da conformidade das propostas aos requisitos do edital, (b) a avaliação de possíveis amostras requisitadas e apresentadas, (c) a aplicação da "regra dos 10%" como fator determinante de participação dos licitantes na fase de lances, (d) a aferição da aceitabilidade da proposta vencedora, (e) a análise quanto à exeqüibilidade do valor ofertado e (f) eventual negociação com o licitante vencedor. Cada uma destas etapas foi analisada com o vagar necessário no decorrer do trabalho. Importa frisar, neste momento de síntese, que tais regras procedimentais mostram-se compatíveis com o ordenamento jurídico brasileiro e estruturantes da modalidade de pregão por aplicação direta dos princípios da ampliação da participação e competitividade. Eventual desvio deste *iter* compromete a identidade do pregão, sendo, por isso, componentes de sua *norma procedimental geral*, de observância obrigatória para todos os entes licitantes.

2.11.3 A fase de habilitação no pregão acontece somente depois de restar definida a melhor proposta. Na própria sessão, imediatamente após o encerramento da etapa licitatória, o condutor do procedimento deve proceder à análise da documentação de habilitação do licitante classificado em primeiro lugar – isto é, daquele que ofertou objeto compatível com os parâmetros técnicos mínimos do edital e ao menor preço. É direito do licitante entregar seu envelope de habilitação apenas no momento em que se procederá à sua verificação. Os documentos passíveis de serem exigidos na habilitação de licitação por pregão coincidem com aqueles previstos no art. 27 da Lei 8.666, os quais podem ser exigidos tão-somente na medida em que sejam necessários para a aferição da idoneidade do licitante no caso concreto, com a observância dos princípios da legalidade, razoabilidade e proporcionalidade.

2.11.4 A fase recursal no pregão é una, o que significa a irrecorribilidade em separado das decisões interlocutórias tomadas durante a sessão pública. Tal regra não importa prejuízo às garantias da ampla defesa e do contraditório, tampouco ao princípio da revisibilidade dos atos administrativos. Muito pelo contrário, ela decorre da celeridade do procedimento e da concentração dos atos na sessão.

2.11.5 A fase de adjudicação no pregão antecede a de homologação. Proclamado o vencedor do certame pelo condutor do procedimento na sessão pública, caso não haja a manifestação imediata de algum interessado em recorrer, deve ser-lhe feita a adjudicação do objeto licitado. Caso haja a interposição de recurso por algum interessado, a autoridade encarregada de decidi-lo também será responsável pela adjudicação, cujo conteúdo e efeitos são idênticos àqueles previstos para o mesmo ato na Lei 8.666.

2.11.6 A última etapa da fase de licitação é a homologação do resultado final do certame, seguida da assinatura do contrato. Há total identidade entre a natureza desse ato nas Leis 10.520 e 8.666.

2.12 Também incluímos na *regra geral do pregão* a previsão da Lei 10.520 de aplicação da sanção de impedimento de contratar pelo prazo de até cinco anos. Afirmamos que a manutenção da seriedade e uniformidade de tratamento na aplicação da modalidade de pregão impõe a categorização de tal regra como sendo geral e de observância obrigatória pelos entes licitantes.

2.13 Identificada a *norma geral do pregão*, cuja composição é formada por suas *hipóteses de cabimento* e pela sua *estrutura procedimental*, afirmamos que tal modalidade tem âmbito próprio de aplicação, que a diferencia das outras modalidades licitatórias. Não se trata de uma modalidade "residual", mas de aplicação obrigatória quando se tratar de certame para contratação de *bens e serviços comuns*, compatível com sua peculiar *estrutura procedimental*.

2.13.1 Sendo *bem e serviço comum* um conceito plurissignificativo, quando o ente licitante estiver diante de certame que envolve uma contratação dessa natureza, impõe-se o dever de edição de ato específico, com a explicitação das razões que o levaram a escolher outra modalidade licitatória que não o pregão. A criação desta modalidade, mais célere que as demais e com alto grau de competitividade entre os participantes, impôs um ônus ao administrador público, que, caso a caso, tratando-se de objeto que pode ser incluído em tal categoria, deve justificar a não-adoção da modalidade. Na dúvida, como se trata de conceito fluido, o agente deve justificar a não-inclusão do específico objeto licitado em seu âmbito, para poder fazer uso de outro procedimento licitatório.

2.14 A versão eletrônica do pregão não é uma nova modalidade licitatória. Trata-se da realização da mesma norma geral identificada para o pregão presencial, apenas desenvolvido com o auxílio de recursos de informática, o que provoca a transposição da sessão pública do pregão para um ambiente virtual (a *Internet*). A Lei 10.520 remeteu à atividade regulamentar a edição de regras específicas que viabilizem a realização da norma geral do pregão nesta outra ambientação. O conteúdo do decreto regulamentador do pregão eletrônico deve cingir-se ao estabelecimento de regras próprias a essa dinâmica, em total coincidência com a *norma geral* identificada.

3. O pregão em Estados, Distrito Federal e Municípios

3.1 Mesmo com o veto presidencial aposto ao art. 2º da Lei 10.520, Estados, Distrito Federal e Municípios estão sujeitos à *norma geral do pregão*, cuja aplicabilidade se impõe a tais entes. Diante do completo e suficiente conjunto de regras identificadoras de sua estrutura fundamental, não há óbice para que um certo ente licitante realize contratação por pregão com a simples publicação do ato convocatório do certame.

3.2 Os decretos federais editados para regulamentar a Lei 10.520 têm incidência obrigatória apenas para os órgãos da Administração direta e indireta daquela esfera; não impedindo que Estados, Distrito

Federal e Municípios acolham suas diretrizes, por remissão expressa em lei ou ato regulamentar.

4. A dinâmica do pregão federal

4.1 Os Decretos 3.555/2000 e 3.697/2000, que regulamentam na órbita federal o pregão presencial e o eletrônico, respectivamente, editados à época da medida provisória, continuam válidos. A validade de suas regras, no entanto, deve ser vista à luz da nova *norma geral do pregão*. Tal afirmação é válida também para o pregão da ANATEL, que editou norma procedimental própria para sua esfera. Com a superveniência da Lei 10.520 as licitações por pregão realizadas no âmbito daquela entidade devem estar de acordo com a norma geral da modalidade. Ao longo dos Capítulos II e IV analisamos vários dispositivos regulamentares, para concluir sobre sua compatibilidade com a *norma geral*.

4.2 O Anteprojeto de Lei de Contratações Públicas apresentado pelo Governo Federal no ano de 2002 incorporou a modalidade do pregão. Ainda que o regime lá apresentado seja semelhante ao da Lei 10.520, a menção ao texto proposto objetiva o relato das possíveis alternativas procedimentais pensadas para a modalidade. São elas: (1) caber ao edital a fixação do intervalo para participação na sessão de lances (não há previsão genérica da "regra dos 10%"); (2) a proibição expressa de qualquer restrição à apresentação de novos e sucessivos lances na sessão, sendo possível o edital fixar a diferença mínima de valores, a partir da proposta de menor preço, para formulação de lances; e (3) a possibilidade da retomada dos lances no caso de o primeiro classificado não atender às condições de habilitação e o subseqüente não ter participado da sessão de lances porque sua proposta inicialmente ofertada não se situou no intervalo fixado no edital para participação.

ANEXO DE LEGISLAÇÃO

LEI N. 10.520, DE 17 DE JULHO DE 2002

Institui, no âmbito da União, Estados, Distrito Federal e Municípios, nos termos do art. 37, inciso XXI, da Constituição Federal, modalidade de licitação denominada pregão, para aquisição de bens e serviços comuns, e dá outras providências.

Art. 1º. Para aquisição de bens e serviços comuns, poderá ser adotada a licitação na modalidade de pregão, que será regida por esta Lei.

Parágrafo único. Consideram-se bens e serviços comuns, para os fins e efeitos deste artigo, aqueles cujos padrões de desempenho e qualidade possam ser objetivamente definidos pelo edital, por meio de especificações usuais no mercado.

Art. 2º. *(Vetado)*

§ 1º. Poderá ser realizado o pregão por meio da utilização de recursos de tecnologia da informação, nos termos de regulamentação específica.

§ 2º. Será facultado, nos termos de regulamentos próprios da União, Estados, Distrito Federal e Municípios, a participação de Bolsas de Mercadorias no apoio técnico e operacional aos órgãos e entidades promotores da modalidade de pregão, utilizando-se de recursos de tecnologia da informação.

§ 3º. As Bolsas a que se refere o § 2º deverão estar organizadas sob a forma de sociedades civis sem fins lucrativos e com a participação plural de corretoras que operem sistemas eletrônicos unificados de pregões.

Art. 3º. A fase preparatória do pregão observará o seguinte:

I – a autoridade competente justificará a necessidade de contratação e definirá o objeto do certame, as exigências de habilitação, os critérios de aceitação das propostas, as sanções por inadimplemento e as cláusulas do contrato, inclusive com fixação dos prazos para fornecimento;

II – a definição do objeto deverá ser precisa, suficiente e clara, vedadas especificações que, por excessivas, irrelevantes ou desnecessárias, limitem a competição;

III – dos autos do procedimento constarão a justificativa das definições referidas no inciso I deste artigo e os indispensáveis elementos técnicos sobre os quais estiverem apoiados, bem como o orçamento, elaborado pelo órgão ou entidade promotora da licitação, dos bens ou serviços a serem licitados; e

IV – a autoridade competente designará, dentre os servidores do órgão ou entidade promotora da licitação, o pregoeiro e respectiva equipe de apoio, cuja atribuição inclui, dentre outras, o recebimento das propostas e lances, a análise de sua aceitabilidade e sua classificação, bem como a habilitação e a adjudicação do objeto do certame ao licitante vencedor.

§ 1º. A equipe de apoio deverá ser integrada em sua maioria por servidores ocupantes de cargo efetivo ou emprego da Administração, preferencialmente pertencentes ao quadro permanente do órgão ou entidade promotora do evento.

§ 2º. No âmbito do Ministério da Defesa, as funções de pregoeiro e de membro da equipe de apoio poderão ser desempenhadas por militares.

Art. 4º. A fase externa do pregão será iniciada com a convocação dos interessados e observará as seguintes regras:

I – a convocação dos interessados será efetuada por meio de publicação de aviso em *Diário Oficial* do respectivo ente federado ou, não existindo, em jornal de circulação local, e facultativamente, por meios eletrônicos e conforme o vulto da licitação, em jornal de grande circulação, nos termos do regulamento de que trata o art. 2º;

II – do aviso constarão a definição do objeto da licitação, a indicação do local, dias e horários em que poderá ser lida ou obtida a íntegra do edital;

III – do edital constarão todos os elementos definidos na forma do inciso I do art. 3º, as normas que disciplinarem o procedimento e a minuta do contrato, quando for o caso;

IV – cópias do edital e do respectivo aviso serão colocadas à disposição de qualquer pessoa para consulta e divulgadas na forma da Lei n. 9.755, de 16 de dezembro de 1998;

V – o prazo fixado para a apresentação das propostas, contado a partir da publicação do aviso, não será inferior a 8 (oito) dias úteis;

VI – no dia, hora e local designados, será realizada sessão pública para recebimento das propostas, devendo o interessado, ou seu representante, identificar-se e, se for o caso, comprovar a existência dos necessários poderes para formulação de propostas e para a prática de todos os demais atos inerentes ao certame;

VII – aberta a sessão, os interessados ou seus representantes apresentarão declaração dando ciência de que cumprem plenamente os requisitos de habilitação e entregarão os envelopes contendo a indicação do objeto e do preço oferecidos, procedendo-se à sua imediata abertura e à verificação da conformidade das propostas com os requisitos estabelecidos no instrumento convocatório;

VIII – no curso da sessão, o autor da oferta de valor mais baixo e os das ofertas com preços até 10% (dez pro cento) superiores àquela poderão fazer novos lances verbais e sucessivos, até a proclamação do vencedor;

IX – não havendo pelo menos 3 (três) ofertas nas condições definidas no inciso anterior, poderão os autores das melhores propostas, até o máximo de 3 (três), oferecer novos lances verbais e sucessivos, quaisquer que sejam os preços oferecidos;

X – para julgamento e classificação das propostas, será adotado o critério de menor preço, observados os prazos máximos para fornecimento, as especificações técnicas e parâmetros mínimos de desempenho e qualidade definidos no edital;

XI – examinada a proposta classificada em primeiro lugar, quanto ao objeto e valor, caberá ao pregoeiro decidir motivadamente a respeito da sua aceitabilidade;

XII – encerrada a etapa competitiva e ordenadas as ofertas, o pregoeiro procederá à abertura do invólucro contendo os documentos de habilitação do licitante que apresentou a melhor proposta, para verificação do atendimento das condições fixadas no edital;

XIII – a habilitação far-se-á com a verificação de que o licitante está em situação regular perante a Fazenda Nacional, a Seguridade Social e o Fundo de Garantia do Tempo de Serviço – FGTS, e as Fazendas Estaduais e Municipais, quando for o caso, com a comprovação de que atende às exigências do edital quanto à habilitação jurídica e qualificações técnica e econômico-financeira;

XIV – os licitantes poderão deixar de apresentar os documentos de habilitação que já constem do Sistema de Cadastramento Unificado de Fornecedores – SICAF e sistemas semelhantes mantidos por Estados, Distrito Federal ou Municípios, assegurado aos demais licitantes o direito de acesso aos dados nele constantes;

XV – verificado o atendimento das exigências fixadas no edital, o licitante será declarado vencedor;

XVI – se a oferta não for aceitável ou se o licitante desatender às exigências habilitatórias, o pregoeiro examinará as ofertas subseqüentes e a qualificação dos licitantes, na ordem de classificação, e assim sucessivamente, até a apuração de uma que atenda ao edital, sendo o respectivo licitante declarado vencedor;

XVII – nas situações previstas nos incisos XI e XVI, o pregoeiro poderá negociar diretamente com o proponente para que seja obtido preço melhor;

XVIII – declarado o vencedor, qualquer licitante poderá manifestar imediata e motivadamente a intenção de recorrer, quando lhe será concedido o prazo de 3 (três) dias para apresentação das razões do recurso, ficando os demais licitantes desde logo intimados para apresentar contra-razões em igual número de dias, que começarão a correr do término do prazo do recorrente, sendo-lhes assegurada vista imediata dos autos;

XIX – o acolhimento de recurso importará a invalidação apenas dos atos insuscetíveis de aproveitamento;

XX – a falta de manifestação imediata e motivada do licitante importará a decadência do direito de recurso e a adjudicação do objeto da licitação pelo pregoeiro ao vencedor;

XXI – decididos os recursos, a autoridade competente fará a adjudicação do objeto da licitação ao licitante vencedor;

XXII – homologada a licitação pela autoridade competente, o adjudicatário será convocado para assinar o contrato no prazo definido em edital; e

XXIII – se o licitante vencedor, convocado dentro do prazo de validade da sua proposta, não celebrar o contrato, aplicar-se-á o disposto no inciso XVI.

Art. 5º. É vedada a exigência de:

I – garantia de proposta;

II – aquisição do edital pelos licitantes, como condição para participação no certame; e

III – pagamento de taxas e emolumentos, salvo os referentes a fornecimento do edital, que não serão superiores ao custo de sua reprodução gráfica, e aos custos de utilização de recursos de tecnologia da informação, quando for o caso.

Art. 6º. O prazo de validade das propostas será de 60 (sessenta) dias, se outro não estiver fixado no edital.

Art. 7º. Quem, convocado dentro do prazo de validade da sua proposta, não celebrar o contrato, deixar de entregar ou apresentar documentação falsa exigida para o certame, ensejar o retardamento da execução de seu objeto, não mantiver a proposta, falhar ou fraudar na execução do contrato, comportar-se de modo inidôneo ou cometer fraude fiscal, ficará impedido de licitar e contratar com a União, Estados, Distrito Federal ou Municípios e será descredenciado no SICAF, ou nos sistemas de cadastramento de fornecedores a que se refere o inciso XIV do art. 4º desta Lei, pelo prazo de até 5 (cinco) anos, sem prejuízo das multas previstas em edital e no contrato e das demais cominações legais.

Art. 8º. Os atos essenciais do pregão, inclusive os decorrentes de meios eletrônicos, serão documentados no processo respectivo, com vistas à aferição de sua regularidade pelos agentes de controle, nos termos do regulamento previsto no art. 2º.

Art. 9º. Aplicam-se subsidiariamente, para a modalidade de pregão, as normas da Lei n. 8.666, de 21 de junho de 1993.

Art. 10. Ficam convalidados os atos praticados com base na Medida Provisória n. 2.182-18, de 23 de agosto de 2001.

Art. 11. As compras e contratações de bens e serviços comuns, no âmbito da União, dos Estados, do Distrito Federal e dos Municípios, quando efetuadas pelo sistema de registro de preços previsto no art. 15 da Lei n. 8.666, de 21 de junho de 1993, poderão adotar a modalidade de pregão, conforme regulamento específico.

Art. 12. A Lei n. 10.191, de 14 de fevereiro de 2001, passa a vigorar acrescida do seguinte artigo:

"**Art. 2º-A.** A União, os Estados, o Distrito Federal e os Municípios poderão adotar, nas licitações de registro de preços destinadas à aquisição de bens e serviços comuns da área da Saúde, a modalidade do pregão, inclusive por meio eletrônico, observando-se o seguinte:

"I – são considerados bens e serviços comuns da área da Saúde aqueles necessários ao atendimento dos órgãos que integram o Sistema Único de Saúde, cujos padrões de desempenho e qualidade possam ser objetivamente definidos no edital, por meio de especificações usuais do mercado;

"II – quando o quantitativo total estimado para a contratação ou fornecimento não puder ser atendido pelo licitante vencedor, admitir-se-á a convocação de tantos licitantes quantos forem necessários para o atingimento da totalidade do quantitativo, respeitada a ordem de classificação, desde que os referidos licitantes aceitem praticar o mesmo preço da proposta vencedora;

"III – na impossibilidade do atendimento ao disposto no inciso II, excepcionalmente, poderão ser registrados outros preços diferentes da proposta vencedora, desde que se trate de objetos de qualidade ou desempenho superior, devidamente justificada e comprovada a vantagem, e que as ofertas sejam em valor inferior ao limite máximo admitido."

Art. 13. Esta Lei entra em vigor na data de sua publicação.

Brasília, 17 de julho de 2002; 181º da Independência e 114º da República.

DECRETO N. 3.555, DE 8 DE AGOSTO DE 2000
(pregão presencial)

Aprova o Regulamento para a modalidade de licitação denominada pregão, para aquisição de bens e serviços comuns.

Art. 1º. Fica aprovado, na forma dos Anexos I e II a este Decreto, o Regulamento para a modalidade de licitação denominada pregão, para a aquisição de bens e serviços comuns, no âmbito da União.

Parágrafo único. Subordinam-se ao regime deste Decreto, além dos órgãos da Administração Federal direta, os fundos especiais, as autarquias, as fundações, as empresas públicas, as sociedades de economia mista e as demais entidades controladas direta ou indiretamente pela União.

Art. 2º. Compete ao Ministério do Planejamento, Orçamento e Gestão estabelecer normas e orientações complementares sobre a matéria regulada por este Decreto.

Art. 3º. Este Decreto entra em vigor na data de sua publicação.

Brasília, 8 de agosto de 2000; 179º da Independência e 112º da República.

Anexo I
Regulamento da Licitação na Modalidade de Pregão
(Redação dada pelo Decreto n. 3.693, de 20.12.2000)

Art. 1º. Este Regulamento estabelece normas e procedimentos relativos à licitação na modalidade de pregão, destinada à aquisição de bens e serviços comuns, no âmbito da União, qualquer que seja o valor estimado.

Parágrafo único. Subordinam-se ao regime deste Regulamento, além dos órgãos da Administração direta, os fundos especiais, as autarquias, as fundações, as empresas públicas, as sociedades de economia mista e as entidades controladas direta e indiretamente pela União.

Art. 2º. Pregão é a modalidade de licitação em que a disputa pelo fornecimento de bens ou serviços comuns é feita em sessão pública, por meio de propostas de preços escritas e lances verbais.

Art. 3º. Os contratos celebrados pela União, para a aquisição de bens e serviços comuns, serão precedidos, prioritariamente, de licitação pública na modalidade de pregão, que se destina a garantir, por meio de disputa justa entre os interessados, a compra mais econômica, segura e eficiente.

§ 1º. Dependerá de regulamentação específica a utilização de recursos eletrônicos ou de tecnologia da informação para a realização de licitação na modalidade de pregão.

§ 2º. Consideram-se bens e serviços comuns aqueles cujos padrões de desempenho e qualidade possam ser concisa e objetivamente definidos no objeto do edital, em perfeita conformidade com as especificações usuais praticadas no mercado, de acordo com o disposto no Anexo II.

§ 3º. Os bens de informática adquiridos nesta modalidade, referidos no item 2.5 do Anexo II, deverão ser fabricados no país, com significativo valor agregado local, conforme disposto no art. 3º da Lei n. 8.248, de 23 de outubro de 1991, e regulamentado pelo Decreto n. 1.070, de 2 de março de 1994.

§ 4º. Para efeito de comprovação do requisito referido no parágrafo anterior, o produto deverá estar habilitado a usufruir do incentivo de isenção do Imposto sobre Produtos Industrializados – IPI, de que trata o art. 4º da Lei n. 8.248, de 1991, nos termos da regulamentação estabelecida pelo Ministério da Ciência e Tecnologia.

§ 5º. Alternativamente ao disposto no § 4º, o Ministério da Ciência e Tecnologia poderá reconhecer, mediante requerimento do fabricante, a conformidade do produto com o requisito referido no § 3º.

Art. 4º. A licitação na modalidade de pregão é juridicamente condicionada aos princípios básicos da legalidade, da impessoalidade, da moralidade, da igualdade, da publicidade, da probidade administrativa, da vinculação ao instrumento convocatório, do julgamento objetivo, bem assim aos princípios correlatos da celeridade, finalidade, razoabilidade, proporcionalidade, competitividade, justo preço, seletividade e comparação objetiva das propostas.

Parágrafo único. As normas disciplinadoras da licitação serão sempre interpretadas em favor da ampliação da disputa entre os interessados, desde que não comprometam o interesse da Administração, a finalidade e a segurança da contratação.

Art. 5º. A licitação na modalidade de pregão não se aplica às contratações de obras e serviços de engenharia, bem como às locações imobiliárias e alienações em geral, que serão regidas pela legislação geral da Administração.

Art. 6º. Todos quantos participem de licitação na modalidade de pregão têm direito público subjetivo à fiel observância do procedimento estabelecido neste Regulamento, podendo qualquer interessado acompanhar o seu desenvolvimento, desde que não interfira de modo a perturbar ou impedir a realização dos trabalhos.

Art. 7º. À autoridade competente, designada de acordo com as atribuições previstas no regimento ou estatuto do órgão ou da entidade, cabe:

I – determinar a abertura de licitação;

II – designar o pregoeiro e os componentes da equipe de apoio;

III – decidir os recursos contra atos do pregoeiro; e

IV – homologar o resultado da licitação e promover a celebração do contrato.

Parágrafo único. Somente poderá atuar como pregoeiro o servidor que tenha realizado capacitação específica para exercer a atribuição.

Art. 8º. A fase preparatória do pregão observará as seguintes regras:

I – a definição do objeto deverá ser precisa, suficiente e clara, vedadas especificações que, por excessivas, irrelevantes ou desnecessárias, limitem ou frustrem a competição ou a realização do fornecimento, devendo estar refletida no termo de referência;

II – o termo de referência é o documento que deverá conter elementos capazes de propiciar a avaliação do custo pela Administração, diante de orçamento detalhado, considerando os preços praticados no mercado, a definição dos métodos, a estratégia de suprimento e o prazo de execução do contrato;

III – a autoridade competente ou, por delegação de competência, o ordenador de despesa ou, ainda, o agente encarregado da compra no âmbito da Administração, deverá:

a) definir o objeto do certame e o seu valor estimado em planilhas, de forma clara, concisa e objetiva, de acordo com termo de referência elaborado pelo requisitante, em conjunto com a área de compras, obedecidas as especificações praticadas no mercado;

b) justificar a necessidade da aquisição;

c) estabelecer os critérios de aceitação das propostas, as exigências de habilitação, as sanções administrativas aplicáveis por inadimplemento e as cláusulas do contrato, inclusive com fixação dos prazos e das demais condições essenciais para o fornecimento; e

d) designar, dentre os servidores do órgão ou da entidade promotora da licitação, o pregoeiro responsável pelos trabalhos do pregão e a sua equipe de apoio;

IV – constarão dos autos a motivação de cada um dos atos especificados no inciso anterior e os indispensáveis elementos técnicos sobre os quais estiverem apoiados, bem como o orçamento estimativo e o cronograma físico-financeiro de desembolso, se for o caso, elaborados pela Administração; e

V – para julgamento, será adotado o critério de menor preço, observados os prazos máximos para fornecimento, as especificações técnicas e os parâmetros mínimos de desempenho e de qualidade e as demais condições definidas no edital.

Art. 9º. As atribuições do pregoeiro incluem:

I – o credenciamento dos interessados;

II – o recebimento dos envelopes das propostas de preços e da documentação de habilitação;

III – a abertura dos envelopes das propostas de preços, o seu exame e a classificação dos proponentes;

IV – a condução dos procedimentos relativos aos lances e à escolha da proposta ou do lance de menor preço;

V – a adjudicação da proposta de menor preço;

VI – a elaboração de ata;

VII – a condução dos trabalhos da equipe de apoio;

VIII – o recebimento, o exame e a decisão sobre recursos; e

IX – o encaminhamento do processo devidamente instruído, após a adjudicação, à autoridade superior, visando à homologação e à contratação.

Art. 10. A equipe de apoio deverá ser integrada em sua maioria por servidores ocupantes de cargo efetivo ou emprego da Administração, preferencialmente pertencentes ao quadro permanente do órgão ou da entidade promotora do pregão, para prestar a necessária assistência ao pregoeiro.

Parágrafo único. No âmbito do Ministério da Defesa, as funções de pregoeiro e de membro da equipe de apoio poderão ser desempenhadas por militares.

Art. 11. A fase externa do pregão será iniciada com a convocação dos interessados e observará as seguintes regras:

I – a convocação dos interessados será efetuada por meio de publicação de aviso em função dos seguintes limites:

a) para bens e serviços de valores estimados em até R$ 160.000,00 (cento e sessenta mil Reais);

b) para bens e serviços de valores estimados acima de R$ 160.000,00 (cento e sessenta mil Reais) até R$ 650.000,00 (seiscentos e cinqüenta mil Reais):

1. *Diário Oficial da União*;

2. meio eletrônico, na *Internet*; e

3. jornal de grande circulação local;

c) para bens e serviços de valores estimados superiores a R$ 650.000,00 (seiscentos e cinqüenta mil Reais):

1. *Diário Oficial da União*;

2. meio eletrônico, na *Internet*; e

3. jornal de grande circulação regional ou nacional;

d) em se tratando de órgão ou entidade integrante do Sistema de Serviços Gerais – SISG, a íntegra do edital deverá estar disponível em meio eletrônico, na *Internet*, no site www.comprasnet.gov.br, independentemente do valor estimado;

II – do edital e do aviso constarão definição precisa, suficiente e clara do objeto, bem como a indicação dos locais, dias e horários em que poderá ser lida ou obtida a íntegra do edital, e o local onde será realizada a sessão pública do pregão;

III – o edital fixará prazo não inferior a 8 (oito) dias úteis, contados da publicação do aviso, para os interessados prepararem suas propostas;

IV – no dia, hora e local designados no edital, será realizada sessão pública para recebimento das propostas e da documentação de habilitação, devendo o interessado ou seu representante legal proceder ao respectivo credenciamento, comprovando, se for o caso, possuir os necessários poderes para formulação de propostas e para a prática de todos os demais atos inerentes ao certame;

V – aberta a sessão, os interessados ou seus representantes legais entregarão ao pregoeiro, em envelopes separados, a proposta de preços e a documentação de habilitação;

VI – o pregoeiro procederá à abertura dos envelopes contendo as propostas de preços e classificará o autor da proposta de menor preço e aqueles que tenham apresentado propostas em valores sucessivos e superiores em até 10% (dez pro cento), relativamente à de menor preço;

VII – quando não forem verificadas, no mínimo, 3 (três) propostas escritas de preços nas condições definidas no inciso anterior, o pregoeiro classificará as melhores propostas subseqüentes, até o máximo de 3 (três), para que seus autores participem dos lances verbais, quaisquer que sejam os preços oferecidos nas propostas escritas;

VIII – em seguida, será dado início à etapa de apresentação de lances verbais pelos proponentes, que deverão ser formulados de forma sucessiva, em valores distintos e decrescentes;

IX – o pregoeiro convidará individualmente os licitantes classificados, de forma seqüencial, a apresentar lances verbais, a partir do autor da proposta classificada de maior preço e os demais, em ordem decrescente de valor;

X – a desistência em apresentar lance verbal, quando convocado pelo pregoeiro, implicará a exclusão do licitante da etapa de lances verbais e a manutenção do último preço apresentado pelo licitante, para efeito de ordenação das propostas;

XI – caso não se realizem lances verbais, será verificada a conformidade entre a proposta escrita de menor preço e o valor estimado para a contratação;

XII – declarada encerrada a etapa competitiva e ordenadas as propostas, o pregoeiro examinará a aceitabilidade da primeira classificada, quanto ao objeto e valor, decidindo motivadamente a respeito;

XIII – sendo aceitável a proposta de menor preço, será aberto o envelope contendo a documentação de habilitação do licitante que a tiver formulado, para confirmação das suas condições habilitatórias, com base no Sistema de Cadastramento Unificado de Fornecedores – SICAF, ou nos dados cadastrais da Administração, assegurado ao já cadastrado o direito de apresentar a documentação atualizada e regularizada na própria sessão;

XIV – constatado o atendimento das exigências fixadas no edital, o licitante será declarado vencedor, sendo-lhe adjudicado o objeto do certame;

XV – se a oferta não for aceitável ou se o licitante desatender às exigências habilitatórias, o pregoeiro examinará a oferta subseqüente, verificando a sua aceitabilidade e procedendo à habilitação do proponente, na ordem de classificação, e assim sucessivamente, até a apuração de uma proposta que atenda ao edital, sendo o respectivo licitante declarado vencedor e a ele adjudicado o objeto do certame;

XVI – nas situações previstas nos incisos XI, XII e XV, o pregoeiro poderá negociar diretamente com o proponente para que seja obtido preço melhor;

XVII – a manifestação da intenção de interpor recurso será feita no final da sessão, com registro em ata da síntese das suas razões, podendo os interessados juntar memoriais no prazo de 3 (três) dias úteis;

XVIII – o recurso contra decisão do pregoeiro não terá efeito suspensivo;

XIX – o acolhimento de recurso importará a invalidação apenas dos atos insuscetíveis de aproveitamento;

XX – decididos os recursos e constatada a regularidade dos atos procedimentais, a autoridade competente homologará a adjudicação para determinar a contratação;

XXI – como condição para celebração do contrato, o licitante vencedor deverá manter as mesmas condições de habilitação;

XXII – quando o proponente vencedor não apresentar situação regular, no ato da assinatura do contrato, será convocado outro licitante, observada a ordem de classificação, para celebrar o contrato, e assim sucessivamente, sem prejuízo da aplicação das sanções cabíveis, observado o disposto nos incisos XV e XVI deste artigo;

XXIII – se o licitante vencedor recusar-se a assinar o contrato, injustificadamente, será aplicada a regra estabelecida no inciso XXII;

XXIV – o prazo de validade das propostas será de 60 (sessenta) dias, se outro não estiver fixado no edital.

Art. 12. Até 2 (dois) dias úteis antes da data fixada para recebimento das propostas, qualquer pessoa poderá solicitar esclarecimentos, providências ou impugnar o ato convocatório do pregão.

§ 1º. Caberá ao pregoeiro decidir sobre a petição no prazo de 24 (vinte e quatro) horas.

§ 2º. Acolhida a petição contra o ato convocatório, será designada nova data para a realização do certame.

Art. 13. Para habilitação dos licitantes, será exigida, exclusivamente, a documentação prevista na legislação geral para a Administração, relativa a:

I – habilitação jurídica;

II – qualificação técnica;

III – qualificação econômico-financeira;

IV – regularidade fiscal; e

V – cumprimento do disposto no inciso XXXIII do art. 7º da Constituição e na Lei n. 9.854, de 27 de outubro de 1999.

Parágrafo único. A documentação exigida para atender ao disposto nos incisos I, III e IV deste artigo deverá ser substituída pelo registro cadastral do SICAF ou, em se tratando de órgão ou entidade não abrangido pelo referido Sistema, por certificado de registro cadastral que atenda aos requisitos previstos na legislação geral.

Art. 14. O licitante que ensejar o retardamento da execução do certame, não mantiver a proposta, falhar ou fraudar na execução do contrato, comportar-se de modo inidôneo, fizer declaração falsa ou cometer fraude fiscal, garantido o direito prévio da citação e da ampla defesa, ficará impedido de licitar e contratar com a Administração, pelo prazo de até 5 (cinco) anos, enquanto perdurarem os motivos determinantes da punição ou até que seja promovida a reabilitação perante a própria autoridade que aplicou a penalidade.

Parágrafo único. As penalidades serão obrigatoriamente registradas no SICAF, e, no caso de suspensão de licitar, o licitante deverá ser descredenciado por igual período, sem prejuízo das multas previstas no edital e no contrato e das demais cominações legais.

Art. 15. É vedada a exigência de:

I – garantia de proposta;

II – aquisição do edital pelos licitantes, como condição para participação no certame; e

III – pagamento de taxas e emolumentos, salvo os referentes a fornecimento do edital, que não serão superiores ao custo de sua reprodução gráfica, e aos custos de utilização de recursos de tecnologia da informação, quando for o caso.

Art. 16. Quando permitida a participação de empresas estrangeiras na licitação, as exigências de habilitação serão atendidas mediante documentos equivalentes, autenticados pelos respectivos Consulados e traduzidos por tradutor juramentado.

Parágrafo único. O licitante deverá ter procurador residente e domiciliado no país, com poderes para receber citação, intimação e responder administrativa e judicialmente por seus atos, juntando os instrumentos de mandato com os documentos de habilitação.

Art. 17. Quando permitida a participação de empresas reunidas em consórcio, serão observadas as seguintes normas:

I – deverá ser comprovada a existência de compromisso público ou particular de constituição de consórcio, com indicação da empresa-líder, que deverá atender às condições de liderança estipuladas no edital e será a representante das consorciadas perante a União;

II – cada empresa consorciada deverá apresentar a documentação de habilitação exigida no ato convocatório;

III – a capacidade técnica do consórcio será representada pela soma da capacidade técnica das empresas consorciadas;

IV – para fins de qualificação econômico-financeira, cada uma das empresas deverá atender aos índices contábeis definidos no edital, nas mesmas condições estipuladas no SICAF;

V – as empresas consorciadas não poderão participar, na mesma licitação, de mais de 1 (um) consórcio ou isoladamente;

VI – as empresas consorciadas serão solidariamente responsáveis pelas obrigações do consórcio nas fases de licitação e durante a vigência do contrato; e

VII – no consórcio de empresas brasileiras e estrangeiras, a liderança caberá, obrigatoriamente, à empresa brasileira, observado o disposto no inciso I deste artigo.

Parágrafo único. Antes da celebração do contrato, deverá ser promovida a constituição e o registro do consórcio, nos termos do compromisso referido no inciso I deste artigo.

Art. 18. A autoridade competente para determinar a contratação poderá revogar a licitação em face de razões de interesse público, derivadas de fato superveniente devidamente comprovado, pertinente e suficiente para justificar tal conduta, devendo anulá-la por ilegalidade, de ofício ou por provocação de qualquer pessoa, mediante ato escrito e fundamentado.

§ 1º. A anulação do procedimento licitatório induz à do contrato.

§ 2º. Os licitantes não terão direito a indenização em decorrência da anulação do procedimento licitatório, ressalvado o direito do contratado de boa-fé de ser ressarcido pelos encargos que tiver suportado no cumprimento do contrato.

Art. 19. Nenhum contrato será celebrado sem a efetiva disponibilidade de recursos orçamentários para pagamento dos encargos, dele decorrentes, no exercício financeiro em curso.

Art. 20. A União publicará, no *Diário Oficial da União*, o extrato dos contratos celebrados, no prazo de até 20 (vinte) dias da data de sua assinatura, com indicação da modalidade de licitação e de seu número de referência.

Parágrafo único. O descumprimento do disposto neste artigo sujeitará o servidor responsável a sanção administrativa.

Art. 21. Os atos essenciais do pregão, inclusive os decorrentes de meios eletrônicos, serão documentados ou juntados no respectivo processo, cada qual oportunamente, compreendendo, sem prejuízo de outros, o seguinte:

I – justificativa da contratação;

II – termo de referência, contendo descrição detalhada do objeto, orçamento estimativo de custos e cronograma físico-financeiro de desembolso, se for o caso;

III – planilhas de custo;

IV – garantia de reserva orçamentária, com a indicação das respectivas rubricas;

V – autorização de abertura da licitação;

VI – designação do pregoeiro e equipe de apoio;

VII – parecer jurídico;

VIII – edital e respectivos anexos, quando for o caso;

IX – minuta do termo do contrato ou instrumento equivalente, conforme o caso;

X – originais das propostas escritas, da documentação de habilitação analisada e dos documentos que a instruírem;

XI – ata da sessão do pregão, contendo, sem prejuízo de outros, o registro dos licitantes credenciados, das propostas escritas e verbais apresentadas, na ordem de classificação, da análise da documentação exigida para habilitação e dos recursos interpostos; e

XII – comprovantes da publicação do aviso do edital, do resultado da licitação, do extrato do contrato e dos demais atos relativos à publicidade do certame, conforme o caso.

Art. 22. Os casos omissos neste Regulamento serão resolvidos pelo Ministério do Planejamento, Orçamento e Gestão.

Anexo II
Classificação de Bens e Serviços Comuns
(Redação dada pelo Decreto n. 3.784, de 6.4.2001)

BENS COMUNS

1. Bens de Consumo
    1.1 Água mineral
    1.2 Combustível e lubrificante
    1.3 Gás
    1.4 Gênero alimentício
    1.5 Material de expediente
    1.6 Material hospitalar, médico e de laboratório
    1.7 Medicamentos, drogas e insumos farmacêuticos
    1.8 Material de limpeza e conservação
    1.9 Oxigênio
    1.10 Uniforme
2. Bens Permanentes
    2.1 Mobiliário
    2.2 Equipamentos em geral, exceto bens de informática
    2.3 Utensílios de uso geral, exceto bens de informática
    2.4 Veículos automotivos em geral
    2.5 Microcomputador de mesa ou portátil (*notebook*), monitor de vídeo e impressora

SERVIÇOS COMUNS

1. Serviços de Apoio Administrativo

2. Serviços de Apoio à Atividade de Informática
   2.1 Digitação
   2.2 Manutenção
3. Serviços de Assinaturas
   3.1 Jornal
   3.2 Periódico
   3.3 Revista
   3.4 Televisão via satélite
   3.5 Televisão a cabo
4. Serviços de Assistência
   4.1 Hospitalar
   4.2 Médica
   4.3 Odontológica
5. Serviços de Atividades Auxiliares
   5.1 Ascensorista
   5.2 Auxiliar de escritório
   5.3 Copeiro
   5.4 Garçom
   5.5 Jardineiro
   5.6 Mensageiro
   5.7 Motorista
   5.8 Secretária
   5.9 Telefonista
6. Serviços de Confecção de Uniformes
7. Serviços de Copeiragem
8. Serviços de Eventos
9. Serviços de Filmagem
10. Serviços de Fotografia
11. Serviços de Gás Natural
12. Serviços de Gás Liqüefeito de Petróleo
13. Serviços Gráficos

14. Serviços de Hotelaria
15. Serviços de Jardinagem
16. Serviços de Lavanderia
17. Serviços de Limpeza e Conservação
18. Serviços de Locação de Bens Móveis
19. Serviços de Manutenção de Bens Imóveis
20. Serviços de Manutenção de Bens Móveis
21. Serviços de Remoção de Bens Móveis
22. Serviços de Microfilmagem
23. Serviços de Reprografia
24. Serviços de Seguro-Saúde
25. Serviços de Degravação
26. Serviços de Tradução
27. Serviços de Telecomunicações de Dados
28. Serviços de Telecomunicações de Imagem
29. Serviços de Telecomunicações de Voz
30. Serviços de Telefonia Fixa
31. Serviços de Telefonia Móvel
32. Serviços de Transporte
33. Serviços de Vale-Refeição
34. Serviços de Vigilância e Segurança Ostensiva
35. Serviços de Fornecimento de Energia Elétrica
36. Serviços de Apoio Marítimo
37. Serviço de Aperfeiçoamento, Capacitação e Treinamento

DECRETO N. 5.450, DE 31 DE MAIO DE 2005

(pregão eletrônico)

Regulamenta o pregão, na forma eletrônica, para aquisição de bens e serviços comuns, e dá outras providências.

Art. 1º. A modalidade de licitação pregão, na forma eletrônica, de acordo com o disposto no § 1º do art. 2º da Lei n. 10.520, de 17 de julho de 2002, destina-se à aquisição de bens e serviços comuns, no âmbito da União, e submete-se ao regulamento estabelecido neste Decreto.

Parágrafo único. Subordinam-se ao disposto neste Decreto, além dos órgãos da Administração Pública Federal direta, os fundos especiais, as autarquias, as fundações públicas, as empresas públicas, as sociedades de economia mista e as demais entidades controladas direta ou indiretamente pela União.

Art. 2º. O pregão, na forma eletrônica, como modalidade de licitação do tipo menor preço, realizar-se-á quando a disputa pelo fornecimento de bens ou serviços comuns for feita à distância em sessão pública, por meio de sistema que promova a comunicação pela Internet.

§ 1º. Consideram-se bens e serviços comuns aqueles cujos padrões de desempenho e qualidade possam ser objetivamente definidos pelo edital, por meio de especificações usuais do mercado.

§ 2º. Para o julgamento das propostas, serão fixados critérios objetivos que permitam aferir o menor preço, devendo ser considerados os prazos para a execução do contrato e do fornecimento, as especificações técnicas, os parâmetros mínimos de desempenho e de qualidade e as demais condições definidas no edital.

§ 3º. O sistema referido no *caput* será dotado de recursos de criptografia e de autenticação que garantam condições de segurança em todas as etapas do certame.

§ 4º. O pregão, na forma eletrônica, será conduzido pelo órgão ou entidade promotora da licitação, com apoio técnico e operacional da Secretaria de Logística e Tecnologia da Informação do Ministério do Planejamento, Orçamento e Gestão, que atuará como provedor do sistema eletrônico para os órgãos integrantes do Sistema de Serviços Gerais – SISG.

§ 5º. A Secretaria de Logística e Tecnologia da Informação poderá ceder o uso do seu sistema eletrônico a órgão ou entidade dos Poderes da União, Estados, Distrito Federal e Municípios, mediante celebração de termo de adesão.

Art. 3º. Deverão ser previamente credenciados perante o provedor do sistema eletrônico a autoridade competente do órgão promotor da licitação, o pregoeiro, os membros da equipe de apoio e os licitantes que participam do pregão na forma eletrônica.

§ 1º. O credenciamento dar-se-á pela atribuição de chave de identificação e de senha, pessoal e intransferível, para acesso ao sistema eletrônico.

§ 2º. No caso de pregão promovido por órgão integrante do SISG, o credenciamento do licitante, bem assim a sua manutenção, dependerá de registro atualizado no Sistema de Cadastramento Unificado de Fornecedores – SICAF.

§ 3º. A chave de identificação e a senha poderão ser utilizadas em qualquer pregão na forma eletrônica, salvo quando cancelada por solicitação do credenciado ou em virtude de seu descadastramento perante o SICAF.

§ 4º. A perda da senha ou a quebra de sigilo deverá ser comunicada imediatamente ao provedor do sistema, para imediato bloqueio de acesso.

§ 5º. O uso da senha de acesso pelo licitante é de sua responsabilidade exclusiva, incluindo qualquer transação efetuada diretamente ou por seu representante, não cabendo ao provedor do sistema ou ao órgão promotor da licitação responsabilidade por eventuais danos decorrentes de uso indevido da senha, ainda que por terceiros.

§ 6º. O credenciamento junto ao provedor do sistema implica a responsabilidade legal do licitante e a presunção de sua capacidade técnica para realização das transações inerentes ao pregão na forma eletrônica.

Art. 4º. Nas licitações para aquisição de bens e serviços comuns será obrigatória a modalidade pregão, sendo preferencial a utilização da sua forma eletrônica.

§ 1º. O pregão deve ser utilizado na forma eletrônica, salvo nos casos de comprovada inviabilidade, a ser justificada pela autoridade competente.

§ 2º. Na hipótese de aquisições por dispensa de licitação, fundamentadas no inciso II do art. 24 da Lei n. 8.666, de 21 de junho de 1993, as unidades gestoras integrantes do SISG deverão adotar, preferencialmente, o sistema de cotação eletrônica, conforme disposto na legislação vigente.

Art. 5º. A licitação na modalidade de pregão é condicionada aos princípios básicos da legalidade, impessoalidade, moralidade, igualdade, publicidade, eficiência, probidade administrativa, vinculação ao instrumento convocatório e do julgamento objetivo, bem como aos princípios correlatos da razoabilidade, competitividade e proporcionalidade.

Parágrafo único. As normas disciplinadoras da licitação serão sempre interpretadas em favor da ampliação da disputa entre os interessados, desde que não comprometam o interesse da Administração, o princípio da isonomia, a finalidade e a segurança da contratação.

Art. 6º. A licitação na modalidade de pregão, na forma eletrônica, não se aplica às contratações de obras de engenharia, bem como às locações imobiliárias e alienações em geral.

Art. 7º. Os participantes de licitação na modalidade de pregão, na forma eletrônica, têm direito público subjetivo à fiel observância do procedimento estabelecido neste Decreto, podendo qualquer interessado acompanhar o seu desenvolvimento em tempo real, por meio da Internet.

Art. 8º. À autoridade competente, de acordo com as atribuições previstas no regimento ou estatuto do órgão ou da entidade, cabe:

I – designar e solicitar, junto ao provedor do sistema, o credenciamento do pregoeiro e dos componentes da equipe de apoio;

II – indicar o provedor do sistema;

III – determinar a abertura do processo licitatório;

IV – decidir os recursos contra atos do pregoeiro quando este mantiver sua decisão;

V – adjudicar o objeto da licitação, quando houver recurso;

VI – homologar o resultado da licitação; e

VII – celebrar o contrato.

Art. 9º. Na fase preparatória do pregão, na forma eletrônica, será observado o seguinte:

I – elaboração de termo de referência pelo órgão requisitante, com indicação do objeto de forma precisa, suficiente e clara, vedadas especificações que, por excessivas, irrelevantes ou desnecessárias, limitem ou frustrem a competição ou sua realização;

II – aprovação do termo de referência pela autoridade competente;

III – apresentação de justificativa da necessidade da contratação;

IV – elaboração do edital, estabelecendo critérios de aceitação das propostas;

V – definição das exigências de habilitação, das sanções aplicáveis, inclusive no que se refere aos prazos e às condições que, pelas suas particularidades, sejam consideradas relevantes para a celebração e execução do contrato e o atendimento das necessidades da Administração; e

VI – designação do pregoeiro e de sua equipe de apoio.

§ 1º. A autoridade competente motivará os atos especificados nos incisos II e III, indicando os elementos técnicos fundamentais que o apóiam, bem como quanto aos elementos contidos no orçamento estimativo e no cronograma físico-financeiro de desembolso, se for o caso, elaborados pela Administração.

§ 2º. O termo de referência é o documento que deverá conter elementos capazes de propiciar avaliação do custo pela Administração diante de orçamento detalhado, definição dos métodos, estratégia de suprimento, valor estimado em planilhas de acordo com o preço de mercado, cronograma físico-financeiro, se for o caso, critério de aceitação do objeto, deveres do contratado e do contratante, procedimentos de fiscalização e gerenciamento do contrato, prazo de execução e sanções, de forma clara, concisa e objetiva.

Art. 10. As designações do pregoeiro e da equipe de apoio devem recair nos servidores do órgão ou entidade promotora da licitação, ou de órgão ou entidade integrante do SISG.

§ 1º. A equipe de apoio deverá ser integrada, em sua maioria, por servidores ocupantes de cargo efetivo ou emprego da Administração Pública, pertencentes, preferencialmente, ao quadro permanente do órgão ou entidade promotora da licitação.

§ 2º. No âmbito do Ministério da Defesa, as funções de pregoeiro e de membro da equipe de apoio poderão ser desempenhadas por militares.

§ 3º. A designação do pregoeiro, a critério da autoridade competente, poderá ocorrer para período de 1 (um) ano, admitindo-se reconduções, ou para licitação específica.

§ 4º. Somente poderá exercer a função de pregoeiro o servidor ou o militar que reúna qualificação profissional e perfil adequados, aferidos pela autoridade competente.

Art. 11. Caberá ao pregoeiro, em especial:

I – coordenar o processo licitatório;

II – receber, examinar e decidir as impugnações e consultas ao edital, apoiado pelo setor responsável pela sua elaboração;

III – conduzir a sessão pública na Internet;

IV – verificar a conformidade da proposta com os requisitos estabelecidos no instrumento convocatório;

V – dirigir a etapa de lances;

VI – verificar e julgar as condições de habilitação;

VII – receber, examinar e decidir os recursos, encaminhando à autoridade competente quando mantiver sua decisão;

VIII – indicar o vencedor do certame;

IX – adjudicar o objeto, quando não houver recurso;

X – conduzir os trabalhos da equipe de apoio; e

XI – encaminhar o processo devidamente instruído à autoridade superior e propor a homologação.

Art. 12. Caberá à equipe de apoio, dentre outras atribuições, auxiliar o pregoeiro em todas as fases do processo licitatório.

Art. 13. Caberá ao licitante interessado em participar do pregão, na forma eletrônica:

I – credenciar-se no SICAF para certames promovidos por órgãos da Administração Pública Federal direta, autárquica e fundacional, e de órgão ou entidade dos demais Poderes, no âmbito da União, Estados, Distrito Federal e Municípios, que tenham celebrado termo de adesão;

II – remeter, no prazo estabelecido, exclusivamente por meio eletrônico, via Internet, a proposta e, quando for o caso, seus anexos;

III – responsabilizar-se formalmente pelas transações efetuadas em seu nome, assumindo como firmes e verdadeiras suas propostas e lances, inclusive os atos praticados diretamente ou por seu representante, não cabendo ao provedor do sistema ou ao órgão promotor da licitação responsabilidade por eventuais danos decorrentes de uso indevido da senha, ainda que por terceiros;

IV – acompanhar as operações no sistema eletrônico durante o processo licitatório, responsabilizando-se pelo ônus decorrente da perda de negócios diante da inobservância de quaisquer mensagens emitidas pelo sistema ou de sua desconexão;

V – comunicar imediatamente ao provedor do sistema qualquer acontecimento que possa comprometer o sigilo ou a inviabilidade do uso da senha, para imediato bloqueio de acesso;

VI – utilizar-se da chave de identificação e da senha de acesso para participar do pregão na forma eletrônica; e

VII – solicitar o cancelamento da chave de identificação ou da senha de acesso por interesse próprio.

Parágrafo único. O fornecedor descredenciado no SICAF terá sua chave de identificação e senha suspensas automaticamente.

Art. 14. Para habilitação dos licitantes, será exigida, exclusivamente, a documentação relativa:

I – à habilitação jurídica;

II – à qualificação técnica;

III – à qualificação econômico-financeira;

IV – à regularidade fiscal com a Fazenda Nacional, o sistema da Seguridade Social e o Fundo de Garantia do Tempo de Serviço – FGTS;

V – à regularidade fiscal perante as Fazendas Estaduais e Municipais, quando for o caso; e

VI – ao cumprimento do disposto no inciso XXXIII do art. 7º da Constituição e no inciso XVIII do art. 78 da Lei n. 8.666, de 1993.

Parágrafo único. A documentação exigida para atender ao disposto nos incisos I, III, IV e V deste artigo poderá ser substituída pelo registro cadastral no SICAF ou, em se tratando de órgão ou entidade não abrangida pelo referido Sistema, por certificado de registro cadastral que atenda aos requisitos previstos na legislação geral.

Art. 15. Quando permitida a participação de empresas estrangeiras na licitação, as exigências de habilitação serão atendidas mediante documentos equivalentes, autenticados pelos respectivos consulados ou embaixadas e traduzidos por tradutor juramentado no Brasil.

Art. 16. Quando permitida a participação de consórcio de empresas, serão exigidos:

I – comprovação da existência de compromisso público ou particular de constituição de consórcio, com indicação da empresa-líder, que deverá atender às condições de liderança estipuladas no edital e será a representante das consorciadas perante a União;

II – apresentação da documentação de habilitação especificada no instrumento convocatório por empresa consorciada;

III – comprovação da capacidade técnica do consórcio pelo somatório dos quantitativos de cada consorciado, na forma estabelecida no edital;

IV – demonstração, por empresa consorciada, do atendimento aos índices contábeis definidos no edital, para fins de qualificação econômico-financeira;

V – responsabilidade solidária das empresas consorciadas pelas obrigações do consórcio, nas fases de licitação e durante a vigência do contrato;

VI – obrigatoriedade de liderança por empresa brasileira no consórcio formado por empresas brasileiras e estrangeiras, observado o disposto no inciso I; e

VII – constituição e registro do consórcio antes da celebração do contrato.

Parágrafo único. Fica impedida a participação de empresa consorciada, na mesma licitação, por intermédio de mais de um consórcio ou isoladamente.

Art. 17. A fase externa do pregão, na forma eletrônica, será iniciada com a convocação dos interessados por meio de publicação de aviso, observados os valores estimados para contratação e os meios de divulgação a seguir indicados:

I – até R$ 650.000,00 (seiscentos e cinqüenta mil reais):

a) *Diário Oficial da União*; e

b) meio eletrônico, na Internet;

II – acima de R$ 650.000,00 (seiscentos e cinqüenta mil reais) até R$ 1.300.000,00 (um milhão e trezentos mil reais):

a) *Diário Oficial da União*;

b) meio eletrônico, na Internet; e

c) jornal de grande circulação local;

III – superiores a R$ 1.300.000,00 (um milhão e trezentos mil reais):

a) *Diário Oficial da União*;

b) meio eletrônico, na Internet; e

c) jornal de grande circulação regional ou nacional.

§ 1º. Os órgãos ou entidades integrantes do SISG e os que aderirem ao sistema do Governo Federal disponibilizarão a íntegra do edital, em meio eletrônico, no Portal de Compras do Governo Federal – COMPRASNET, sítio *www.comprasnet.gov.br*.

§ 2º. O aviso do edital conterá a definição precisa, suficiente e clara do objeto, a indicação dos locais, dias e horários em que poderá ser lida ou obtida a íntegra do edital, bem como o endereço eletrônico onde ocorrerá a sessão pública, a data e hora de sua realização e a indicação de que o pregão, na forma eletrônica, será realizado por meio da Internet.

§ 3º. A publicação referida neste artigo poderá ser feita em sítios oficiais da Administração Pública, na Internet, desde que certificado digitalmente por autoridade certificadora credenciada no âmbito da Infra-Estrutura de Chaves Públicas Brasileira – ICP-Brasil.

§ 4º. O prazo fixado para a apresentação das propostas, contado a partir da publicação do aviso, não será inferior a 8 (oito) dias úteis.

§ 5º. Todos os horários estabelecidos no edital, no aviso e durante a sessão pública observarão, para todos os efeitos, o horário de Brasília, Distrito Federal, inclusive para contagem de tempo e registro no sistema eletrônico e na documentação relativa ao certame.

§ 6º. Na divulgação de pregão realizado para o sistema de registro de preços, independentemente do valor estimado, será adotado o disposto no inciso III.

Art. 18. Até 2 (dois) dias úteis antes da data fixada para abertura da sessão pública, qualquer pessoa poderá impugnar o ato convocatório do pregão, na forma eletrônica.

§ 1º. Caberá ao pregoeiro, auxiliado pelo setor responsável pela elaboração do edital, decidir sobre a impugnação no prazo de até 24 (vinte e quatro) horas.

§ 2º. Acolhida a impugnação contra o ato convocatório, será definida e publicada nova data para realização do certame.

Art. 19. Os pedidos de esclarecimentos referentes ao processo licitatório deverão ser enviados ao pregoeiro, até 3 (três) dias úteis anteriores à data fixada para abertura da sessão pública, exclusivamente por meio eletrônico via Internet, no endereço indicado no edital.

Art. 20. Qualquer modificação no edital exige divulgação pelo mesmo instrumento de publicação em que se deu o texto original, reabrindo-se o prazo inicialmente estabelecido, exceto quando, inquestionavelmente, a alteração não afetar a formulação das propostas.

Art. 21. Após a divulgação do edital no endereço eletrônico, os licitantes deverão encaminhar proposta com a descrição do objeto ofertado e o preço e, se for o caso, o respectivo anexo, até a data e hora marcadas para abertura da sessão, exclusivamente por meio do sistema eletrônico, quando, então, encerrar-se-á, automaticamente, a fase de recebimento de propostas.

§ 1º. A participação no pregão eletrônico dar-se-á pela utilização da senha privativa do licitante.

§ 2º. Para participação no pregão eletrônico, o licitante deverá manifestar, em campo próprio do sistema eletrônico, que cumpre plenamente os requisitos de habilitação e que sua proposta está em conformidade com as exigências do instrumento convocatório.

§ 3º. A declaração falsa relativa ao cumprimento dos requisitos de habilitação e proposta sujeitará o licitante às sanções previstas neste Decreto.

§ 4º. Até a abertura da sessão, os licitantes poderão retirar ou substituir a proposta anteriormente apresentada.

Art. 22. A partir do horário previsto no edital, a sessão pública na Internet será aberta por comando do pregoeiro com a utilização de sua chave de acesso e senha.

§ 1º. Os licitantes poderão participar da sessão pública na Internet, devendo utilizar sua chave de acesso e senha.

§ 2º. O pregoeiro verificará as propostas apresentadas, desclassificando aquelas que não estejam em conformidade com os requisitos estabelecidos no edital.

§ 3º. A desclassificação de proposta será sempre fundamentada e registrada no sistema, com acompanhamento em tempo real por todos os participantes.

§ 4º. As propostas contendo a descrição do objeto, valor e eventuais anexos estarão disponíveis na Internet.

§ 5º. O sistema disponibilizará campo próprio para troca de mensagens entre o pregoeiro e os licitantes.

Art. 23. O sistema ordenará, automaticamente, as propostas classificadas pelo pregoeiro, sendo que somente estas participarão da fase de lance.

Art. 24. Classificadas as propostas, o pregoeiro dará início à fase competitiva, quando então os licitantes poderão encaminhar lances exclusivamente por meio do sistema eletrônico.

§ 1º. No que se refere aos lances, o licitante será imediatamente informado do seu recebimento e do valor consignado no registro.

§ 2º. Os licitantes poderão oferecer lances sucessivos, observados o horário fixado para abertura da sessão e as regras estabelecidas no edital.

§ 3º. O licitante somente poderá oferecer lance inferior ao último por ele ofertado e registrado pelo sistema.

§ 4º. Não serão aceitos 2 (dois) ou mais lances iguais, prevalecendo aquele que for recebido e registrado primeiro.

§ 5º. Durante a sessão pública, os licitantes serão informados, em tempo real, do valor do menor lance registrado, vedada a identificação do licitante.

§ 6º. A etapa de lances da sessão pública será encerrada por decisão do pregoeiro.

§ 7º. O sistema eletrônico encaminhará aviso de fechamento iminente dos lances, após o quê transcorrerá período de tempo de até 30 (trinta) minutos, aleatoriamente determinado, findo o qual será automaticamente encerrada a recepção de lances.

§ 8º. Após o encerramento da etapa de lances da sessão pública, o pregoeiro poderá encaminhar, pelo sistema eletrônico, contraproposta ao licitante que tenha apresentado lance mais vantajoso, para que seja obtida melhor proposta, observado o critério de julgamento, não se admitindo negociar condições diferentes daquelas previstas no edital.

§ 9º. A negociação será realizada por meio do sistema, podendo ser acompanhada pelos demais licitantes.

§ 10. No caso de desconexão do pregoeiro, no decorrer da etapa de lances, se o sistema eletrônico permanecer acessível aos licitantes, os lances continuarão sendo recebidos, sem prejuízo dos atos realizados.

§ 11. Quando a desconexão do pregoeiro persistir por tempo superior a 10 (dez) minutos, a sessão do pregão na forma eletrônica será suspensa e reiniciada somente após comunicação aos participantes, no endereço eletrônico utilizado para divulgação.

Art. 25. Encerrada a etapa de lances, o pregoeiro examinará a proposta classificada em primeiro lugar quanto à compatibilidade do preço em relação ao estimado para contratação e verificará a habilitação do licitante conforme disposições do edital.

§ 1º. A habilitação dos licitantes será verificada por meio do SICAF, nos documentos por ele abrangidos, quando dos procedimentos licitatórios realizados por órgãos integrantes do SISG ou por órgãos ou entidades que aderirem ao SICAF.

§ 2º. Os documentos exigidos para habilitação que não estejam contemplados no SICAF, inclusive quando houver necessidade de envio de anexos, deverão ser apresentados inclusive via fax, no prazo definido no edital, após solicitação do pregoeiro no sistema eletrônico.

§ 3º. Os documentos e anexos exigidos, quando remetidos via fax, deverão ser apresentados em original ou por cópia autenticada, nos prazos estabelecidos no edital.

§ 4º. Para fins de habilitação, a verificação pelo órgão promotor do certame nos sítios oficiais de órgãos e entidades emissores de certidões constitui meio legal de prova.

§ 5º. Se a proposta não for aceitável ou se o licitante não atender às exigências habilitatórias, o pregoeiro examinará a proposta subseqüente e assim sucessivamente, na ordem de classificação, até a apuração de uma proposta que atenda ao edital.

§ 6º. No caso de contratação de serviços comuns em que a legislação ou o edital exija apresentação de planilha de composição de preços, esta deverá ser encaminhada de imediato por meio eletrônico, com os respectivos valores readequados ao lance vencedor.

§ 7º. No pregão, na forma eletrônica, realizado para o sistema de registro de preços, quando a proposta do licitante vencedor não atender ao quantitativo total estimado para a contratação, respeitada a ordem de classificação, poderão ser convocados tantos licitantes quantos forem necessários para alcançar o total estimado, observado o preço da proposta vencedora.

§ 8º. Os demais procedimentos referentes ao sistema de registro de preços ficam submetidos à norma específica que regulamenta o art. 15 da Lei n. 8.666, de 1993.

§ 9º. Constatado o atendimento às exigências fixadas no edital, o licitante será declarado vencedor.

Art. 26. Declarado o vencedor, qualquer licitante poderá, durante a sessão pública, de forma imediata e motivada, em campo próprio do sistema, manifestar sua intenção de recorrer, quando lhe será concedido o prazo de 3 (três) dias para apresentar as razões de recurso, ficando os demais licitantes, desde logo, intimados para, querendo, apresentarem contra-razões em igual prazo, que começará a contar do término do prazo do recorrente, sendo-lhes assegurada vista imediata dos elementos indispensáveis à defesa dos seus interesses.

§ 1º. A falta de manifestação imediata e motivada do licitante quanto à intenção de recorrer, nos termos do *caput*, importará na decadência desse direito, ficando o pregoeiro autorizado a adjudicar o objeto ao licitante declarado vencedor.

§ 2º. O acolhimento de recurso importará na invalidação apenas dos atos insuscetíveis de aproveitamento.

§ 3º. No julgamento da habilitação e das propostas, o pregoeiro poderá sanar erros ou falhas que não alterem a substância das propostas, dos documentos e sua validade jurídica, mediante despacho fundamentado, registrado em ata e acessível a todos, atribuindo-lhes validade e eficácia para fins de habilitação e classificação.

Art. 27. Decididos os recursos e constatada a regularidade dos atos praticados, a autoridade competente adjudicará o objeto e homologará o procedimento licitatório.

§ 1º. Após a homologação referida no *caput*, o adjudicatário será convocado para assinar o contrato ou a ata de registro de preços no prazo definido no edital.

§ 2º. Na assinatura do contrato ou da ata de registro de preços, será exigida a comprovação das condições de habilitação consignadas no edital, as quais deverão ser mantidas pelo licitante durante a vigência do contrato ou da ata de registro de preços.

§ 3º. O vencedor da licitação que não fizer a comprovação referida no § 2º ou quando, injustificadamente, recusar-se a assinar o contrato ou a ata de registro de preços, poderá ser convocado outro licitante, desde que respeitada a ordem de classificação, para, após comprovados os requisitos habilitatórios e feita a negociação, assinar o contrato ou a ata de registro de preços, sem prejuízo das multas previstas em edital e no contrato e das demais cominações legais.

§ 4º. O prazo de validade das propostas será de 60 (sessenta) dias, salvo disposição específica do edital.

Art. 28. Aquele que, convocado dentro do prazo de validade de sua proposta, não assinar o contrato ou ata de registro de preços, deixar de entregar documentação exigida no edital, apresentar documentação falsa, ensejar o retardamento da execução de seu objeto, não mantiver a proposta, falhar ou fraudar na execução do contrato, comportar-se de modo inidôneo, fizer declaração falsa ou cometer fraude fiscal, garantido o direito à ampla defesa, ficará impedido de licitar e de contratar com a União, e será descredenciado no SICAF, pelo prazo de até 5 (cinco) anos, sem prejuízo das multas previstas em edital e no contrato e das demais cominações legais.

Parágrafo único. As penalidades serão obrigatoriamente registradas no SICAF.

Art. 29. A autoridade competente para aprovação do procedimento licitatório somente poderá revogá-lo em face de razões de interesse público, por motivo de fato superveniente devidamente comprovado, pertinente e suficiente para justificar tal conduta, devendo anulá-lo por ilegalidade, de ofício ou por provocação de qualquer pessoa, mediante ato escrito e fundamentado.

§ 1º. A anulação do procedimento licitatório induz à do contrato ou da ata de registro de preços.

§ 2º. Os licitantes não terão direito à indenização em decorrência da anulação do procedimento licitatório, ressalvado o direito do contratado de boa-fé de ser ressarcido pelos encargos que tiver suportado no cumprimento do contrato.

Art. 30. O processo licitatório será instruído com os seguintes documentos:

I – justificativa da contratação;

II – termo de referência;

III – planilhas de custo, quando for o caso;

IV – previsão de recursos orçamentários, com a indicação das respectivas rubricas;

V – autorização de abertura da licitação;

VI – designação do pregoeiro e equipe de apoio;

VII – edital e respectivos anexos, quando for o caso;

VIII – minuta do termo do contrato ou instrumento equivalente, ou minuta da ata de registro de preços, conforme o caso;

IX – parecer jurídico;

X – documentação exigida para a habilitação;

XI – ata contendo os seguintes registros:

a) licitantes participantes;

b) propostas apresentadas;

c) lances ofertados na ordem de classificação;

d) aceitabilidade da proposta de preço;

e) habilitação; e

f) recursos interpostos, respectivas análises e decisões;

XII – comprovantes das publicações:

a) do aviso do edital;

b) do resultado da licitação;

c) do extrato do contrato; e

d) dos demais atos em que seja exigida a publicidade, conforme o caso.

§ 1º. O processo licitatório poderá ser realizado por meio de sistema eletrônico, sendo que os atos e documentos referidos neste artigo constantes dos arquivos e registros digitais serão válidos para todos os efeitos legais, inclusive para comprovação e prestação de contas.

§ 2º. Os arquivos e registros digitais, relativos ao processo licitatório, deverão permanecer à disposição das auditorias internas e externas.

§ 3º. A ata será disponibilizada na Internet para acesso livre, imediatamente após o encerramento da sessão pública.

Art. 31. O Ministério do Planejamento, Orçamento e Gestão estabelecerá instruções complementares ao disposto neste Decreto.

Art. 32. Este Decreto entra em vigor em 1º de julho de 2005.

Art. 33. Fica revogado o Decreto n. 3.697, de 21 de dezembro de 2000.

BIBLIOGRAFIA

ALFONSO, Luciano Parejo. *Administrar y Juzgar: Dos Funciones Constitucionales Distintas y Complementarias.* Madri, Tecnos, 1993.

ATALIBA, Geraldo. "Normas gerais de direito financeiro e tributário e autonomia dos Estados e Municípios". *RDP* 10/45-80. São Paulo, Ed. RT, outubro-dezembro/1969.

BACELLAR FILHO, Romeu Felipe. *Princípios Constitucionais do Processo Administrativo Disciplinar.* São Paulo, Max Limonad, 1998.

BANDEIRA DE MELLO, Celso Antônio. *Curso de Direito Administrativo.* 27ª ed. São Paulo, Malheiros Editores, 2010.

_____. *Discricionariedade e Controle Jurisdicional.* 2ª ed., 9ª tir. São Paulo, Malheiros Editores, 2008.

_____. "Inaplicabilidade da nova regulação sobre licitações a Estados e Municípios e inconstitucionalidade radical do Decreto-lei 2.300/1986". *RDP* 83/16-28. São Paulo, Ed. RT, julho-setembro/1987.

_____. *Licitação.* São Paulo, Ed. RT, 1980.

_____. "Perfil constitucional das medidas provisórias". *RDP* 95/28-32. São Paulo, Ed. RT, julho-setembro/1990.

BERNARDINO, Mário. *Aquisições de Bens e Serviços da Administração Pública.* Coimbra, Livraria Almedina, 2000.

BITTENCOURT, Sidney. *Pregão Eletrônico.* Rio de Janeiro, Temas & Idéias Editora, 2003.

_____. *Pregão Passo-a-Passo. Uma Nova Modalidade de Licitação.* 2ª ed. Rio de Janeiro, Temas & Idéias Editora, 2002

BORGES, Alice Gonzalez. "Inovações nas licitações e seus aspectos constitucionais". *Informativo de Licitações e Contratos* 90/638-647. Curitiba, Zênite Editora, agosto/2001.

_____. *Normas Gerais no Estatuto de Licitações e Contratos Administrativos.* São Paulo, Ed. RT, 1991.

_____. "O pregão criado pela Medida Provisória n. 2.026/2000: reflexões e aspectos polêmicos". *Informativo de Licitações e Contratos* 77/546-549. Curitiba, Zênite Editora, julho/2000.

CABRAL, Margarida Olazabal. *O Concurso Público nos Contratos Administrativos.* Coimbra, Livraria Almedina, 1997.

CASSESE, Sabino. *Trattato di Diritto Amministrativo.* t. II. Milão, Dott. A. Giuffrè Editore, 2000.

CLÈVE, Clèmerson Merlin. *Atividade Legislativa do Poder Executivo.* 2ª ed. São Paulo, Ed. RT, 2000.

COELHO MOTTA, Carlos Pinto. *Eficácia nas Licitações e Contratos.* 9ª ed. Belo Horizonte, Del Rey, 2002.

_____. *Pregão – Teoria e Prática. Nova e Antiga Idéia em Licitação Pública.* São Paulo, Ed. NDJ, 2001.

DALLARI, Adílson Abreu. *Aspectos Jurídicos da Licitação.* 6ª ed. São Paulo, Saraiva, 2003.

_____, e FERRAZ, Sérgio (coords.). *Estatuto da Cidade (Comentários à Lei Federal 10.527/2001).* 3ª ed. São Paulo, Malheiros Editores, 2010.

DI PIETRO, Maria Sylvia Zanella. *Direito Administrativo.* 13ª ed. São Paulo, Atlas, 2001.

_____, e outras. *Temas Polêmicos sobre Licitações e Contratos.* 5ª ed., 3ª tir. São Paulo, Malheiros Editores, 2006.

DROMI, José Roberto. *Licitación Pública.* 2ª ed. Buenos Aires, Ciudad Argentina, 1999.

ENTERRÍA, Eduardo García de, e FERNÁNDEZ, Tomás-Ramón. *Curso de Derecho Administrativo.* 8ª ed., vol. I. Madri, Civitas, 1997.

FERNÁNDEZ, Tomás-Ramón, e ENTERRÍA, Eduardo García de. *Curso de Derecho Administrativo.* 8ª ed., vol. I. Madri, Civitas, 1997.

FERRAZ, Sérgio, e DALLARI, Adílson Abreu (coords.). *Estatuto da Cidade (Comentários à Lei Federal 10.527/2001).* 3ª ed. São Paulo, Malheiros Editores, 2010.

FIGUEIREDO, Lúcia Valle. "Competências administrativas dos Estados e Municípios – Licitações". *RTDP* 8/24-39. São Paulo, Malheiros Editores, 1994.

_____. *Curso de Direito Administrativo*. 9ª ed. São Paulo, Malheiros Editores, 2008.

_____. "Estado de Direito e devido processo legal". *RDA* 209/7-18. Rio de Janeiro, julho-setembro/1997.

_____. "Princípios constitucionais do processo". *RTDP* 1/118-126. São Paulo, Malheiros Editores, 1993.

FOLGOSI, Rosoléa Miranda. "As *Guidelines* do Banco Mundial e a Lei Brasileira de Licitações". In: SAMPAIO, Eduardo A. de Arruda (org.). *Licitações nos Empréstimos do Banco Mundial. Uma Abordagem Jurídica*. Brasília, Ministério da Educação e do Desporto, Projeto Nordeste, 1998 (pp. 51-69).

GASPARINI, Diógenes. "Pregão. Medida Provisória n. 2.026, de 4 de maio de 2000". *Boletim de Licitações e Contratos*, julho/2000. São Paulo, NDJ (pp. 365-377).

GIANNINI, Massimo Severo. *Diritto Amministrativo*. 2ª ed., vol. II. Milão, Dott. A. Giuffrè Editore, 1988.

GORDILLO, Agustín A. "A informalidade e a concorrência no procedimento licitatório". *Revista de Direito Administrativo Aplicado* 2/343-360. Ano I. Curitiba, Gênesis, agosto/1994.

JACOBY FERNANDES, Jorge Ulisses. *Contratação Direta sem Licitação*. Brasília, Brasília Jurídica, 1999.

_____. *Eficácia nas Licitações e Contratos*. Belo Horizonte, Del Rey, 1999.

JUSTEN FILHO, Marçal. *Comentários à Lei de Licitação e Contratos Administrativos*. 9ª ed. São Paulo, Dialética, 2002.

_____. *Pregão (Comentários à Legislação do Pregão Comum e Eletrônico)*. 1ª e 2ª eds. São Paulo, Dialética, 2001 e 2003.

MARQUES NETO, Floriano Azevedo. "O edital: exigências possíveis e necessárias para licitar". In: GARCIA, Maria (coord.). *Estudos sobre a Lei de Licitações e Contratos*. Capítulo VI. Rio de Janeiro, Forense Universitária, 1995 (pp. 107-108).

MEDAUAR, Odete. *A Processualidade no Direito Administrativo*. São Paulo, Ed. RT, 1993.

MEIRELLES, Hely Lopes. *Licitação e Contrato Administrativo*. 15ª ed. São Paulo, Malheiros Editores, 2010.

MENDES, Renato Geraldo. "A nova modalidade de licitação: o pregão – de acordo com a Medida Provisória n. 2.026/2000". *Informativo de Licitações e Contratos*, maio/2000. Curitiba, Zênite Editora (pp. 382-387).

MONTEIRO, Yara Darcy Police. *Licitação: Fases e Procedimento*. São Paulo, NDJ, 2000.

MOREIRA, Egon Bokmann. *Processo Administrativo (Princípios Constitucionais e a Lei 9.784/1999)*. 3ª ed. São Paulo, Malheiros Editores, 2007; 4ª ed., 2010.

MOREIRA NETO, Diogo de Figueiredo. "Competência concorrente limitada – O problema da conceituação das normas gerais". "Separata" da *Revista de Informação Legislativa* 100. Ano 25. Brasília, Senado Federal, outubro-dezembro/1988.

_____. *Curso de Direito Administrativo*. 12ª ed. Rio de Janeiro, Forense, 2001.

MORÓN, Miguel Sánchez. *Discricionariedad Administrativa y Control Judicial*. Madri, Tecnos, 1995.

MUKAI, Toshio. "A Lei do Pregão: novidades na conversão da Medida Provisória n. 2.182-8". *Revista Fórum de Contratação e Gestão Pública*, agosto/2002. Belo Horizonte, Ed. Fórum (pp. 879-881).

_____. "A medida provisória dos pregões: inconstitucionalidades e ilegalidades". *RTDP* 29/26-30. São Paulo, Malheiros Editores, 2000.

_____. *Licitações e Contratos Públicos*. 5ª ed. São Paulo, Saraiva, 1999.

MUÑOZ, Guillermo Andrés, e SUNDFELD, Carlos Ari (orgs.). *As Leis de Processo Administrativo*. 1ª ed., 2ª tir. São Paulo, Malheiros Editores, 2006.

NIEBUHR, Joel de Menezes. "Anotações à modalidade pregão". *RTDP* 29/168-179. São Paulo, Malheiros Editores, 2000.

_____. "A qualidade dos bens contratados por meio da modalidade pregão", *Revista Zênite de Licitação e Contratos* 174. Curitiba, Zênite Editora, agosto/2008.

OLIVEIRA, Ivo Ferreira de. *Licitação. Formalismo ou Competição?*. Rio de Janeiro, Temas & Idéias Editora, 2002.

PEREIRA JR., Jessé Torres. *Comentários à Lei de Licitações e Contratos da Administração Pública*. 5ª ed. Rio de Janeiro, Renovar, 2002.

_____. *Licitações de Informática*. Rio de Janeiro, Renovar, 2000.

RIBEIRO, J. Araújo, SILVA, Arídio, e RODRIGUES, Luiz A. *Desvendando o Pregão Eletrônico (e-gov – Cotação Eletrônica – Registro de Preços – Internet e Administração Pública)*. Rio de Janeiro, Revan, 2002.

SAMPAIO, Eduardo A. de Arruda (org.). *Licitações nos Empréstimos do Banco Mundial. Uma Abordagem Jurídica*. Brasília, Ministério da Educação e do Desporto, Projeto Nordeste, 1998.

SANTAMARÍA PASTOR, Juan Alfonso. *Principios de Derecho Administrativo*. 2ª ed., vol. II. Madri, Editorial Centro de Estúdios Ramón Areces, 2000.

SCARPINELLA BUENO, Cassio. "Ação civil pública e Estatuto da Cidade". In: DALLARI, Adílson Abreu, e FERRAZ, Sérgio (coords.). *Estatuto da Cidade (Comentários à Lei Federal 10.527/2001)*. 3ª ed. São Paulo, Malheiros Editores, 2010 (pp. 393-409).

_____. "Os recursos nas Leis de Processo Administrativo Federal e Paulista: uma primeira aproximação". In: SUNDFELD, Carlos Ari, e MUÑOZ, Guillermo Andrés (orgs.). *As Leis de Processo Administrativo*. 1ª ed., 2ª tir. São Paulo, Malheiros Editores, 2006 (pp. 187-226).

SILVA, Arídio, RIBEIRO, J. Araújo, e RODRIGUES, Luiz A. *Desvendando o Pregão Eletrônico (e-gov – Cotação Eletrônica – Registro de Preços – Internet e Administração Pública)*. Rio de Janeiro, Revan, 2002.

SILVA, José Afonso da. *Curso de Direito Constitucional Positivo*. 33ª ed. São Paulo, Malheiros Editores, 2010.

SIMÕES, Mônica Martins Toscano. *O Processo Administrativo e a Invalidação de Atos Viciados*. São Paulo, Malheiros Editores, 2004.

SOARES, Lucéia Martins. "Poder Executivo e inconstitucionalidade de leis". *Revista de Direito Constitucional e Internacional* 39/224-250. Ano 10. São Paulo, Ed. RT, abril-junho/2002.

SUNDFELD, Carlos Ari. "A importância do procedimento administrativo". *RDP* 84/64-74. São Paulo, Ed. RT, 1987.

_____. *Licitação e Contrato Administrativo*. 2ª ed. São Paulo, Malheiros Editores, 1995.

_____. "Procedimentos administrativos de competição". *RDP* 83/114-119. São Paulo, Ed. RT, julho-setembro/1987.

_____, e MUÑOZ, Guillermo Andrés (orgs.). *As Leis de Processo Administrativo*.1ª ed., 2ª tir. São Paulo, Malheiros Editores, 2006.

VASCONCELOS, Pedro Barreto. "Pregão: nova modalidade de licitação". *RDA* 222/213. Rio de Janeiro, outubro-dezembro/2000.

ZANCANER, Weida. "Inaplicabilidade do Decreto-lei 2.300/1986 a Estados e Municípios". *RDP* 82/167-173. São Paulo, Ed. RT, abril-junho/1987.

* * *

00325

GRÁFICA PAYM
Tel. (011) 4392-3344
paym@terra.com.br